"对话中国"
讲演录

夏骄雄 王 茹 陈 利 / 主编

上海大学出版社

图书在版编目(CIP)数据

"对话中国"讲演录/夏骄雄，王茹，陈利主编．—上海：上海大学出版社，2021.8(2023.1重印)
ISBN 978-7-5671-4280-0

Ⅰ.①对… Ⅱ.①夏… ②王… ③陈… Ⅲ.①中华文化—研究 Ⅳ.①K203

中国版本图书馆CIP数据核字（2021）第159312号

责任编辑　石伟丽
封面设计　缪炎栩
技术编辑　金　鑫　钱宇坤

DUIHUA ZHONGGUO JIANGYANLU
"对话中国"讲演录
夏骄雄　王茹　陈利　主编
上海大学出版社出版发行
（上海市上大路99号　邮政编码200444）
（http://www.shupress.cn　发行热线021-66135112）
出版人　戴骏豪

*

南京展望文化发展有限公司排版
江苏凤凰数码印务有限公司印刷　各地新华书店经销
开本710 mm×1000 mm　1/16　印张19.25　字数286千
2021年8月第1版　2023年1月第2次印刷
ISBN 978-7-5671-4280-0/K·240　定价 62.00元

版权所有　侵权必究
如发现本书有印装质量问题请与印刷厂质量科联系
联系电话：025-57718474

本书编委会

主　编

夏骄雄　王　茹　陈　利

副主编

吴　奇　孟德娇　俞瑾珂

李雅男　解　进　程培英

祝嘉琳　苏洋洋

序言

2016年12月7—8日，全国高校思想政治工作会议在北京召开。习近平总书记发表重要讲话，明确指出：各级党委要把高校思想政治工作摆在重要位置，加强领导和指导，形成党委统一领导、各部门各方面齐抓共管的工作格局。

2017年1月，在中国人民政治协商会议上海市崇明区第一届委员会第一次会议召开期间，上海外国语大学贤达经济人文学院（简称上外贤达学院）党委书记、区政协委员夏骄雄与原崇明县政协副主席、原上海百老德育讲师团常务副团长姚振尧老师建立了联系，明确提出了将上海百老德育讲师团的资源引入上外贤达学院的思想政治工作和思政课程改革当中，并于2017年6月19日正式签约成立上海外国语大学贤达经济人文学院爱国主义教育基地——"百老贤达思政工作室"。

2017年9月14日起，依托"百老贤达思政工作室"，面向全校开设的思想政治教育类通识选修课"对话中国"正式授课。从此，广大老干部、老战士、老专家、老教师、老模范等离退休老同志，不忘初心、牢记使命，结合自己的经历、阅历、社会经验以及自己研究或擅长的专业和领域现身说法进行思想政治教育，内容围绕"中国传统文化和历史传承""听党的话砥砺前行"和"新中国辉煌70年"等主题展开，形成劳模将军大师与育人同向同行的新局面。

经过三年多的实践和努力，"对话中国"课程已经成为上外贤达学院关心下一代工作和思政育才工作的一张新名片，"五老"精神也成为上外贤达学院师生敬仰与学习的榜样。

2020年11月,习近平总书记就做好关心下一代工作做出重要指示,强调支持广大老干部、老战士、老专家、老教师、老模范等离退休老同志参加关心下一代工作,为培养社会主义建设者和接班人做出新的更大贡献。

基于以上指示精神,上外贤达学院党委于2020年12月4日正式将"百老贤达思政工作室"升格为"五老德育工作室",并利用2020年上海民办高校党建与思想政治工作创新专项计划实施项目"360度党建联建综合平台示范改革与实践"的具体资助,出版这本反映关心下一代工作和"五老"精神在"对话中国"课程中的体现的《"对话中国"讲演录》。

本书收录了20位"百老贤达思政工作室"成员进校开讲的讲演资料以及课程助教的感悟和学生的学习体会,充分体现了"五老"对关心下一代工作的关注。

值此中国共产党成立100周年之际,谨将本书献给建党100周年,并献给直接参与"五老德育工作室"工作的"五老"们,献给为做好上外贤达学院思想政治工作而认真工作的老师们,献给为学好"五老"精神而认真学习的同学们。

中国共产党上海外国语大学贤达经济人文学院委员会
2021年3月30日

目 录

1. 杨怀远——为民服务涌心怀,扁担精神育后人 1
2. 赵兰英——乐于助人邮电业,初心不改于一切 14
3. 包起帆——抓斗平起先锋路,脚踏实地赴征途 29
4. 倪豪梅——听党指挥边疆行,为民实践永清明 49
5. 易解放——绿色生命平凡悟,公益之路希望渡 79
6. 戚泉木——百老德育尽好师,讲好中国好故事 102
7. 傅新民——国防现代固自信,理论指导稳华鼎 112
8. 王如松——两弹一星精神源,强国之梦腾飞泉 122
9. 周 奋——烈士家风静相宜,铭记践行献青春 140
10. 罗炳辉——父将遗志永流传,砥砺传道现世尊 162
11. 姚正尧——社会认知勤学习,心理定力素质继 177
12. 齐路通——长空万里云波浪,道路理想筑胸膛 190
13. 徐福生——发奋当下时代命,深见人品历程凝 203
14. 吴祖德——传统文化露古今,自信传承品香茶 212
15. 刘丽梅——分泌代谢女专家,科学畅想树新碑 222
16. 王建刚——改革春风沐浦东,奋斗情缘圆复兴 229

17. 孙佑民——蓝天神鹰吉尼斯，敬业如一是初心 239

18. 刘金亮——居安思危强国梦，军民融合长城情 254

19. 范伟达——知之根源自知否，实践学问富社会 266

20. 王仁华——爱满人间心有约，落雁飞鸿永传承 280

1. 杨怀远

为民服务涌心怀,扁担精神育后人

杨怀远,男,原上海海运局服务员。1985年和1989年获全国劳动模范称号。几十年里,杨怀远肩挑小扁担,千方百计为旅客排忧解难,独创一套语言服务和心理服务学,用日记积累了6 000余首服务诗歌、顺口溜,还把服务经验写成40余万字的《讲点服务学》。他不计报酬、全心全意为人民服务的精神被誉为"扁担精神"。2009年,杨怀远被评为全国"双百"英雄——100位新中国成立以来感动中国人物和时代领跑者——新中国成立以来最具影响的劳动模范。

杨怀远在做报告

讲演实录

扁 担 精 神

杨怀远

大家好,我叫杨怀远,安徽庐江人。我1937年1月生,1956年参加中国人民解放军,1958年加入中国共产党,曾任中共十三大代表。1960年复员后,我先后到上海海运局和平14号轮当生火工,到民主5号轮当服务员、副政委、政委,到长征号轮当政委,到长山号轮、长柳号轮当服务员。我曾自备120多种方便旅客的用具,肩挑小扁担,穿梭于旅客之中,还独创了一套语言服务和心理服务学,用日记积累了6 000余首服务诗歌、顺口溜,把服务经验写成40余万字的《讲点服务学》。2009年,我被评为全国"双百"英雄。退休前我立足于平凡岗位,奉献人民群众的事迹被传为佳话,"扁担精神"名扬四海;退休后我积极参加百老讲师团,为加强青少年思想道德建设做贡献。十年如一日,走一处,讲一处,为人民服务的顺口溜特别吸引青少年,仅2009年一年,我就做了13场德育报告,听众近5 000人。新中国成立60周年时我入选"100位新中国成立以来感动中国人物",70周年时被评为新中国"最美奋斗者",还获得"时代领跑者——新中国成立以来最具影响的劳动模范"称号。我受到过毛泽东、邓小平、江泽民、胡锦涛等中央领导同志的亲切接见。

党的十九大提出的"两个一百年"奋斗目标,是人民对美好生活向往的集中体现,是当代中国共产党人最重要、最现实的使命担当,是实现中国梦和中华民族伟大复兴的必由之路。对于当代年轻人来说,实现中国梦、全面建设小康社会,总结起来有如下两点优势:

第一个优势是中国传统文化中为人民服务的观念。全心全意为人民服务是我们党的宗旨,也是我个人在平凡岗位中的工作准则。习近平总书记在2016年的"七一"讲话中指出,坚持一切为了人民、一切依靠人民,充分发挥广大人民群众积极性、主动性、创造性,不断把为人民造福事业向前推进。"人民"二字在讲话中重如千金,凸显"为民",明确为了谁。习近平总书记将全心全意为人民服务的思想推向新境界。

第二个优势是形势好。在习总书记的领导下,我们国家越来越好,越来越富强。在这个年代,我有两个"最"。第一个"最"——我是"最幸福"的人,生活在和平年代,退休后每个月还有退休金。第二个"最"——我是"最幸运"的人。我受到过毛主席的接见,我经历了改革开放,见证了国家的高速发展,亲眼看到我们党领导的中国走向国际化,与全球接轨互通互联。我们国家四十年的改革开放使人民生活实现了小康,国家逐步富裕起来。在和平外交、"一带一路"建设的大环境中,走和平发展道路,是中国对国际社会关注中国发展走向做出的回应,更是中国人民对实现自身发展目标的自信和自觉。中国深化对外开放走出去,推动共建"一带一路",与世界联起来,是中国深刻把握时代脉搏,为世界开出的良方,因此收获了越来越多国家和地区的信任。就全球大关联而言,"一带一路"建设已经成为当今世界规模最大的国际合作平台,成为各方凝聚共识、规划合作的重要渠道。在习总书记的领导下,我们国家一定会越来越好,越来越富强。

在退休以前,我是一个平凡的服务员。我受过旧社会的苦,尝过新社会的甜,尝过改革开放成果的甜;没有读过书,没有母校,没有文化,因为家里很穷,从没上过学。我当兵出来后,已经20多岁,就在岗位上学习,学习为人民服务的本领,珍惜当下每一分钟,学习雷锋的"钉子"精神。我为什么学雷锋呢?从部队转到上海来的时候,单位给我分配了一个做服务员的工作,开始我对这份工作不太爱惜,要求领导给我换一个工作。在这个时候,党中央毛主席号召我们学雷锋,我被雷锋的事迹和精神所感动。我是穷人出身,就想到党、毛主席解放了我们,所以我要像雷锋那样,加倍地爱党、爱国。雷锋是工农兵,我也是工农兵,我俩最大的不同是他是共产主义战士,这使我下决心要以雷锋为终生学习的榜样,创造一生向雷锋、一生之中比雷锋、一生一世学雷锋,像雷锋那样,把党比作母亲,干一行爱一行,放在哪里哪里亮;像雷锋那样爱党、爱国,将满腔热血化为力量,爱岗敬业;在岗位上学习雷锋,实实在在做事儿,不说空话、大话;像雷锋那样刻苦学习,具有"钉子"精神。

我的岗位在于为旅客服务。在退休前,我在一艘轮船上做服务员,这艘轮船是从上海开往青岛的,船上老人很多,雷锋曾把老人送到家,我也学习雷锋精神,背老人过天桥下轮船。一开始我来背,一次只能背一个。还有抱婴儿的妇女以及很多行动不便的人。都说在家千般好,出外一时难,我能帮就帮,但一人之力非常渺小。在下客时,楼梯很高,上轮船要上天桥,自行车得扛着跑,我就想用什么扛呢?有些老人要人搀着下去,自己也没办法拿东西,那么东西谁来拿呢?这时我就想到我从部队里带来一根扁担,想到我能挑也会挑,还有雷锋精神支撑着我,所以就由我来挑,挑得轮船楼上楼下的旅客都感激地叫我"像雷锋似的服务员",这些人都认为我乐于助人、甘于奉献,特别感谢我,之后我就春夏秋冬都挑扁担。

挑扁担本不是我的本职工作,完全是因为雷锋精神。雷锋精神鼓舞着我,也感动着我。我1956年参加中国人民解放军,1960年从部队复员到上海海运局,在海轮上做服务员,扫垃圾、拖地板、倒痰盂、刷厕所、送开水、铺床单……在最平凡的岗位上做出了不平凡的贡献。

我曾说:"要学习一套为人民服务的本领。"我的本职工作是服务员,并不是挑扁担送旅客,但是一根扁担为旅客解决了那么多难题,我甘之如饴,上船下船的时候,用扁担将旅客的行李挑上挑下,义务服务。长期的挑扁担工作,导致我的肩上有两块像馒头一样的肉疙瘩,这是我38年来挑扁担磨出来的,但我不曾言过苦,因为帮助他人、为人民服务,我的心里是甜的,是满足的。

有一次,一位外国旅客说,我这根扁担比美国人小汽车好,小汽车还不能进客房,我的扁担行。有人替我做了统计,在工作期间我一共使用过47根扁担。而在有些扁担上,密密麻麻地记载着旅客的感谢留言。每一条留言背后都有一个故事,想起来就会感到很温暖:有上海工艺美术公司的雕刻家留下的篆刻,有台湾朋友随手写下的,还有12岁的小朋友画的……这47根扁担当中有一根特殊的便携式"折叠扁担",直到现在,我出行时还带着它,随时随地为他人"挑担"。

从此,我就为了人民挑扁担,扁担肩上挑,信念大步走,肩上越挑越和安;为了人民挑扁担,春夏秋冬穿布鞋,挑着冰雪化成水,挑着两头一年复一年。从青年挑到中年,中年挑到老年,从计划经济挑到市场经济,从内地挑到香港,从24岁挑到62岁,我这一辈子就是发扬为人民服务的精神,将雷锋精神到处传。

坚持岗位学雷锋是我一生为之奋斗的目标,在任何岗位我都希望像雷锋那样落在哪里哪里亮。雷锋精神可以表述为两个字:"上"与"善"。雷锋精神体现了一种"向上"的人生态度。纵观雷锋短暂的一生,他始终具有一种积极主动的生活态度,对新中国、新生活充满无限热爱和美好向往,始终以饱满的热情和充足的干劲投入工作、学习之中。当前,全面建设小康社会、建设和谐社会需要发扬雷锋精神,需要学习雷锋这种乐观向上、积极作为的人生态度,在工作上"向上",发扬忠于职守的敬业精神。

我一直坚持在五等舱里工作,为孩子洗尿布、为病人洗疮口、为老人挑行李、为妇女背孩子,被旅客称为"老人的拐杖""孩子的保姆""聋哑人的耳朵和嘴巴""盲人的眼睛""病人的护士"……旅客丢了钱包,我就自己掏钱无偿支援;旅客没有伞,我就自己买伞赠送,38年来,送出的伞已超过200把。很多旅客亲切地称我为"小扁担""万能保姆"。

虽然年纪越来越大,但是我想为人民服务的心却更加热切。我曾经感慨地说:"多么希望自己能够变成拖拉机、起重机、大卡车,给更多的旅客帮更大的忙!"

1991年,我被调到跑香港线路的豪华大客轮上。为了更好地为旅客服务,我开始自学广东话和英语,作为服务员,几乎没有读过书的我,克服了一切困难,很快掌握了英语的基本会话用语。领导委任我担任民主5号轮的常务政委,但是出于对平凡工作的热爱,我主动辞去领导职务,甘当一名普通的服务员,坚

杨怀远展示曾经用过的扁担

持用小扁担义务为旅客送行李。习惯在基层为旅客服务的我,也爱上了为旅客"挑扁担",感觉这最能体现我的自我价值,也最开心。

因此,我获得了全国劳模、"五一"奖章、上海市优秀共产党员、上海市劳模等近60项荣誉,也是中共十三大代表,受到毛泽东、周恩来、邓小平、江泽民等领导人的接见,在最平凡的工作岗位上开创了"扁担精神"。

让我最终生难忘的就是见到毛主席。没有毛主席,就没有新中国。我曾三次见到毛主席,九次见到周恩来总理,五次见到邓小平,胡总书记给我戴勋章,我与习近平总书记还照过相。对我来说,这些都是最高的荣誉。我曾三度参加全国报告会,办过七次展览会,曾去人民大会堂、国务院小剧场、清华大学做演讲。这所有的荣誉,都是人民给予我的。

向雷锋同志学习,雷锋曾三度被评为标兵,学雷锋就要坚守,学雷锋贵在行动,服务人民。雷锋说:"一个人的作用,对于革命事业来说,就如一架机器上的一颗螺丝钉。螺丝钉虽小,其作用是不可估量的。我愿永远做一颗螺丝钉。"不怕苦、不怕累,干一行、爱一行、钻一行的"螺丝钉精神",是雷锋精神在事业上的具体体现。其核心是服从组织分配、热爱本职工作、忠于职守、敬业奉献。从雷锋所处的历史环境来看,"螺丝钉精神"与当时计划经济体制下的人才资源配置方式存在某种适应性,反映了个人意愿与国家需要的高度一致性,成为当时鼓励人们在平凡的岗位上埋头苦干、忘我工作的精神力量。如今在市场经济条件下,社会就业渠道更广泛,单位用人机制更灵活,个人自主选择性更强,但并不意味着带有服从性的"螺丝钉精神"已经过时。今天的"螺丝钉精神"体现在服从性与选择性的统一上,一个人只有将个体选择与国家和人民的需要结合起来,才能实现自我价值与社会价值的统一。所以,我们每个人都应该像永不生锈的螺丝钉,以高度的责任感和使命感对待自己的工作,不管身居要职还是处于平凡岗位,都应爱岗敬业,脚踏实地,求真务实,努力做好本职工作,自觉抵制不良风气的腐蚀,为国家和社会发展多做贡献。坚定、坚持、坚守学雷锋不是一阵子,而是一辈子。坚持为人民谋方便,坚持学习雷锋精神,坚持发扬吃苦耐劳的精神,即使再苦、再累也不怕,一心学雷锋,风吹不动,雷打不动。

第一,我始终记得自己是一名共产党员,应该承担起共产党员的责任和义务。

第二,努力学习。学习《毛泽东选集》和介绍马克思理论的书籍。我将《毛泽东选集》认真通读、精读,牢记于心中。

第三,学习榜样。将雷锋同志作为学习的榜样。

第四,什么是我助人的方向?老百姓满意就是我的方向。

第五,踏踏实实地做好本职工作。只有踏踏实实地做好本职工作,才能为人民服务好。在这期间不管遇到什么困难,我都没有动摇,也没有推托。

为了学习雷锋精神,我挑扁担有三个"不要":

第一,不要当干部。在70年代领导提拔我做常务政委,但是相对于政委的工作,我更爱挑扁担这一份平凡的工作,我更爱这些旅客,所以主动辞去了领导职务。

我爱这些老老少少的旅客,常常在梦中泪湿了双眼。之后我打了三次报告,说明我的情况:"一不要吃,二不要穿,三不要钱,就是要一根'破'扁担,做一名平凡的服务员。"在当时那个时期,我不做政委而当服务员,关心我的人都说:"杨怀远这个傻瓜,好端端的领导干部不做,做一个平凡的服务员。"我说:"像我这样的领导好找,但是像我这样挑扁担的服务员却很难找。"很多人为我惋惜。

工作这么多年,我对扁担的感情很深。很多人工作是一级一级地往上升,而我甘愿一直待在基层为人民服务。我常常想:旅客的困难很多,有时要给他们改签,有时要给他们小修小补,哪有那么多钱呢?记得雷锋有个节约箱,我就做了两个节约筐,用攒下来的钱为旅客服务。买雨伞送给那些抱着小孩的旅客、有需要的旅客，买拐杖送给那些老人……我心甘情愿做一个平凡的服务员，并且在其中感到快乐。

第二，我为老人挑扁担挑出风格，不收任何旅客的小费。旅客看我挑得满头大汗，想要给我钱以表达谢意，我说："我自始至终都不曾收过一位旅客的钱，所以你不要给

杨怀远展示工作时用过的扁担

我钱。"有一次在香港，一位英国女士带了两个大箱子，到了上海其他人都下船了，她却走不了。警察查船的时候发现还有一个外国人没有下船，他们第一时间就想到了我，叫我用扁担把她的两个绿箱子给挑下来，只挑下来还不行，还得挑到有出租车的地方。我帮那位女士挑到有出租车的地方，然后让出租车将箱子拉走。这位英国女士马上就掏了一大把钱给我做小费，我摇摇头，笑着说了一句"Welcome to our ship! Welcome to China."。她非常感动，出其不意地给了我一个大大的拥抱。这件小事被旅客们一传十、十传百地传开，所以，不收小费的风格、不收小费的道德风尚就这么在船上被传开了。1991年到1997年，香港船上的客人非常多，有很多是台湾来的，我更加主动地挑，挑下船后，台湾的客人就想要给我小费，我说："我不收你们的钱，我欢迎你们还来不及。"

我的这根扁担从中国人面前带到外国人面前，从上海带到了海上航运，弘扬雷锋精神在于全国性，也在于国际性。

小小客舱，我帮旅客解决了困难，他们铭记于心。因为不收旅客的钱，旅客过意不去，就提议在我的扁担上留言。扁担上有来自中外旅客的留言。有位记者替我统计过，5根扁担有300多处留言，涉及8个国家60多种外文。有根扁担上面有4个"万岁"，分别是"雷锋精神万岁""为人民服务精神万岁""奉献者精神万岁""扁担精神万岁"，所以这根扁担被称为"金光闪闪、具有历史气息的扁担"。

一位台湾收藏家曾希望花2万块钱买我的扁担。我就问这位先生："你要

杨怀远在"对话中国"课堂上演讲

扁担做什么?"他说,他在台湾的一个业余收藏家朋友想收藏我的扁担,认为我的扁担是"天下第一扁担",我意识到扁担不能卖。当时,中央电视台邀请我们夫妇俩带着扁担去参加当代工人劳模讨论会,其中就讨论我的扁担能不能卖。从"文化大革命"时期开始,我的扁担被折断过十二三根,从60年代初挑到90年代,我一共用断过十几根扁担,还有送人的以及捐出去的。其中,捐献的两根扁担,作为文物,保存在国家文物局里;江苏淮安周恩来总理纪念馆里也有我的扁担;家里还有。江泽民总书记评我为"天下第一挑"。我获得"双百"奖、双"百人"荣誉。扁担象征着中国人民的精神,象征着为人民服务的精神。我是人民的挑夫,为了人民挑扁担,越挑心里越舒坦,以雷锋同志为榜样,肩挑扁担奔向前。所以扁担我无法卖,因为它对于我而言不仅仅是一根扁担,更是一种精神的传递,它承载了太多的意义。

岗位学雷锋,不在岗位,而在于能在自己的岗位上实现雷锋的精神。在当下这个年代要如何学习雷锋精神?我认为可以从以下几点着手:

首先要了解雷锋。要像雷锋那样爱国、爱党。将满腔热血化为力量,这就是爱岗。毛主席号召我们学雷锋,因为雷锋精神诠释了我们党全心全意为人民服务的宗旨。理论需要我们去践行,雷锋精神就是我们做人的依据、心中的本质。

毛主席说,学雷锋不是学他哪一两件先进事迹,也不只是学他的某一方面的优点,而是要学他的好思想、好作风、好品德,学习他长期一贯地做好事而不做坏事,学习他一切从人民利益出发,全心全意为人民服务的精神。

所以,我们应该像雷锋那样发扬"学而不厌,锲而不舍"的钉子精神,紧跟时代步伐,发奋学习,永不懈怠;应该努力学习政治理论和业务知识,借鉴和吸收国内外优秀文化成果,不断完善和更新知识结构体系,自觉提高自身的综合素质和创新能力。

其次,雷锋有一句话——"人的生命是有限的,可是,为人民服务是无限的,我要把有限的生命,投入到无限的为人民服务之中去",这一句话得到了毛主席的高度赞扬。我们要将这种"无限"精神践行到底。

杨怀远家中的扁担

最后,雷锋精神激励我们在理想信念上"向善",发扬"匹夫有责"的爱国精神。从新中国成立前一无所有的孤儿到新中国成立后新社会的主人,雷锋始终对给予他一切的党心存感激。对党的深厚感情成为雷锋人生的重要精神支柱,由此形成了一心向着党、向着社会主义、向着共产主义的坚定政治信念,这是雷锋精神经久不衰的灵魂所在。在我国进入全面建设小康社会、实现中华民族伟大复兴的新阶段,雷锋精神进一步升华为积极投身于改革开放和现代化建设事业,以"天下兴亡,匹夫有责"为信条,为实现国家繁荣、民族振兴、人民幸福安康而拼搏奋斗的爱国精神。

要在价值取向上"向善",发扬"大爱无疆"的奉献精神。雷锋说:"一滴水只有融进大海才不会干涸,一个人只有把有限的生命投入到无限的为人民服务之中去,才能充分体现自身价值。"全心全意为人民服务是雷锋精神的实质,也是雷锋精神能够保持旺盛生命力和持久活力的源泉。在20世纪60年代,这种精神主要表现为对人民群众朴素的阶级感情、爱憎分明的阶级立场、先人后己的集体观念、不计较个人得失的大公无私的精神。但今天它有了新的时代内容,今天我们所倡导的奉献精神,是超越阶级、国界和种族的,换言之,是一种面向全人类的大爱精神。

要在人际关系上"向善",发扬助人为乐的合作精神。雷锋有句名言:"活着就是为了使别人过得更美好。"雷锋的一生做了数不清的好事。他可以在任何时间、任何地点,帮助任何有困难的人。雷锋这种"做好人好事不留名,舍己为人不求回报,互助合作不计报酬"的"傻子"精神,正是当前构建社会主义和谐社会的"亲和剂",对全社会形成合作互助的新型人际关系和良好道德风尚能起到良好的示范和引导作用。

雷锋精神鼓励着我们,引领着我们。雷锋精神时刻在心,雷锋精神,生生不息,超越时空,超越国界。

雷锋自己还说过"春夏秋冬"四句话:对同志要像春天般的温暖,对待工作要像夏天一样的火热,对个人主义像秋天风扫落叶一样,对待敌人要像严冬一样的残酷无情。

习总书记指出,雷锋精神,人人可学,奉献爱心,处处可为。学习雷锋让我觉得很光荣,虽然我的工作很平凡,但我多奉献一点人民就方便了。人生为人民,生命归于金,人生为个人,了于一根针,是针还是金,心中有结论。坚持学雷锋,贵在行动中,服务为人民,人生最光荣。

(2018年4月)

教师感悟

将为人民服务精神落实到点点滴滴

祝嘉琳

时代的领跑者——新中国成立以来最具影响的劳动模范杨怀远前辈的事迹让我非常佩服。杨老先生曾经是海轮上的服务员,这份工作平凡而不起眼。但是,他将这份工作做得精益求精,在平凡的工作岗位上干出感天动地的事迹。杨怀远多次提到雷锋精神。可以感觉得到,雷锋是他很崇拜、敬仰的英雄,他始终将雷锋精神作为自己的初心、理想、信仰。

杨怀远将雷锋精神概括为"上"与"善"二字。"上"即发扬忠于职守的敬业精神;"善"即在价值取向上向"善",发扬大爱无疆的奉献精神。他是这样理解的,也是这样践行的。在工作岗位上,他始终将雷锋同志为人民服务的精神贯穿到点点滴滴:一根扁担挑了几十年,一直坚持在五等舱工作,为孩子洗尿布,为妇女背孩子,旅客掉了钱、没有雨伞他自己贴……杨老先生这种只讲奉献、不计较个人得失的螺丝钉精神弥足珍贵。它是我们这个时代最宝贵的精神资源,给我们前进的力量:不论工作岗位的高低,始终秉持为人民服务的精神,将工作做细致、做扎实,将善心、爱心融入工作中,忠于职守,爱岗敬业,这才不失共产党员的本色与情怀。

祝嘉琳,中共党员,文学博士,研究方向为中国现当代文学、当代文学与文化等。现为上海外国语大学贤达经济人文学院基础教学部专职教师,讲师。

祝嘉琳

学生心得

扁担窄窄,担起无数旅人前行的路

罗涵仪

扁担窄窄,担起无数旅人前行的路
板凳宽宽,稳住孩子们的心,传阅责任的真谛
前一秒铺床送饭,
下一秒扛担上路
艰难斑驳了岁月
风霜刻深了皱纹

> 有人看到你的沧桑
> 更多人看到你年轻的心
>
> ——引子

  一位满怀信念的年轻人踏上了海轮的甲板，先是做生火工，后来又做了服务员。作为服务员的他，崇尚雷锋"不怕苦，不怕累，干一行，爱一行，钻一行"的螺丝钉精神。看到需要帮助的旅客，他会找一根扁担主动帮助旅客担起沉重的行李。即使旅客热情地给他丰厚的小费，他也分文不取，将旅客送到目的地后，一溜烟地就跑了。他就是杨怀远，他的心里装着舍小我、为大我的无私信念，学着雷锋主动将老人送到家的奉献精神，默默地在这个小甲板的方寸之地上发出了一簇微小却不羸弱的光芒，这光足以充塞天地，烛照人间。

  这光不在远处，就在当下。你若内心充满光芒，责任已在其中。光明前进一寸，黑暗便后退一分，这道理简单明白。而你，至少可以点亮自己，一切只要无愧于心。因为我们知道，唯有点亮自己，才有个体的美好前程；唯有簇拥在一起，就像一束光簇拥着另一束光，才能照亮国家的未来。

> 四十年忠诚风与浪
> 万里挑担云和月
> 浪花可以翻滚
> 真正的党员不能倒下
> 长征号上流动的蓝
> 旅行路上前行的标
> 蜿蜒的经历是海洋的旋律
> 坚强的人儿
> 你担出大海最深沉的歌
>
> ——结语

  罗涵仪，上海外国语大学贤达经济人文学院2019级英语3班学生。

  喜欢的名人名言：位我上者，灿烂星空；道德律令，在我心中。

接过"扁担精神"的传递棒

陈玉贞

在"对话中国"的课堂上,我见到了以"扁担精神"闻名的杨怀远老先生,并听老先生讲述了自己的故事以及对"扁担精神"的阐释。

杨老先生一走进教室,脖子上那沉甸甸的勋章就告诉了我们这是一位多么了不起的老人。但老先生说自己只是一个普通人,只是一个平凡的服务人。杨老先生从24岁到62岁,从内地到香港,用一根根扁担挑起的不仅仅是旅客的行李,更是雷锋精神的传承。

杨老先生在讲座中提到最多的就是"为人民服务",并不断提醒我们要一直坚持雷锋精神,以此作为动力鞭策自己。我不禁想,先生靠一根扁担挑起了雷锋精神,我们现在的大学生又应该怎么做呢?杨老先生仿佛知道我们内心的苦恼,教导我们:首先,要发扬雷锋的钉子精神,跟紧当下的时代发展,学习国内外的优秀文化,提高自己的能力;其次,要永远保持"向上""向善"的优良品质,发扬"匹夫有责"的爱国精神,为祖国的发展献出自己的一份力;最后,为了更好地践行雷锋精神,要时刻保持虔诚的心态,不要眼热于当干部,要踏踏实实地做好自己平凡且有意义的工作。

"扁担精神"其实就是雷锋精神的延续,杨老先生用自己的行动赋予了雷锋精神以新的解释。我们所能做的,就是接过杨老先生"扁担精神"的接力棒,用自己的行动将扁担精神、雷锋精神传递下去。

陈玉贞,上海外国语大学贤达经济人文学院2018级朝鲜语1班学生。性格开朗积极,与人为善,谦敬有度;对待学习主动认真,成绩优良;做事严谨周到,在校担任啦啦操社团社长。座右铭是"天道酬勤,励志精进"。希望自己向着理想一直努力前行,不停歇。

2. 赵兰英

乐于助人邮电业，初心不改于一切

"人民邮电为人民"是赵兰英的服务宗旨。她始终坚持为广大群众提供"迅速、准确、安全"的优质服务，做到"急用户所急，帮用户所需"，使广大用户感受到进了邮电局就像进了自己家一样。40年支援新疆，赵兰英用一颗滚烫的心在平凡的岗位上默默耕耘，干一行爱一行，努力把工作做好，留下了一个个感人的故事，成为一面光荣的旗帜。她于1985年12月入党，1987年、1988年连续两年获评新疆维吾尔自治区邮电管理局先进个人；1989年至1991年连续三年被石河子市总工会评为优秀服务员；1991年至1993年连续三年被新疆维

赵兰英

吾尔自治区邮电管理局评为"全疆十大服务明星"；1993年被新疆维吾尔自治区邮电管理局授予"巾帼建功女英雄"称号；1994年被新疆维吾尔自治区总工会评为"六赛六比先进个人"，同年9月被新疆维吾尔自治区总工会授予行业"十佳职业道德标兵"称号；1995年被评为全国劳动模范。2005年退休回沪后，继续发挥优秀共产党员的表率和示范引领作用，用实际行动感染着身边的党员群众，同时也激励着青少年积极向上。

讲演实录

人民的利益是第一位的

赵兰英

我叫赵兰英,在石河子市邮电局工作,1966年由上海支边来疆,在新疆这块土地上整整工作了40年。我常常在想,每个人走完自己的一生都是不容易的,怎样才能在有限的生命中留下一些美好的东西呢?是不是要做出一番惊天动地的事业,才能无愧于自己的一生呢?年轻时,我曾有过自己的梦,心想到新疆来一定可以大有作为。可是,平凡的生活使我渐渐懂得,不能办好一件小事,又怎能干好大事?要想使周围的环境好起来,自己不做一点努力怎么行呢!

可是,作为邮电局的一名电信营业员,我能为别人做什么呢?不就是给顾客接电话、通电话吗?枯燥、乏味的工作曾经使我失望过。可是,在与顾客的交往中,我发现,我们生活中的普通人是多么希望得到别人的关心,而不少人得到关心后给你的回报又是那么令人感动。

有件事至今回想起来都让我感动。那是一年夏天,石河子乡有位老太太到邮局拨长途电话。老太太从农村来,没打过电话,又不识字,每个月的生活全靠在奎屯工作的女儿寄钱维持。那几天,老人连买菜的钱也快用完了。听完老人的叙述,不知为什么,我的心里就感到又难过又同情。看着老人着急的样子,我说:"老妈妈,您只管放心吧,我一定给您把电话打通。"不一会儿,电话打通了。原来老人的女儿出差了,所以没能及时寄钱给妈妈,女儿告诉妈妈别着急,钱马上寄来。老人听到了女儿的声音,高兴得不知怎么说才好。临走时,她拉着我的手说:"好闺女,我会永远记着你。"

有一年10月4日早晨,营业厅刚开门就进来了一位70来岁的老大爷。我看着老大爷往我的柜台走来,主动问大爷:要打电话吗?大爷说,他一早从一三五团六连坐车赶到石河子,因女儿报病危在石河子医院,但没有讲清楚住在哪个医院,他在连队从来没有打过电话,不会用,想通过邮电局帮助他一下。看着老人渴望的双眼,我说:"大爷,您不要着急,我一定尽力帮助您找到女儿。"我往他女儿的工作单位打了电话,问清了他女儿住在哪家医院。老大爷感动地说:"像我这样的老人,到外面办事太难了,没有人对我们农场人这样好。"老大爷又激动地说:"好闺女,你能理解老人的心啊!"我说:"大爷,尊敬老人是我们邮电职工的职业道德,也是我们应该做的事。"

说真的,听到这样两位素不相识的老人就因为这么小的事叫我"好闺女",我的眼泪都快要掉下来了。我也有爹妈,也有女儿,被人称作好闺女,我觉得这是世界上最好的称赞。从这件事我发现,给别人一些爱心、一些温暖,让别人感到可信、可亲,自己心里是多么甜啊!

还有一件事,也让我产生了同样的感觉。那是一年的10月,我正在值班,柜台前来了一位残疾青年,看到他怯生生的样子,我立即提醒自己:还坐在这里干吗,等着别人问话吗?要主动啊!我问清残疾青年的情况后,走出柜台,帮助他走到隔音间给他蔡布查尔县家中接通了电话。电话打完了,小伙子感动地说:"阿姨,你真好,像我妈妈,我有残疾,在社会上被有些人看不起,到你这里,就像到家一样。"我真想不到就帮别人做了这么一丁点小事,别人就把我比作妈妈。作为一名女性,还有比这更令人心醉的吗?

这几件小事常常告诉我:赵兰英啊赵兰英,别人把你当作好闺女、好妈妈,你对得起这样朴素而又亲切的称呼吗?想到这儿,我的脸一阵阵发烫。也许会有人说,人家又没给你多少钱,你激动什么?不,我觉得,这人世间还有比钱更贵重的东西,那就是人的感情啊!别人给我一份真情,我没有可以回报的,只有用我的一片热情来报答!这也是我们邮电工人应该做的事。

从那以后,我就从心眼里把每一位用户当作我的亲人。有一次,我正在柜台前忙碌着,发现有一男一女默默地站在柜台前,看着别人一个个走进电话亭,脸上露出又着急又无奈的神情。我一想,这两个人一定有什么麻烦,就站起来问姑娘:"您打电话吗?"姑娘听了一点反应也没有,这可怎么办?这时随同的小伙子边打手势边递上一张纸条,纸条上写着:"我是聋哑人,想请您帮助。"我一看,心里的那种感觉又产生了,便立即在纸条上写道:"可以。"原来,他们是想给在东南山水泥厂工作的母亲打电话,告诉她他们有事不能赶回水泥厂了。我就按他写的内容打通了电话。他们又在纸条上写道:"阿姨,太感谢您了,我们也要像你一样,好好工作。"我又写了一张纸条说:"不用谢,这是我应该做的。"当时,我们三个人没有一句话,只有传来传去的纸条。说来也怪,纸条里的话虽然没有声音,可把我们三个人的心紧紧贴在一起了。我们看着互相递过来的纸条,又默默地看着对方,心中交流着彼此的感情。后来我想起这件事,就在琢磨:什么是理解?这就是真正的理解啊!干服务工作的,在这一刻,是多么需要理解用户呀!从那以后,我就特别关心残疾人,只要他们来办理电报、电话业务,我都给予优先接待。近两年,我为上百位残疾人提供了优质服务。

  在这些工作中,我感到最需要理解和关心的,是那些从农村来的人,那些从最基层来的人,他们平时的生活很艰苦,不是万不得已,是不肯打电话的,给他们多一点点的关心,是最值得的。

  有一年3月,天气特别冷。有一天,一个农村小伙子急着跑来要打长途。他一到我眼前,就哭着说:"我来新疆找我姑姑,下车时,钱和姑姑的地址都被偷走了。"我一听,这下麻烦了,不知道新疆的地址,农村的长途怎么拨通?电报发来谁来收?怎么办?看到小伙子哭得那么伤心,我心里决定,电报发来由我来转。我立即给这位年轻人的父母发了电报。发完电报,我看天气那么冷,小伙子又丢了钱,心想:他住哪呢?这时,刚好有个建筑队的工头来发电报,我就找他商量,并给小伙子担保,请工头让他在建筑队做几天临时工,一来有个落脚之处,二来可以挣点钱。建筑队的人见我为一个陌生人忙前忙后,也感动了,说:"看到你这样热心,我一定留下他。"这时一个用户问:"你这样关心他,你们是老乡吧?"我说:"我是上海人,他是安徽人,你要有困难,我也会这样做。"一个星期后,那个小伙子终于找到了姑姑。

  现在,常常听到有人说这个行业风气不正、那个行业风气不正,我心里就琢磨,行业风气正不正,关键是人正不正。如果每个行业的职工自个儿正了,风气不就正了吗?我们邮电行业是服务单位,什么叫服务?就是替别人着想,给别人提供方便。让用户满意就是维护邮电行业的信誉,讲的就是一个热情周到。以前我总觉得要做到热情太难了,一天到晚,来那么多人,怎么个热情法?但通过一件件小事,我觉得并不难做到。

  有一天下午,四川一个姓赵的农民来邮电局要我给一四四团十五连的张××挂电话,让张骑自行车来接人。我一想不对劲,从一四四团到石河子坐汽车也得三个小时,怎么能骑自行车来接呢?旁边也有人说:"你给他接通就是了,路远路近是他们的事,你何必瞎操心?"我说不行,用户肯定不知道路有多远,这么远骑自行车不是折磨人嘛。我就让顾客先坐一会,先把电话接过去,不到半小时,一四四团总机说十五连线路坏了,没法找人。我把情况告诉顾客,看他挺为难的样子,我说:"下午5点还有去一四四团的班车,你坐车直接就到了。"顾客一听,又为难了,说:"我现在身上一分钱也没有了,怎么坐车?"我一听,心里着急了,眼看到下午了,他一个人该怎么办?我就从身上掏出10块钱给他,让他去坐车。当时那个农民吃惊地看着我,好像不敢相信,我说:"你赶快去坐车吧!"接着又告诉他车站的路怎么走,那个农民一口一个谢谢,说着走了。顾客走后,一位同事问我:"你认识他吗?"我说:"不认识呀!人家有难处嘛,帮个忙,10块钱不算啥。"我总认为对自个儿的钱不要太计较,太计较了心里就累。对别人的事情,最好不要马虎。一次,二运司一个姓李的小伙子打电话,因电话没打通,只交了1毛钱销号费,50元的押金没拿就走了,我急忙打电话给二运司,让小李来拿钱。小伙子一会来了,见面就对我说:"阿姨,你真是个活雷锋,我是个军人,要把你的好品德带到我们部队去。"我一听,心里也挺高兴。就这么一点事,别人还挺受教育。这使我感到一个人在别人心中要有好印象,不在于说,而在于做!

我们邮电职工讲的就是职业道德,以邮电信誉为主。那年6月10日,市民族中学古老师来邮局挂长途电话,电话讲完后,用了1.92元,押金100元。当时这位老师说:"我交的押金是10元。"我说:"刚才是否你慌忙打电话,没有把钱看清楚?你交的押金就是100元。"古老师很感动地说:"真没想到邮电局工人的职业道德水平真高,我要把你们的职业道德带到学校去,让孩子们学习你们的好品德。"我时常想,一个人做点好事并不难,难的是一辈子做好事。

有一天下午,一位操着河南口音的农村老大娘要打电话叫女儿来接她。我说:"大娘,你往哪里打电话?"老人说她往三营二连打电话。我又问哪个团场,老大娘说不知道。这可怎么办?石河子有19个农牧团场,每个团场都有三营二连,这到哪里找啊?我就告诉老人,这电话不好打,老大娘听后哭着说,在河南老家和儿媳妇生气,自己出来找女儿董××。看到大娘伤心地哭着,我深知老人的难处,让老人等着,挂通各团场总机,两个小时过去了,还是没有结果。大娘哭得更伤心,说找不到她女儿连回家的路费都没有了,越说哭得越伤心。我看在眼里,急在心里,一边安慰大娘,一边跟大娘说:"今天找不到你女儿,就到我家去住。"经过三个多小时的努力,在团场邮电局的帮助下,终于在农八师一四七团三营二连找到了大娘的女儿。这时快下班了,我帮老人买来了饭,一直等到她女儿来接。大娘一见到她女儿哭得更伤心,对她女儿说:"××,这个姑娘是好人。"要她女儿一定给我钱。当时,我就想这是我们应该做的事。

有一年10月，我到医院看病，医院的一个朋友告诉我，医院有辆外地车在石河子出了车祸，车里三人都受伤了，其中两人已报病危。我一听二话没说，要过病人的地址和电话号码，连自己的病都顾不上看，直奔邮电局给尼勒克县那边挂电话。拨一次，拨不通，拨几次，还是拨不通，最后通过长途台挂长途，到下午5点多钟电话终于通了。对方听到出车祸的消息后，着急得连话都说不清，哭着说他们三人是从尼勒克县到乌市办事，谁知道会在石河子出了车祸，还问："同志，你能去医院看一下病人需要带什么东西吗？"我说："可以。"下班后，我去医院看了三个病人。当时我吓坏了，其中两个重伤，昏迷不醒，另外一个轻伤，一条腿断了，只有他一人还能讲话。他在地上爬来爬去地照顾另两个昏迷不醒的病人。也许是职业病，我的心一下子软了，他们太可怜了。我找到医生问清情况后，赶回邮局又给对方挂长途，告诉他们有一个人伤势过重，今晚过不去，带衣服来，还有一个正在抢救，另外一个腿断了。对方在电话里说："求求你，能否做点好事，到医院帮忙照顾一下病人？因为从尼勒克县赶到石河子要一天一夜的时间。"我说："可以，你们放心。"我又回到了医院，找到了在医院工作的妹夫让他帮助一起照顾。第二天下午，病人家属终于赶来了，他们到邮局找到了我，说不知怎样感谢我才好，还要给我100元钱，我说这钱我不能要。有人说，你为他们跑前跑后，收点钱算什么。我没有回答，只在心里默默地想，我要是收了这钱，心里会发虚啊！我帮助有困难的人不是想得到什么，而是应该做好。当时他们非常感激，到报社找了记者反映这件事，记者还专门为这件事进行了采访，并在广播电台及报纸上都做了专题报道。

随着社会主义市场经济的发展和人民生活的不断改善，社会对邮电通信服务提出了越来越高的要求——提高邮电通信水平，搞好优质服务，使邮电企业经济效益和社会效益在优质服务中双双得到体现。某年5月15日，河北省邯郸市工贸中心副食品公司的小赵拿着一份电报，到营业处来查问，说石河子宾馆请他们来开订货会，但到了宾馆说无此会议，问我能否帮他查一下在哪个宾馆开会。正好是中午，不太忙，我把每个招待所和宾馆都查了，都说无此会议。这下可急坏了小赵，他说："我从河北赶到这里开订货会，这怎么办？"我说"你不要急，我想办法给你查，你把原电报底给我看一下"，然后我给他查原报底，结果是石河子禽蛋公司发的约请电报，我把电话挂到禽蛋公司一问，确实有这个会议，原定是这个宾馆，后来改地方了，但来不及通知对方。他们很快来接走了这位客户，感激地说:"要不是你,我们又失去了一位客户。"我当时也不知道说什么是好,只说:"我们要做对社会效益有益的事,这是我们邮电职工应该做的事。"

某年7月20日,甘肃定西县石泉乡赵河村的一位姓姚的村民来新疆奔丧,应去甘河子,误到了石河子。他要往天龙钢铁厂挂电话,可是石河子没有天龙钢铁厂,我说:"你去把电报拿来给我看。"看了电报才知道他走错地方了。他很着急,说在石河子转了两天,钱也用完了,也没找到单位,打电话的钱也没有了。我用自己的钱帮助他把电话打通,找到了甘河子天龙钢铁厂的亲戚。他们对我很是感激,我说为用户排忧解难是我们邮电职工应该做的事。

邮电营业部门是企业对外服务的窗口,是邮电通信的门面,企业经营管理的好坏体现在这个窗口,我们要树立用户至上的思想、信誉第一的思想。有很多外地顾客来石河子邮电局发电报挂电话,对石河子邮电局职工的服务评价很高。

某年9月18日夜,有两位广州客商来邮局挂直报,挂了几次都没挂通。我跟他们说耐心等一下。到凌晨2点多钟电话拨通了。他们对我的服务很满意,并说:"广州没有这样的服务态度。"还写了表扬信。对此,我并没有自满。

有一次,一位河南的顾客在表扬信中写道:局领导,今晚值班的营业员服务态度热情,真叫人感动,其工作认真,待人如己,微笑迎人,从来未见过这样的好营业员,为此请局领导给予奖励。

我常常这样想,只要有顾客来邮电局挂电话、发电报,我一定要想方设法把电话接通,为企业增加效益,让顾客高兴而来、满意而归。

在这些年的工作中,我认识到一个道理:对善良的老实人要好上加好,对那些坏人一点也不能心软。现在社会上有些人对坏人不敢管,我想:你也不管,我也不管,坏人不就更嚣张了吗?我是一名普通女职工,体力上斗不过坏人,可想想办法,总是可以给好人解解难呀!

有一天下午,几个蓄着长头发的小偷窜进了营业厅,在顾客群里挤来挤去,有的竟然明目张胆地把手伸进顾客口袋,好多人看见了也不敢说。我一看,顿时感到这也太气人了,就打电话通知保卫科。当保卫人员从后门来到大厅时,几个小偷发现情况不妙,就想溜。我当时不顾一切冲到前厅,把大门紧紧关上。这时一个大块头的歹徒冲着我恶狠狠地说:"快开门,不然就要你的命!"我不管那么多,仍旧死死地顶着大门,几个小偷冲到我跟前,朝我身上、头上拳打脚踢。当时,我实在觉得顶不住了,但身上不知哪来那么大的劲儿,他们就是推不开我。

他们越打我，我心里越气，就越感觉不能让他们跑掉。后来，那几个小偷被抓走了，他们的同伙就来威胁我，叫我小心点。有天晚上，我爱人出差不在家，门外就有人砸门、敲窗户，并把带有威胁字样的字条塞进门缝。我的两个女儿很害怕，紧紧抱着我，我当时也有点儿怕，但又觉得他们不能把我怎么样。第二天上班，我该干什么还干什么。现在想起来，做坏事的人总是心虚的。

还有一次，一个叫王×的人往奎屯打电话，他慌慌张张的神色让我总觉得不对头。刚好这时我收到有关部门的电话，说有一个叫王×的通缉犯流窜到我市。我想，这可怎么办，一喊人，他就会跑掉呀。我就放慢结账速度，又说没零钱找，我去找一点零钱。这样稳住王×后，我立即打电话报案。半个小时过去，王×发现不妙，就对我破口大骂。我想：你骂吧，你骂的时间越长，你就越跑不掉。果然，在他要跑的时候，公安干警已赶到了。看到罪犯被抓住，我心里一块石头才落了地。说到这里，也许有人会问，你一个妇女，管这管那不累吗？我只能说，为咱老百姓办点事，值啊！对那些坏人管一管，错不了。至于累不累嘛，是累，但我习惯了，今后的路，我还要这么走下去。

我工作的28年里，多次被石河子市邮电局评为优秀共产党员、先进生产者和"三八"红旗手，曾被石河子市总工会、农八师总工会评为"十佳"优秀服务员，连续两年被区邮电管理局授予经营承包先进个人称号，连续三年被区邮电管理局评为"服务之星"，1993年被区邮电工会评为"巾帼英雄"，1994年"五一"又被自治区总工会评为"六比六赛创一流"先进个人。

在工作中我虽然取得了一些成绩，但单位和领导给了我那么多荣誉，我受之有愧。我在工作中还有许多不足之处，在今后的工作中，我决心用一流的服务态度、一流的服务技术、一流的服务质量，为邮电通信事业做出更大贡献。

很多人都是平凡的一员，在平凡的工作岗位上做出不平凡的贡献，这就是不平凡。有时候你看这个世界很平凡，没有一个崇高的人格，没有崇高的理想，是做不到不平凡的。虽然都是平凡的事情，但是要坚持去做，是很不容易的。其实是这样的，一时的冲动可以做些事情，长期的坚持必须有一个健全的思维，有远大的理想。我在新疆做知青40年，整整40年，从上海去的时候是15岁，在40年之后，才退休回上海。

有很多人问我：在上海有这么好的条件，你为什么不留在上海？为什么会想去当兵呢？你那么小，你当时是在想什么呢？其实那个时候我是不懂事，觉得

赵兰英（左二）参加百老团的社区活动（1）

好玩去的，但是到新疆以后，在三五九旅的老战士、老红军的帮助下，我慢慢地成熟了，懂得了什么叫奉献、什么叫自我牺牲。我想把几句话分享给大家：人的一生注定有很多经历，一段路上是茫茫的笑声。为什么这样说呢？当时我15岁，到新疆去的，我是最小的，其他的最大的也就是19岁，年龄都比较小，小伙子、小姑娘们那时候去发出的真的是茫茫的笑声啊，那时候不懂事。后来呢，一段路上，因为委屈一路不停地哭，真的很委屈的，流了很多眼泪。我自己给我自己总结的：一段路上是茫茫的笑声，又一段路上是委屈的泪水，后来一段路上是懵懂的坚持。为什么还有懵懂的坚持呢？这是一位老战士教的，当时的我们似懂非懂。现如今想来就是说这个懵懂的坚持，是在一段路上茫然地取舍，在另外一段路上又患得患失，人的思想很复杂。到了新疆才知道，上海那么好，新疆那么苦，是回上海还是在新疆？这就是懵懂的坚持和茫然的取舍。当然，说实话，有一部分人跑了，但是我们坚持下来了，我们一直坚持到最后。正因为我们的坚持，我们又深刻地体会到一段路上茫然的取舍之后，又在另一段路上成功的自信，我成功了！别人回来了，我没有回来，我成功了！我的工作取得了成绩！所以说为什么要吃苦？我们在艰苦的环境下锻炼了我们的意志品质，那个艰苦的年代，确实造就了一批优秀的人。

2. 赵兰英——乐于助人邮电业，初心不改于一切

赵兰英参加百老团的社区活动（2）

还有人问我：是什么促使你四十年如一日地在工作岗位上认真工作？而当今很多人对于工作这件事就是想干了就干，不想干了就跳槽走人，我们应该如何对待工作？如何对待平凡的工作？当今有些大学生根据自己的愿望，有去当清洁工的，也有去卖猪肉的。很多人会说：国家培养你，是让你去干高级的工作。但是什么才是高级的工作呢？如何评价现在所谓的这种工作高低的分别？工作没有高低分别，三百六十行，行行都可以出状元。在劳模里，有很多是清洁工，有扫马路的，在上海条件差的时候给别人倒马桶的，这样的同志也可以成为劳动模范。所以现在，特别是年轻人，我觉得不是很扎实。但是，我们现在还有很多优秀的年轻人。很多大学生在大学没有毕业的时候，就到边远地区去，到新疆，到维吾尔族学校里去援疆、去支教。这些学生就是优秀青年。所以有的青年为什么干一行不爱一行？因为他的心不稳定，他这山看着那山高。其实不管你干的是哪一行的工作，行行工作都可以出状元。我们国家现在提倡工匠精神，什么叫"工匠精神"？哪怕很小的一个工艺品，他能做得很好，他能雕琢得非常精致，这就是工匠。现在对我们国家几千年的传统文化，国家希望我们能一代又一代地传承与发扬，要求我们青年一代学习国家五千年的文化，传承我们国家一些精益求精的雕琢工作。今年上海总工会评出了很多工匠。其实行行出状元，这工匠

赵兰英（前排左二）、姚正尧（前排左三）与上外贤达学院的师生合影（1）

赵兰英（左三）、姚正尧（左二）与上外贤达学院的师生合影（2）

就像你们大学毕业当了理发师，有人会说，理发师有什么了不起的？理发师也是工匠。上海黄浦区有一位个体户理发师，他就评上了工匠，还评上了劳动模范，他从事的是很普通的工作。有位同学提问："你怎么一干就是40年？你怎么40年没

赵兰英（左四）、姚正尧（左一）与上外贤达学院的学生合影

有离开岗位？"我就这样想，我一定要干一行爱一行，不能这山望着那山高，要拿出自己的智慧，要有工匠精神，即使是最简单的工作也要做到一丝不苟。

（2018年10月）

教师感悟

干一行，爱一行，爱岗敬业，甘于奉献

解 进

赵兰英女士给我最深的印象是：和蔼可亲，是一个真正善良美丽的人！听她讲话容易让人忘了时间。

赵女士是上海人，当年从上海到新疆去需要鼓起多大的勇气，我们不得而知。但即使是现在，也有很多年轻人不愿意去，何况是20世纪60年代的新疆。然而，赵女士在新疆一待就是40年，有人问过她为什么不回来，赵女士说："人这

"对话中国"讲演录

一辈子得干一行爱一行,不能觉得工作苦、累就轻易放弃!"

在新疆,赵女士在邮电局从事电信营业员的工作,这个工作看上去枯燥乏味,每天帮人打打电话,一天的工作也就结束了。可赵女士却做到了全国劳动模范,那些被她服务过的人都亲切地称她"好闺女""好妈妈"!

听完赵女士的个人事迹,在她身上我们看到了人性的闪光点,她将正能量带给身边的每一个人,她的这种正义感、帮助别人不求回报的无私精神、做好事不留名的无私行为,在如今这样的社会应该大力弘扬。作为一名人民教师,我们都应该反思如何去培养学生做一个善良的人,如何弘扬中华传统美德、传播正能量,而不是扶老人也要思考再三,见义勇为也要三思而后行,人人都在为自己考虑。

对待工作,赵女士说"得干一行爱一行",在平凡的岗位上,将每件平凡得不起眼的小事都做好,已经是一个了不起的人了。

解　进

解进,中共党员,现为上海外国语大学贤达经济人文学院体育教师,从教十年,擅长啦啦操、瑜伽,连续三年带队获得全国啦啦操冠军并获优秀教练员称号。作为一名体育教师,教学宗旨为工作认真严谨、培养学生良好的体魄和健康的心理。

学生心得

赵英兰——新疆土地的四季微风

康松杰

我总是觉得,那些"最美人物""道德模范"应该是光鲜的、遥远的,在生活中难以谋面的,然而在"对话中国"的课堂上,我见到了全国劳动模范赵兰英女士,她使我彻底改变了这一想法。

如果说人们对于陌生人的冷漠的心像结了冰的湖,赵兰英就像春天吹过来的风,仅仅是经过湖面,没有停留,就能让"冰"感受到春天的到来。她不去改变别人,而是以身作则,向"冰"证明"春"总会来。作为人民的"好闺女""好妈妈",她用自己敬业爱民的心温暖每一寸新疆大地,感动每一个在新疆的人。她那炽热的心犹如春风,舒爽又温柔。作为一名电信营业员,她永远不是用嘴巴办事。她替新疆人民打电话,传电报,热心地帮助周围人渡过一道道难关。赵兰英用一颗滚烫的心在平凡的岗位上默默耕耘,干一行爱一行,努力把工作做好,留下了一个个感人的故事,成为一面光荣的旗帜。

听了她的事迹,我的心情久久难以平静。一个女人将自己一生中最美好的年华奉献给了新疆,奉献给了人民,奉献给了国家,如此她还谦虚地觉得自身仍做得不够好——人这一辈子,才多少个40年?而赵兰英义无反顾地将自己的宝贵年华奉献在了援疆一线。如此觉悟,实属世间难得。

赵兰英女士还说:职业没有高级低级之分,三百六十行,行行出状元,不管自己最后有没有成为状元,都应该时刻坚持着自己爱岗敬业的心,干一行爱一行,不忘初心,牢记使命。她的这番话令我十分感动。"一屋不扫,何以扫天下",如果我们每个人都能从身边的小事做起,脚踏实地地做好每一件事情,在自己平凡的岗位上兢兢业业,做出不平凡的贡献,那么他就是一个不平凡的人!

我也想如赵兰英女士那样,把平凡的事情做好,做一个不平凡的人。

康松杰,上海外国语大学贤达经济人文学院2018级国际经济与贸易3班学生。性格开朗,最爱做的事情是唱歌,偶尔也爱看电影,感受不同文化、人情世故。"你会将生活带给你柠檬般的酸楚,酿成犹如柠檬汽水般的甘甜。"希望自己变得更独立,不忘初心。

点亮世界的一束束光

龚晓君

从主题"人民的利益是第一位的"就能直观地了解赵兰英令人尊敬的地方。生活之所以美好,是因为有这样一种人存在;未来之所以可期,是因为有这样一种人存在;榜样之所以是榜样,是因为有这样一种人存在。她只是邮电行业中的一员,却能令她服务过的陌生人亲切地称她为"好闺女""好妈妈",因为她对每一位来到邮电局的人都以热情相待、以理解和关心相待,她把他们的每一件小事都记在心里,体现在行动上。一个人做点好事并不难,难的是坚持一辈子做好事。"不积跬步,无以至千里;不积小流,无以成江海",一辈子做好事成就了全国劳动模范——赵兰英。在这条不平凡的道路上,注定会遇到许多不平凡的事情,也会有许多艰难险阻,但是赵兰英以平凡的心态,在平凡的工作岗位上做出不平凡的贡献,完美地体现了"工匠精神",也给我们青年一代树立了很好的榜样。任何工作都没有高低贵贱之分,不管你从事的是哪一个行业,都应当报以热情,干一行爱一行,像赵兰英一样,散发自己的光芒。当大家都散发自己的光芒时,这个世界才会因为有我们而更明亮、更温暖。

龚晓君,上海外国语大学贤达经济人文学院2017级工管2班学生,担任团支书。性格热情开朗,有良好的沟通和理解能力,平时比较喜欢看文艺一点的书,写写自己的"小世界"。

3. 包起帆

抓斗平起先锋路，脚踏实地赴征途

包起帆，伴随改革开放成长起来的中国工人的缩影。研发新型抓斗及工艺系统，推进了港口装卸机械化，被誉为"抓斗大王"。参与开辟了上海港首条内贸标准集装箱航线，参与建设了我国首座集装箱自动化无人堆场，积极推进了我国首套自动化程度最高的散矿装卸设备系统的研发，领衔制定了集装箱RFID货运标签系统国际标准。

包起帆在"对话中国"课堂上做报告（1）

讲演实录

明天你也会是劳模

包起帆

在我们父辈身上，大部分人都有这种想法，就是觉得"不要输在起跑线上"，从出生的第二个月就开始竞争，一直竞争到考大学，目标很清楚，就是要考上交大、复旦、同济甚至清华、北大，好像进了一般的高校就不行了。我想大部分世俗的眼光也是这么认为的。今天在座的每一位，同样会有出息，同样会有美好的明天。下面我就现身说法，用我的经历来告诉大家：明天你也会是劳模。

我是一名1967届的初中生，"文化大革命"开始时，读初中二年级，到了1968年，就分配工作了。我的哥哥分到崇明工作，崇明那时候有农场，我分到了

包起帆在"对话中国"课堂上做报告（2）

在码头工作的青年包起帆（左）

包起帆与"改革先锋"奖牌

上海港工作，做码头装卸工，当工人了。那时候做一名工人也是不容易的。我做了六年装卸工、四年修理工以后，"四人帮"粉碎了，上海恢复了高考。那是1977年，上海第二工业大学（简称二工大）招生了。我只有初中二年级的学历，要参加入学考试，我只能向我哥哥借一些高中的书来自学，学了以后去考。我的考试成绩很不理想，学校因为考虑到我好几次被评为先进，所以破格把我录取了。我们班里百分之八十以上都是读过高中和中专的，我只读到初中二年级，所以我只能花更多的时间和精力来努力读书。基础课我读得比较差，但专业课，因为我做过四年修理工，所以成绩也蛮好。

所以，实际上我最初的学历只有初中，我的出身是码头装卸工，这是最普通的了。两年前的五一劳动节前夕，中央电视台要拍一档节目，叫"奖章背后的故事"，我那时候奖状全部放在我家的抽屉里面，拿出来一看，还真不少，我把奖状给大家展示并不是要说包起帆怎么能干，而是想跟我前面的做一个对比，就是说在座的各位同样能像我一样有所作为。2006年，我去参加了巴黎国际发明展览会，我一个人在这个展会上面拿到4块金牌，成为这个展会举办105年来唯一一个拿4块金牌的人。到了2009年，我拿到了世界工程组织的大奖——阿西布·萨巴格优秀工程建设奖。世界工程组织联合会是由90多个国家和地区11个国际组织组成

包起帆与他的发明奖杯

包起帆（左）参加巴黎国际发明展会

包起帆（左二）参加日内瓦国际发明展览会

的,它是工程界的"联合国",它每两年开一次年会,颁发4个大奖。中国每年去参评,我是中国第一个拿到这个大奖的。拿到奖以后,时任中国科学院院长的路甬祥专门给我发来了贺信,认为中国在这方面取得了突破。2015年,我在日内瓦国际发明展览会上又一下子拿了3块金牌,这使我28年来在国际上拿到了36块金牌。所以在闭幕那一天,我就把28年以来拿到的金牌给展委会的主席看,他非常感慨:一个人在28年以前在这个展览会上能拿金牌,现在怎么还会有金牌,他非常惊讶。因为日内瓦国际发明展览会是世界上影响最大、规模最大的国际发明展览会。我把这些介绍给大家,是想让大家知道,我觉得践行爱国敬业诚信友善的价值观是创新成功的一个保证。只有做到这个价值观领先了,你才有可能取得人生成功。

爱国是创新的资本

我觉得只有通过我们的创新,不断地走向世界,才能最终改变外国人目前对中国的发展主要依靠外来技术、自己缺乏创新能力的偏见,改变中国工人是打工的这个偏见,真正实现由中国制造到中国创造的梦想。我在这里讲两个小故事。

抓斗的故事

人们都说:"包起帆,你是抓斗大王。"实际上我一开始对抓斗一窍不通,我原来工作的岗位就在白莲泾码头,在现在中华艺术宫背后江边这个地方,这是上海当初最大的采取木材矿石的专业化码头。码头卸木材,过去都是工人拿着28毫米粗、8米长的钢丝绳,在船舱里面把原木捆起来,然后吊到外面去。因为人一直在船舱里爬来爬去作业,所以非常容易出现工伤事故。有一次我去装卸挂钩的时候,司机突然把钩吊起来,我的手卡在钢丝里面,我说"你松下来松下来"。松下来以后我把手套拿掉,发现大拇指的骨头都看到了,痛得不得了。

包起帆在码头一线工作

3. 包起帆——抓斗平起先锋路，脚踏实地赴征途

人都有种本能的愿望，要摆脱危险繁重的劳动，但是我当初没有这个条件。等到工伤好了以后，我又去干这个活了，心里想有人能不让我们下船舱去，不去装卸木材，那就好了，但做不到，外国的轮船还是要来。1981年，我从二工大毕业了。毕业了以后回到单位，我们单位领导就将我调到技术科技员岗位，在单位里搞技术核

包起帆在认真研究抓斗技术

心、搞创新。我就开始动脑筋：码头上黄沙石能用抓斗抓，那么原木能不能用抓斗抓？我把这个想法告诉同事，他们告诉我："包起帆，1958年大跃进的时候就搞过木材抓斗，不能用，都丢到废钢堆里去了；到了70年代我们工程师做的木材抓斗也不行，也扔到废钢堆里去了。所以说，包起帆，你肯定搞不成。"但我想，你不干我不干，这个木材装卸还是要出事故。

我想，50年代、60年代搞不成，那可能是因为他们没有足够的文化知识；70年代工程师搞不成，那可能是因为他们只知道坐办公室，没有足够的实践经验。而我呢，做过六年装卸工，对工艺非常清楚；做过四年修理工，对机械加工非常清楚；现在上了大学有了文化知识，我想只要我能够动脑筋，应该是能够搞成功的。所以星期天和节假日，我就到图书馆、新华书店去找资料，晚上就在家里画图纸。记得有一次我在马路上走，看到马路上开过的一辆汽车上装了一个驱动器，车开得很快，我看到上面写的是商业储运公司朝阳桶厂的，星期天我就骑着自行车去找参考资料，终于把木材抓斗图纸搞好了。我们单位的领导让很多工程师来审图，看看这个图纸行不行。听了我的介绍，看了图纸以后，没有一位工程师说好，也没有一位工程师说不好——说好，他们没有依据；说不好，又怕伤了我的心。但我的领导还是很支持我的，我们终于把木材抓斗做好了。木材抓斗做好了以后，送到码头边上去，很多工人围上来说："包起帆，你这抓斗行不行？"我说我也不知道，因为我也没有看到过木材抓斗能把木头抓起来。当我看到我们的抓斗把12米长的美国松木从船舱里抓出来的时候，我的心都要跳出来了，开心得不得了。但实事说明我开心得太早了，现在回头想想，感觉我们搞一个创新，只不过是一百步走了二三十步，到最后把它搞好还有七八十步要走，也

就是说怎么让科技成果转化为生产力这个转化的过程更长。

船一般都是25 000吨,货舱深度大概14米,宽是25米,船舷的两边各5米,有台阶,上面有顶,中间有10多米的窗口。原来人工装卸原木的时候,是一层一层去装卸的,而用抓斗去抓的时候,抓斗从中间抓了以后,两边的木头就不肯下来,到最后抓斗把船舷中间的抓掉,两边的10多米的原木就留在船舷的两边,不肯下来。这下可麻烦了,我们调度来找我,他说:"包起帆,你这个抓斗能够抓中间的,可是现在船舷两边的木头这么高,怎么办?不能让它运回到美国去吧?!"所以我们只能非常冒险地把钢丝套在里面,让人爬到船舱底下去,把钢丝钩在木头的顶头,把船舷两边的木头往中间拉下来。我们把这叫作放三头。放了以后,很多人就说:"早就跟你说了,只能用人工做,怎么能用抓斗来抓呢?这不是异想天开吗?"

但是我想,过去抓斗不能抓原木,现在能够抓原木已经是一大进步了。我觉得关键是要有好的工艺,就好像一辆汽车,如果能开,但没有交通规则,肯定要搞得一塌糊涂。因为我做工人,我相信如果抓斗不从中间去抓,从船舷的两边去抓的话,两边的木头会不断地滚下来。我就把这个想法告诉我们的经理,经理说以后船来了,就听你来指挥,你说抓什么地方就抓什么地方。后来,一艘25 000吨的船又靠上了码头,四个船舱用人工装卸,一个船舱用抓斗来抓。新发明和老方法打起了擂台。那时候一艘船一般要四五天来装卸,所以我就不能回家了,因为我在指挥。有时候三天三夜不回家、四天四夜不回家,最多的时候五天五夜不回家,坚持在码头上做试验。累的时候,就到船舱的大车间去躺一会儿;该吃饭的时候,因为食堂比较远,我就叫工人帮我打一点,带点馒头来啃啃,这样白天可以持续在码头上做试验。

那时候没有双休日,记得有一个星期六,我太太问我:包起帆,你好几天没回家了,什么时候回家?我就告诉她,第二天早上大船卸空了,下午我就会赶回去吃晚饭的。谁知道那天早上,这艘大船确实是卸到了舱底了。人家的舱底是平的,这条船的舱底做了个洞,补焊了一块铁板,于

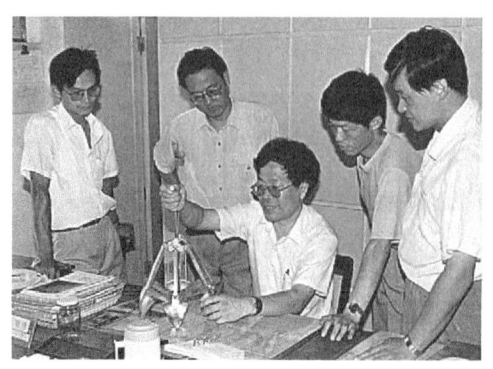

包起帆(中)和同事一起研究抓斗技术

3. 包起帆——抓斗平起先锋路，脚踏实地赴征途

是就高出来一块铁板。抓斗的闭合力很大，把木头抓上来的时候抓斗的一只脚碰到了这块铁板，抓斗的这只脚断了。

这下麻烦了，现在我们有100多个抓斗可以换，当初做试验就一个抓斗，为了让抓斗能继续使用，抓斗坏了以后就要派工人下船舱。为了让事业取得成功，我就把抓斗送到车间里去抢修，修到星期天晚上，我又把抓斗送到码头边上来装卸，坚持在码头上工作到了星期一早上。六七点钟的时候突然一个熟悉的声音在我背后响了起来："包起帆，你做神仙啊，怎么一夜不回家？"回头一看，看到我的太太抱着两岁多的孩子到码头边上来找我。这时候我才想起来，我答应我的太太星期天要回去吃晚饭的。我的太太星期天早早地就把晚饭做好了，从4点等到5点，5点等到6点，6点等到7点，她看我还没有回家就非常着急，因为我那时候住在曹家渡，我的单位在浦东的白莲泾码头。这是个相当远的地方，到了晚上车也没有了，摆渡船也没有了，所以她就担心得一个晚上没睡觉，第二天清早来看我了。她看到我生龙活虎地在码头上指挥就放心了，指了指孩子说"你赶快叫爸爸叫爸爸"，小孩擦擦眼睛，看到我头上戴着柳条帽，上海的冬天码头上也很冷，棉大衣反穿一件正穿一件，腰里塞了根绳子，好几天没睡觉脸色很不好。结果我的太太说"你叫啊，叫啊"，孩子看见我这个人这个样子，不肯叫。我看着他们走时的背影，就在想，我们在做一项事业的时候，总是要有人做出牺牲，总是要有人去奉献。就这样经过两三年的努力，我们终于搞成了从3吨到25吨抓斗的细节设计，从此以后木材装卸就再也不要工人到船舱底下去了，这就从根本上保证了安全。这个木材抓斗从1981年诞生到现在三四十年了，上海港每天都在用它装卸，没发生一起伤亡事故。

后来，交通部听说上海港用了抓斗，就到上海来现场考察，把抓斗在全部港口进行推广，一下子，我的抓斗就出大名了。所以，前几年，我到连云港去，很多工人围上来说：你的抓斗太好了，过去我们的木材装卸全靠人工，你的抓斗运来了以后，我们就再也不用到船舱底下去了。你的抓斗救了我们。听了他们的话，我

抓斗技术的应用

觉得比在国际上拿金牌都有价值得多。所以说把自己的智慧、自己的心血花在工作上，这是最有价值的事情。这就是在岗位上最实实在在的一个创造价值的机会。

木材抓斗搞好以后，我们开始搞生铁抓斗。以前生铁装卸，都是工人在船舱里把生铁一块一块地往里面搬，一共要搬3 000多块。我发明了生铁抓斗以后，工人就再也不用到船舱底下去了，效率提高了8.8倍。废钢也是这样，都是工人拿着一块一块的废钢去搬，所以我又发明了废钢的抓斗。在抓斗的发展之路上，我就让我们的港口从人力向机械化进行变革。

《ISO 18186：货物集装箱RFID货运标签系统》的故事

包起帆捧回国家标准创新一等奖

我曾经想将发明上升为国际标准，ISO 18186让我的梦想成真。2000年以后，我到上海港务局做了副局长，后来成了分管上海港的副总裁。这个时候我就开始关注怎样让我们的创新走上国际的舞台。我们发现码头上有个大问题，就是集装箱的偷窃。据美国国土安全局统计，全球每年集装箱偷窃造成的经济损失高达300亿到500亿美元。

怎么来解决？这是个大问题。后来，我发明了一种叫基于星地交互的物流跟踪硬件，就是用现在的GPS卫星定位再加上RFID来跟踪集装箱，通过手机就可以掌握集装箱的所有信息。

这个完成以后，怎么样将它推向全世界？怎么让中国的物流实现变革？我觉得，要让中国的发明进入国际标准，因为集装箱是全世界都有的，我想让它成为国际标准。

中国集装箱的吞吐量世界第一，装卸量世界第一，制造量世界第一，但没有一个标准是中国人制定的。为了让中国的发明成为国际的标准，我把我的想法写成提案交到了国家交通部，找到了国家标准委员会。我们这个专业组的叫tc104，我们以为是没有问题的。后来才知道要做成国际标准，要走八道程序，第一道程序是提案程序，就是让世界其他国家投票，结果我们被投了否定。要成功需要满足两个要求：第一个要求就是要有一半以上的国家同意，第二个是要有五个国家愿意和我们一起做。当时只有俄罗斯投票表示愿意和我们一起做。为了让我们的发明变成国际标准，我就主动地去做工作。我认为他们对中国人不了解、对我们中国的发明不了解是根本原因，所以我就把这些外国专家请到上海来，到我们的码头现场来看我们的发明。看了以后，他们就服了。第二次，包括美国、德国、法国在内的很多国家都投了赞成票，愿意和我们一起来做这个国际标准，同时任命我来领导这些外国的专家一起做。经过八个阶段、三年的研制，通过了七次

包起帆（左三）在国际标准化组织会议上与同行交流

包起帆（左三）在码头一线工作

国际会议、上百次的接触沟通，我们终于把中国的发明做成了国际标准。这个ISO 18186是在物流和物联网领域第一个由中国专家主导设立的国际标准。

这个国际标准，在五年以后的2016年，又经过了一次评价性投票。国际标准有规定，发布五年以后要对该标准再次投票，让大家看看用得好不好。结果显示的是全票通过了，被英国、俄罗斯、日本、丹麦、荷兰、捷克直接变成他们的国家标准，美国和德国也投票说开始用了。所以，中国人还是有智慧的。我们每一个人，只要在自己的岗位上，能够把自己的智慧奉献出来，我觉得这就是最大的爱国。

敬业是创新之根

在工作中，我觉得无时无刻不碰到问题、遇到难关，要使自己工作做得更好，就要破解难题、突破瓶颈。我想，突破瓶颈的根应该是"敬业"。

圆珠笔的故事——锲而不舍的精神

我觉得只要方向对,锲而不舍是关键。前面讲到木材抓斗,大家看到的抓斗,都是双锁的:一根控制开的,一根控制关的。码头上的起重机是双锁的,可以用抓斗,但是还有一半的木材是靠船上的起重机来装卸的,但船上的起重机是单锁的,只有一根绳,不能用抓斗,要靠人工来装卸。我一直在动脑筋,有没有可能搞到一种在任意点上都可以打开和闭合的单锁抓斗的起闭结构——没有,全世界都没有人做过。

包起帆在码头

走路在想,吃饭也在想,我一直在动脑筋:到底怎么来解决这一个问题?正好有一次,我到北京去参加会议,会务组给我们每个人发了一支圆珠笔、一本本子让我们做记录用。在讨论的时候,我就拿出这支圆珠笔按,按一下笔芯就出来了,再按一下笔芯就缩回去了。突然之间,我就在想,码头上面的起闭机构不也是开一下关一下么,所以我就非常高兴地把圆珠笔拆开了看。零件并不多,一个轻轮、一个转轮、一个弹簧、一根圆珠笔芯,四个零件。我是做机件的,我知道那是通过螺旋面的黏合使它发生位移,但是我想来想去、看来看去,总觉得好像少了一个零件。

回到上海以后,我请了很多同事、工程师来,我把笔拆开给他们看,我说想知道这是个什么道理。大家看看觉得蛮简单的,但又讲不出道理来,没办法了,我就到中华圆珠笔厂去。我想这个圆珠笔厂总知道的,所以我就骑着自行车去了中华圆珠笔厂。那时候中华圆珠笔厂在外滩新开河路上。一进门,我说"我要到你们这里的技术科去看看"。他们说:"不行,你要买圆珠笔,门口的门市

青年包起帆工作照

部很多,你尽管去买,你要进去,我们不能让你进。"出了门以后我就想,为什么人家不让我进去,可能是介绍信没有带,所以过了几天以后,我从单位里一本正经地把介绍信开好,又到中华圆珠笔厂去了。

第二次去,找到他们技术科,我说能不能把图纸给我看看,他们技术科长就告诉我,现在他们企业竞争很厉害,厂长讲过了,这个技术是保密的,没有厂长的批准,任何外人不能接触图纸。我又碰了个钉子,碰了个壁。回来的路上我想,这个东西搞不懂怎么办?我就拿着这支圆珠笔找二工大、上海交通大学搞机械的老师去问问看。但是这方面他们也搞不明白,怎么办?走也走了,问也问了,想也想了,脑筋也动过了,不行,不行怎么办?算了。这是一条路,还有一条路是什么?我刚才讲了——锲而不舍。

第三次,我又到中华圆珠笔厂去了。我找到他们厂长,跟他们厂长说我是上海港务局搞抓斗的,我一个抓斗搞了5 000公斤重,而且我觉得我是为了工人安全搞的。厂长听了就把技术科长叫上来。技术科长一叫上来,他说:这个老头已经来过了,他要图纸,厂长你不是说图纸不能给的吗?后来厂长跟他讲:这个人是

《抓斗大王包起帆》封面

港务局里面搞抓斗的,他只不过是要了解一下轻轮结构的原理。我这个时候才知道这个结构叫轻轮结构。下了楼,他把图纸一打开,我瞄了一眼就懂了。原来是笔套里面有两根箭,轻轮按下,转轮转过90度,一个斜角顶在这个箭上面,笔芯就出来了;转轮再转过90度,转轮里面有个槽,在弹簧的轴心下收回来,笔芯就缩回来。

回到家我马上把这个原理移植到抓斗的起闭机和组件里去,终于搞成了一种在任意点上都可以打开和闭合的木材抓斗——单锁木材抓斗。此后我们所有的木头都可以用这个抓斗来作业了,这个非常有价值。后来这个项目获得了国家发明奖,在美国匹兹堡举行的国际发明展览会上也拿过金奖。

所以我说,锲而不舍——只要看准的事情,死不回头,读书也是一样的,要用自己锲而不舍的精神。比如,我现在讲自动化,就像报纸上面宣传的,我

《抓斗大王包起帆》插画（1）

我们开始研究自动化是在十多年前。我当时想中国早晚要走上自动化的道路，所以我先培养人才，把人才培养起来。自动化就是原来这些机器都是人工操作的，现在不用人操作了，可以远程进行操控，让这些机器自动地识别、辨别，就像机器人一样。我们把这些弄好以后发现了一个大问题，就是激光扫描系统，它只能够识别它过去储存过的信息，不能够识别它没有接触过的信息。因为码头上的卡车需要对准卸货的起重机才能卸货，而社会上卡车的信息没有储存进去，所以就不能进行操作。国外对这个问题的解决方法是，卡车的司机下来自己进行操作，但是中国不行。中国的法律规定，没有起重机驾驶证是不能使用起重机的，所以这项工作就没办法进行下去了。为了让事业做成功，我想外国人搞不定的事情，中国人早晚也要搞定，所以尽管我是总裁，有很多事情，但我一个星期之内就去和我的同事商讨怎么把这个问题解决掉。后来我们找到了一个新的激光扫描系统，建立这个系统以后，问题就迎刃而解了。之后，我们的自动化产业越做越好。所以，我认为只有不辞辛劳、锲而不舍才能取得圆满的成功。敬业是创新之根。创新不容易，只有在苦海行走才能前进。

我再讲一个以前的故事。之前说到国际标准，我们要做一条示范线，在我们做出来以后我生病了，发高烧。我在医院住院，看到电视上说烟台在下大雪，这时我想到我们做示范线的五六个同事在烟台做测试，在回收电子标签，就立刻给他们打电话。他们说：我们这里下大雪，很多人都摔伤了。我就非常担心数据收集不了，科研实验完不成，非常着急。为了让我们的事业成功，我就对医生说我好了，医生说"你还在我们医院看病怎么能走呢"，我说"我不看了"，我叫我太太去办出院手续，我穿上衣服就走了，家也没有回就直接去了机场，直奔烟台。在烟台的同事说："这里下大雪，你怎么来了？"他们看到我来了就非常重视，一直配合我去把数据全部收集起来，后来对中国和美国、加拿大和美国的航线进行了创新。在这个过程中，我认识到了将来不管从事什么工作都要肯吃苦，所以说吃苦也是创新的一个很重要的过程。

诚信友善是创新之本

前几年去酒泉给了我很深的印象。我到了那里才知道,在汉朝的时候,霍去病在那里打了个大胜仗,汉武帝为了犒劳他,就赐了他一大坛美酒,霍去病没有一个人喝掉,他把美酒倒在了泉水里,让所有的将士都可以去品尝美酒。后来老百姓为了纪念这件事情,就把当地叫作酒泉。我想老祖宗都知道分享,我们现在更应该做到分享。

《抓斗大王包起帆》插画(2)

还有一次我去井冈山,一个标记让我特别感动,就是我们的朱德司令写的"有盐同咸,无盐同淡"。他要求红军的将领和士兵做到这一点。我看到后很有感触,感觉这种事情平常人很难做到,于是就想我们的创新成果拿来以后,怎么分享成果,这是我们把事业做成功的重要一点。我是20世纪90年代上海最早拿到科技津贴的创新人员,从开始领这份钱,我就把领到的钱分给我们部门家庭条件差的同事们。从1981年开始,我的作品获奖的钱,比如说世界工程奖的奖金、国家级的、其他世界级的奖项的奖金,都分给我的同事,给我们企业的伤残人士。这个我已经坚持了30多年。

在创新的路上,几百个、几千个人跟着我,没有这些人的帮助,我不可能成功。我搞创新是为了我们职工。所以,这个信念的支撑让我感受到很大的力量,中间有人受伤我经常去看他们,快过年的时候主任和我说他们过年要来拜年,我说不用了,但是他们坚持要来。我记得,有一年大年初二,我下楼看到他们摇着轮椅过来看我,因为有台阶他们不方便上来,就说来看看我就回去了。

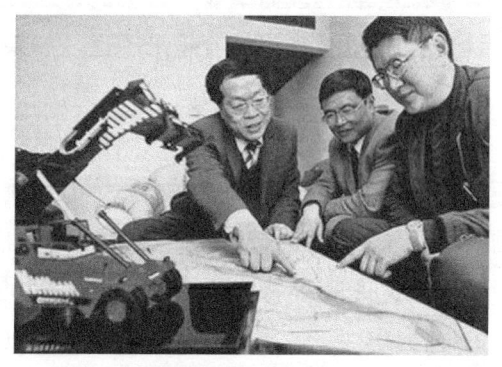

包起帆与同事研究技术数据

我说：那怎么行？来都来了。于是，我把他们背到电梯上，再从电梯口背到家里。他们过年不回自己家，却来到一个同事的家里，这说明什么？说明我们同事之间的感情特别深厚，哪怕到现在，我也会每年去看望他们。这就是说，把这些创新的初衷和这些职工联系起来，使自己的创新有了很大力量。创新队伍要共同成长，不能只自己好了就可以了。我们现在应该想的是大家一起好了，才能创新、有凝聚力。国外一家非常著名的公司的老板叫我去参观他们的工厂，我问他能不能把这个机会给我们的员工，因为他们的成长就是我们公司和我的成长，一开始他不理解，后来他同意了。这些出国的员工后来成为我们公司创新的中坚力量。

我想利用这个机会和大家谈谈创新的体会。

第一个体会是，创新不是好高骛远。现在我们很多人都感觉创新是一件高大上的事情。我看不见得，我的成长经历告诉大家，创新就是在岗位上产生的。我在做工人的时候，对起重机做了更新，后来日本一家公司的员工对我说："你这个技术在日本是可以申请专利的。"我们当时对专利的理解也很少。当我当上总裁的时候，我让港口信息化、自动化，实现了从人力向自动化的改变。所以说创新就是在岗位上产生的，只要你有岗位，你就能创新。什么时候开始？就从现在开始。

第二个体会是，在座的各位学习成绩都要比我好，我从17岁在码头工作，一步一步做到现在，在座的各位也会成功的，也会成为能创新的人才。

第三个体会是，创新是不能盲目的，要有方法。比如我刚才说的那些方法，要锲而不舍、不畏艰难、不怕吃苦，还要懂得分享。掌握了这些，创新是完全没有问题的。

第四个体会是，创新要有核心价值观。现在很多人做事只谈钱、钱、钱。但是，如果你是以做事业为目标的，以报效祖国、服务人民为目标的，那你的企业就会越来越好，走得就会越来越远。如果你是为了钱去做这件事情的，也许你会取得一时的成功，但是钱越多，人越往上走，一旦到了一定程度，股东之间就会闹翻，一闹翻就麻烦了。所以以服务为目的的创新，才是可持续发展的。我不是说以金钱为目的的事业不会成功，可能会成功，但不会持久，而且也是少数。

所以，劳动创造幸福。现在社会上有一种说法：最好是一夜暴富、一夜成名。其实我觉得，如果你没有付出扎实的劳动，幸福来得快，去得也快。所以我的体会是：第一，要通过自己艰辛的劳动、辛勤的汗水创造幸福，这个劳动包括脑力劳动、体力劳动、奉献汗水，只有这样的幸福才是可持续的。第二，知识改变命运。在座的各位今天能在这里读书真的是千载难逢的机会,有这么好的机会、这么好的环境,你们一定要好好读书。知识改变命运,如果我当时去做搬运工,没有去二工大,干到50岁就退休了,不可能在国际上拿奖。第三,就是责任成就事业。有的人说:我学的专业不好,将来能有用吗?当然有用。什么时候有用呢?当你是一个有责任心的人的时候,你才有用;你不负责任,你的专业再好也没用。光和亮只有在蜡烛被点起来的时候才会有,所以我想在座的各位可以成为一个可以承担责任的人、有担当的人。如果你没有一颗想改变现状的心,你怎么会发生改变呢?当我在国际上提出建议被他们否定时,是什么使我坚持下去的?是责任。只有我们的变成国际标准,我们才能真正地面向国际市场;只有责任,才能成就你的事业。所以"看不到问题是最大的问题",就像各位现在读书,觉得没有问题,其实就是最大的问题,所以我说有责任才能成才。

创新成就辉煌,有人觉得真的辉煌是高大上的。不是的,我在搞创新的时候,我的本职工作做好了就可以了,每一个公司各个部门之间做的都是不一样的,你只有创新才能走向下一个台阶。其实创新是一件非常容易的事情。也许是我一直担任创新的评委,我觉得先把本职工作做好了,创新是随时可以做的,其他管理创新、机制创新都是可以做的。

我对在座的各位提几点希望:

第一,从现在开始就要树立报效祖国、服务人民的意识。只有国家好了,我们才能好。你们现在学习外语,以后不管你走到哪里,你中国人的身份是不会变的,所以我觉得报效祖国、服务人民这一理想,应该是大学生要树立的。这个不需要理由,因为中国人的灵魂再怎么也是变不了的。所以今天我在这里提个希望,特别是学外国语专业的同学更加要有深刻体会,书到用时方恨少,要抓住人生学习的最好机会,现在最好。

第二,要与同学互敬互爱。我特别倡导的是,今天如果你没有一种良好的帮助人的品质、没有共同成长的素质、没有一种分享成果的理念,那你将来个人再有出息,你的出息也不

包起帆在"包起帆创新之路展示馆"开馆仪式上讲话

会很大的。因为社会实际上是一个融合的社会,需要的是团队精神,没有团队精神,"孤家寡人"做不成大事。我在读书的时候,我们老师提倡的就是"一帮一",比如,我们班数学最好的同学就去帮助数学最差的同学。听说现在不是这样。有人说会耽误学习,让自己得不到班级里的第一名,可是班级里的第一名有什么用呢?你要拿学校里的第一名,国家的第一名,你才厉害。所以说同学们的心胸要大,这种人生的智慧从现在就应该培养起来,我觉得非常重要。

第三,要融合到社会的大环境中去,为明天的大众创业、万众创新做准备。现在大众创业、万众创新是热门。那么,学生应该怎样融合进来?

举个例子,你们是学习语言的,上海举办的国际博览会就在虹桥,很多国家来参加,你可以去当志愿者,可以去学习,融合进去。你现在学习的可能都是专业书上的东西,但你去参加这种博览会,可以学到的东西就很多了,电子的、机器的……所以,我觉得在座的同学应该去和外国人多交流,不交流你怎么可能学得好?语言本来就是用来打交道的工具,你不打交道,你不和外国人进行交流,在家里怎么可能学习好外语?所以,我的体会是语言需要去交流,今天的学习是为了明天的工作,只有这样你将来才能有点出息。我觉得年轻人应该能够走在科技的前沿,能够关注现在的科技发展。现在大数据、人工智能这些都是非常前沿的,你以为是跟你的专业没有关系,实际上有很大关系,我希望你们都能够关注,不是"我读这个专业,我将来就吃这个专业的饭"。不见得,你要关注整个社会,关注其他行业。

天地很大,心胸很广,如果你做过国际标准,你就会知道中国的地位、中国的影响力有多大。不然,你自己自我感觉很好,但在他人眼里你并不怎么样。平时家长、老师、整个社会都在劝大家不要沉迷于打游戏,我也劝大家不要天天沉溺于打游戏。虽然打游戏好像可以"锻炼"你的手指、大脑,但是会浪费你的时间,你的很多精力要用在花钱的游戏上。相比这个而言,我觉得还是要花精力和时间把专业读好。

包起帆(左)与上外贤达学院党委书记夏骄雄合影

(2019年5月)

教师感悟

精神有韧劲,生命有光辉!

程培英

2018年2月底开始的春季学期,我负责第三期的"对话中国"课程,由此认识了包起帆老师。

人对人产生影响,耳濡目染可能比任何其他方式都要来得直接有力而又印象深刻。"对话中国"的开设就是为了通过在各个领域卓有成效的老前辈们自身的讲述,让年轻的学生能够看到生命更多的可能性。实际上,与这些老前辈的接触,不仅仅是对学生的一次心灵的洗礼和教育,对我自己也同样如此。

在安排和组织课程的前期,与包老师接触过程中的一件小事对我触动很大,到现在都印象深刻。由于课程地点在崇明,老师们需要从市区赶来,因而每次课程前需要再次与老师们确定时间。到包老师讲座的前一天晚上再次核对第二天的行程安排时,由于上课那天上午包老师在另一所学校有会议,开完会之后下午才能与负责"对话中国"课程主讲人日期安排的姚老师会合,所以我们担心他到崇明后来不及吃晚饭。当时我说,无论如何得吃了饭再讲,没想到包老师自己完全不在意,说:"到时候你给我准备几个馒头就好了,人家学生来听课,不能让学生等着!"他说得斩钉截铁、干脆利落,甚至有点"命令"的味道,语气坚定到到时若来不及那就非得这么做不可。那略带"命令"的语气不仅没有让我不舒服,反而使某些久违的感觉升腾起来了,我暗自感叹:这就是老一辈人的奋斗劲头啊!不摆谱、不矫情、不做作、不拿架子,形式主义那套都不要,直接有事儿说事儿,有问题解决问题。

这种执着于解决问题本身的精神在包老师的整个讲座中体现得更加直接、明显。他读初中二年级的时候便被分配到码头工作,其间遇到的困难使他开始思考进一步去学习的可能性并产生了强烈渴望,之后通过勤奋学习考入了大学,一边工作一边学习,两者互相促进——学习使工作中的问题得到解决,而工作中遇到的问题也使学习的知识有了用武之地。毫无疑问,这种兼顾是需要付出常人数倍的努力的。

包老师在讲座中说过这样一段话:"那时候一艘船一般要四五天来装卸,所以我就不能回家了,因为我在指挥。有时候三天三夜不回家、四天四夜不回家,最多的时候五天五夜不回家,坚持在码头上做试验。累的时候,就到船舱的大车间去躺一会儿;该吃饭的时候,因为食堂比较远,我就叫工人帮我打一点,带点馒头来啃啃……"

这让我顿时认识到他让我"准备几个馒头就好了",其实是一贯工作态度和生活方式的延续而已。那一个被极大触动的瞬间,让我感觉到了生命中最强有力、最有韧劲儿的部分。

包老师直奔工作核心问题的这种"韧劲儿"处处体现在他的工作过程中。无论是为了更好地保护装卸工人的生命而改进木材抓斗、为了更好地指挥抓斗连续在码头工作好几天,还是后来在开发生铁抓斗、废钢抓斗,发明基于星地交互的物流跟踪硬件并花费三年时间通过七次国际会议、上百次接触沟通,孜孜以求、想方设法、不轻言放手地推动中国发明进入国际标准,抑或是受圆珠笔原理启发发明在任意点上都可以打开和闭合的单锁木头抓斗,通过建立新的激光扫描系统使码头之外卡车也能与起重机对准卸货,从而使码头工作更加趋于自动化,病中从医院直奔烟台收集科研实验数据……每一件顺利完成的事项、成功做出的研究,都体现着他对于办好事情本身的那种强大的韧劲儿。

记得那天在给学生做开场介绍时,我感慨不已地讲述了"馒头"的故事,我分明感到当说到"买几个馒头就好"时学生情绪被触动而在眼神中流露出的惊讶。他们可能同样想不到:眼前荣誉满身的老前辈,在生活中可以简朴到如此不可思议!而我想这种触动将会帮助他们在未来面对困难时找到内心应对的那份持久的韧劲儿,从而体会到,问题是解决不完的,是只要生活继续就一定会存在的,而我们面对问题时最好的态度和心理准备,可能就是如同包起帆老师那样:直面问题,不躲避、不回避、不害怕、不烦躁,坚韧不拔,用积极的心态去寻找任何有可能解决它们的方式和途径!

程培英,复旦大学比较文学与世界文学博士,哲学博士后。对文学与哲学有浓厚的兴趣,有幸将所爱与所学合二为一,因而工作中能够保持热情、孜孜以求而不倦。

程培英

学生心得

起集装之重,扬创造之帆

何沁芸

在我以为创新是一件高大上的事时,您告诉我,创新不是好高骛远;在我学习专业课烦躁不安时,您告诉我,责任成就事业;在我漫无目的、彷徨迷茫时,您告诉我要树立报效祖国、服务人民的意识;在我特立独行身陷桎梏时,您告诉我,要融合到社会的大环境中去;在我因他国成就而黯然神伤时,您告诉我,天地很大、心胸很广,如果你做过国际标准,你就会知道中国的地位、中国的影响力有多大。质朴的话语中包含着深刻的道理,迷惘的我们在您的指引下渐行渐远。

有时候在想,我们这辈人的安逸,应该是几代人吃苦换来的;有时候也在想,哪有什么岁月静好,只不过是有人替我们负重前行;有时候更应该想,我们是否就应如此坦然受之?没有了紧迫的感觉,没有了必要的使命,我们仿佛生在了一个"死于安乐"的年代。但是,您的故事让我们重燃了奋斗的焰火,您的演讲打破了我们不切实际的幻想,您的锲而不舍让我们明白了创业的艰辛,您的拳拳赤子心感染着我们,您的谆谆教诲时刻回响在我们的耳畔。

如果说80年代的港口不足以承担生命之重,那么您,就是港口生命的守护神;如果说前辈的失败吹灭了希望的火烛,那么您,就是带来光明的探路者;如果说国际上的排斥扼杀了我们前进的脚步,那么您,就是打破枷锁的冲锋人。一块块金牌见证了您一路的风雨,一座座奖杯诉说着您不屈的红心。起集装之重,扬创造之帆,立中国标准,战世界之威。

今天,您希望我们是明天的劳模;明天,愿我们和您一样,做爱国的栋梁。

何沁芸,上海外国语大学贤达经济人文学院2017级法语(双语)4班学生。性格外向,活泼开朗,热爱音乐,坚持自我。最喜欢的一句话是"不忘初心,方得始终"。希望自己在前行的路上,永远保持本真,坚守本心,永怀善意,清澈明朗。

"起帆"之际,远航之时

杜 乔

他是出身平凡的码头装卸工,他是功成于奋斗创新的包起帆。

"并不是要说包起帆怎么能干,而是想说在座的各位同样能像我一样有所作为。"他就好像是浩瀚星海照来的光簇,恰如光明的指引,似是没有什么黑暗阻碍,让人有勇气去做任何事。

然而,即便是星海一般的存在,也要历经数百万年的沉寂。从平凡的码头一线工人,到闻名遐迩的"抓斗大王",再到获得"改革先锋""最美奋斗者"和全国劳模等多项荣誉,他用自己的一次次经历来细数他的奋斗力量的源泉。起初,他只是想摆脱危险繁重的劳动;后来,当他知道了码头出了工伤事故,便更坚定了自己创新的脚步;创新出来了,还不够,心怀国家的他想让这个创新走向全世界……

于是,他教导我们要有在苦海中行走的不辞辛劳、锲而不舍的精神;要有对待任何人的诚信友善的品质;要有创新的平凡心,创新就是在岗位上产生的;要有创新的方法,创新要懂得分享;要有核心价值观,创新要以做事业为目标,以报效祖国、服务人民为目的。

身为大学生的我们,有包起帆这样的前辈指引,也应当力争奉献、勇于创新;出身若平凡,要不甘于平凡。用劳动创造幸福,用知识改变命运,用责任树立报效祖国、服务人民的意识,并且要关注整个社会,关注其他行业。

起帆了,莘莘学子。

远航吧,灿灿未来。

杜乔,上海外国语大学贤达经济人文学院学前教育专业学生,个子小小,身体却有大大能量。善于从生活中发现温暖,常常与朋友分享温暖。喜欢用文字慰藉心灵,希望用文字表达想法。知足且上进,善良而真实,对热爱的东西永远坚定,对认定的东西从不动摇。

4. 倪豪梅

听党指挥边疆行，为民实践永清明

倪豪梅，历任新疆生产建设兵团副政治委员、党委常委，中华全国总工会副主席、书记处书记，全国政协提案委员会副主任。2010年至今任中国延安精神研究会常务副会长。

倪豪梅

讲演实录

听党的话　跟党走——一个共产党员干部的成长

倪豪梅

今天是10月18日，是中国共产党召开第十九次全国代表大会的喜庆日子，十九大的召开充分说明了党的十八大以来，以习近平同志为核心的党中央以治国理政的新理念新思想新战略为统领，推动中国特色社会主义进入了新阶段，解决了许多长期想解决而没有解决的问题，也办成了想要办而没有办成的大事情，推动了党和国家各项事业的历史性变革。为展示五年来中国经济社会发展的巨大成就，展示中国共产党人不忘初心、砥砺奋进的壮阔历程，党中央要求讲好中国故事，也要讲好身边的故事。我的一生都在诠释一句话："听党的话，跟党走。"这是一个共产党员干部的成长故事。

夯实基础　始于足下

20世纪60年代，祖国号召好儿女志在四方，知识青年到农村去、到边疆去、到祖国最需要的地方去，识大体、顾大局，为国家排忧解难，舍小家为国家。那时，我正就读于上海市第十女中（前身是民立女中），我初中读的是上海市第八女中（前身清心女中）。市八女中和市十女中都是上海市重点学校，我小时候学习成绩就好，是品学兼优的三好学生。我家中有兄弟姐妹共6人，我是老大，因此家里和学校都对我寄予殷切的期望。1963年6月，市十女中的老师向高中学生传达了当时农业部部长王震等在上海文化广场做的报告。报告的精神点燃了我青春的激情，在我内心深处埋下了到新疆参加建设这一想法的火种。我参加高考后不久，新疆维吾尔自治区就到市十女中招生，我心想能去新疆读书也是很好的事情，于是我就瞒着父母去报名。因为我家庭出身好，学习成绩好，又是共青团干部，父亲是知识分子，母亲是厂长、党员干部，因此在高考成绩发榜之前我就被录取到了新疆的大学。班主任孙元芳老师到我的家中告知家人此事时，这一决定却遭到了父母的反对。因为当时我的父亲刚刚因突发心脏病导致了半身不遂，母亲又是工厂的领导，事务繁杂不能分身，繁重的家庭负担使得父母不愿意我去新疆读书。身为长女，懂事的我不得不放弃赴新疆上大学的机会，接受了组织上安排的在上海某街道担任共青专职团总支副书记的职务，开始了一边工作一边配合母亲共同照料父亲的生活。

当时共青团工作的任务主要是宣传，动员青年到农村去，到边疆去，到祖国最需要的地方去。1964年恰逢学习雷锋的高潮，这个时期一方面我向青年做宣传动员工作，另一方面广大青年也鼓励了我。1964年4月，上海文化广场又召开了上海市上山下乡知识青年支援边疆建设积极分子代表大会。时任上海市委书记陈丕显做了报告，动员上海知识青年支援边疆建设，投入新疆建设的大熔炉。听了报告后的我更待不住了，没经过父母同意就向街道党委打了报告，请求同意我放弃公务员岗位去新疆参加边疆建设。当时街道党委书记陈汝逸（抗日战争时期参加过儿童团）再三挽留我，但我要去新疆的决心已定了。在之前的半年时间里，我也一直苦口婆心地做父母的工作，为到新疆去做着准备，父母终于了解了女儿的志向，但当我偷偷取出户口本正式报名要投身新疆军区建设兵团时，他们还是流下了热泪。真的要离开父母去往边疆，我内心也十分不舍，于是暗暗下定决心,一定要干出成绩来报答父母。

当时王震将军有个设想——安排10万名知识青年到新疆参加建设。为了更好地做好上海青年入疆前以及到疆后的骨干培训,组织决定从批准的共青团干部中优选400名共青团干部到上海团校学习,我很幸运地被选中,从而开始了为期一个月的团校学习,并在此期间担任了进疆团干部的带队中队长。进疆的348名团校青年来自黄浦、卢湾、静安、长宁、虹口、杨浦、闸北、徐汇、市南、闵行、吴淞等12个区。我离家进疆时,父亲的心脏病还没有好,仍是半身不遂,父亲看着即将远赴新疆的女儿放声大哭,母亲也在一旁暗暗地流泪。我内心虽然也是不舍,但还是义无反顾地踏上了列车,怀着远大理想奔赴新疆。在当时从上海乘火车到乌鲁木齐要四天,从乌鲁木齐乘大卡车到阿克苏农一师又要三天,坐卡车到塔里木沙漠顺利抵达也要一天。到达乌鲁木齐新疆军区时,兵团的领导接见了我们这些来自上海的青年,问我们想要分配到哪里去。我不假思索地表示要到最艰苦的地方去,到三五九旅老部队去!通向塔里木的道路是一条勇敢者的道路,沿途的千里戈壁、百里风沙并没有减退我的热情,我一心想到英雄部队农一师去。农一师这支部队是土地革命时期的中国工农红军二方面军第六军团,从土地革命到二万五千里长征,从全面抗战保卫中国革命地到反围剿时参加举世闻名的大生产运动,到抗战后期第二次长征"南下北返",都立下了战功。解放战争初期,农一师出色地完成了"中原突围",西渡黄河参加了延安包围战后挺进大西北,翻越祁连山进军新疆,横穿塔克拉玛干大沙漠,红旗直插帕米尔高原。1949年新疆和平解放,部队开发了沙井子地区。1953年部队从国防军转生产军,1958年进军塔里木搞开发。三五九旅这支在中国革命史上屡建奇功的英雄部队,正以无比的忠诚在塔里木盆地屯垦。出身井冈山,长在南泥湾,转战数万里,屯垦在天山就是这支部队的真实写照。

我们这批来自上海的青年到了阿克苏,首先要过劳动关。刚到时的新鲜感没有了,我们面对的是艰苦的劳动。第一个星期到沙井子农场去拔水稻,脚泡在碱水里,手插在泥巴中,一天下来累得腰都直不起来。我不甘人后,在同行的战友中默默工作,取得了质量与速度两个第一名,这让大家对这个高挑、梳着俩小辫儿的姑娘刮目相看。短期劳动结束了,从上海团校来到农一师团校的培训生活画上了句号,经过一个星期劳动的淬火锤炼,这炉好钢就要出炉了。农一师的领导都是三五九旅的老战士、老红军、师长林海清、政委杜宏鉴等领导问我们想到哪去工作,我们还是那句话——要到最艰苦的地方去!老战士们都笑了,感到我们这些上海"阿拉"的身上蕴藏着一种特殊的力量。于是我被分配到塔里木胜利十五场(今第十团)政治处任组织干事,主要负责共青团工作及青年工作。到了农场后,我面临的第一个问题就是自己如何过思想关、劳动关、生活关,简称为"三关",同时还要团结并帮助广大青年一起过"三关"。初到农场青年们感到既新鲜又陌生,盐碱地、地窝子、玉米馍、麦草铺……一下子使城市来的青年们感到不习惯,有的甚至闹起了情绪。我对当时的艰苦生活和知青们不稳定的情绪是感同身受的,但是作为一名共青团干部,不仅自己要过"三关",还要团结青年们一起过好"三关",这是我进疆之后面临的第一个考验。在这种情况下,我要求自己要身先士卒,以身作则。

我们老团长是一位老红军,对我十分关心,经常问我有什么困难,我总是笑着说没有。这一时期我经常下连队蹲点,与其他知青同吃同住同劳动,有些知青想上海、想回家,我就与他们谈心交流,一起开展文娱活动,在连队普遍开展"一封家信"活动,鼓励大家利用休息时间与上海的父母亲属等互通书信,这一活动在让人感受亲情的同时也帮助广大青年树立了支边光荣的自信心。再者,我们利用传统佳节邀请前辈们现身说教三五九旅精神、塔里木精神,教育启发青年们克服困难,面对现实,树立远大理想和抱负,动员广大知青做好事,到食堂炒瓜子、包饺子、洗菜等。

劳动是屯垦戍边的主课,过劳动关的过程是非常痛苦的。对我这个刚走出上海家门、机关门的肩不能挑、手不能提的女同志而言,这一切只能在艰苦的劳动中改变。开始时我每天劳动6小时,半年后就可以每天在大漠烈日下劳动8小时,一年后就和老垦军战士一样了,有时每天要劳动十几个小时以上,夏、秋收时更是忙得两头不见太阳。特别是每年清淤大会战,要把满铁锹的湿泥甩到2—3米高的渠顶,一天下来两个肩膀又肿又痛。在清淤工地,我要挑着装满泥的大筐爬很高很陡的坡,重担把肩头压出了血印,但我依然坚持了下来,而且越干越欢。艰苦的劳动,不仅锻炼了我的体力和劳动技能,而且培养了我对劳动人民的思想感情,这艰苦锻炼使我终生难忘。

如何过好生活关,同样是严峻的考验和历练。那时我穿的是打补丁的军装;住的是地窝子,每逢大风来临,床上全是黄沙;吃的是玉米馍、葫芦瓜、咸菜汤,常年很少见肉食,我个子大饭量也大,时常饥饿难耐。尽管如此,我也常常把白面馍省下来给病号吃,有一次十三连的同志胃部大出血,我和机关的上海知青俞宝娣同志毫不犹豫为他输血,并把自己献血得的一份营养品送给了他。1965年3月19日,我光荣地加入了中国共产党;同年4月,为配合上海市继续动员知识青年参加边疆建设,我加入农一师工作组回上海向家乡人民做汇报,每场汇报都受到敲锣打鼓英雄凯旋式的隆重欢迎,这让我更坚定了要把青春和一生献给边疆建设的决心。

倪豪梅与新疆瓜农交谈

随着年龄的增长,婚姻恋爱进入知青的人生日程。那时有个不成文的规定——三年内知青不能谈恋爱,因此我和爱人滕亚东同志的恋爱颇具神秘色彩。老滕也是上海支边青年,1964年5月他放弃了在上海中学任教的工作岗位,响应党的号召来到塔里木,我们同在农场政治部工作,我在组织处,老滕在干部处,一墙之隔办公。老滕稳重善良,学识丰富,又忠厚老成,进场后不久就被选为老红军厂长的秘书、干部处的助理员。但那时进疆未满三年,因而,面对他的追求我迟迟没有应允,直到"文革"时他因保护老红军、坚持原则维护正义而饱受折磨,我对他的敬意油然而生,才与他交谈并最终结出了恋爱的硕果。1969年我们回上海探亲结婚后又回到塔里木安了家,40多年来我们相濡以沫、互相鼓励,特别是我逐步走上领导岗位后,老滕不仅在政政治上尊重我、思想上鼓励我,还在生活上体贴我,为我承担了更多的家庭责任,我对老滕也是相知相惜、处处体贴,家

倪豪梅与丈夫在新疆

庭生活和谐幸福也为我们的成长进步奠定了基础,在团机关这几年,我和爱人均多次被评为"五好干部"和"优秀党员"。

1970年,我担任十团学习班指导员。那时的我已有几个月的身孕了,学习班和机关不一样,事无巨细都要去操心,我压力很大却还是尽心竭力地把工作做到实处,组织和学员给我一致好评。1972年,我担任了农场连队指导员。在连队做思想政治工作不仅要有嘴上功夫,而且要有手上功夫,说在前面不如干在前面,开荒、清淤、犁地、打硬、播种、割麦、拾花等,我样样不甘人后,我的定额和大家一样,但成绩都名列前茅。开挖排水碱渠时,有些男同志向我挑战,在我装满湿土的红柳筐里再压上几锹土,甚至用脚踩踏实,我也照样把满筐的湿土挑上两米多高的渠顶。我平时习惯在背包中带些学习资料,劳动间隙经常组织大家学习,晚上还要给连队职工上大课,组织团员上团课,那时的我已是两个孩子的母亲,老大两岁半,老二才半岁,生活条件太差造成孩子营养不良,老大得了佝偻病,不得已托好友送到了上海父母家中寄养,可怜天下父母心,在最困难的时候父母义无反顾地帮扶我们。而待在我们身边的老二,常常一天都看不到妈妈,因为我晚上回到家时孩子已经熟睡。劳动中我常常利用中间短短的休息时间跑步回家喂奶,哺乳后又回到工地。有一次老二生病发烧,我闻讯赶回家,用手抚摸孩子发烫的额头时不禁流下眼泪,孩子烧得迷迷糊糊,见到我叫了声阿姨,叫得我心如刀绞。

其实相比艰苦的生活和劳动,我更关注全连职工的思想工作,这个工作更不好做,我的秘诀就是经常与职工谈心。有一次我和一位马号饲养员谈心,想让他当通讯员,可是无论我怎么做工作,对方就是不开口。我仔细打听后才知道,这位职工不仅有知识,手还很巧,自己装了一台矿石收音机,于是有人反映他用这东西给敌人发情报,所以这位职工心里有气。了解这些情况后,我更加坚定了自己的想法,让他担任了连队通讯员,不仅发挥了他的长处,而且也压住了"极左"的邪气,把大家的注意力吸引到生产上来。"文革"中在基层连队的经历永

倪豪梅的全家合照

生难忘,这使我认识了社会,得到了锻炼,丰富了阅历,也培养了坚韧不拔、锲而不舍、自强不息的意志品质。我在生产连队工作了三年,每年都全票通过评为先进工作者,师团党员还授予我三等功,这是我事业上发展的第一个驿站,帮助我站稳脚跟,加满油、充满电,帮助我行稳致远。

敢于担当　全面发展

"文革"使新疆的农垦事业遭到了极大的破坏,兵团的建制也被取消了。作为一名基层政工干部,当许多人都无所事事的时候,我开始了经济管理等课程的系统学习,为自己进行知识储备。机会永远都是给有准备的人的:1976年1月,在十团共青团代表大会上我当选为团委书记,同时兼任农场的妇联主任;同年5月,我被提拔为十团党委常委、副政委;1978年我担任十团党委副书记、副政委。我深知自己的资历浅,经验少,于是在挑战面前坚持向前辈学习,向实践学习,坚持深入实际、调查研究、大胆工作。老红军杨有才、何廷照,老八路赵明高,老干部张文华、邢文山等前辈对培养我都倾注了大量心血,帮助我闯过了"领导关"。

党的十一届三中全会拉开了改革开放的序幕,社会转型、工作转轨和思想解放都对思想政治工作提出了许多新任务、新要求。这一时期正可谓经历了风雨,开拓了世面,增长了才干,纵然有许多困难和纠结,但更多的是收获,让我回味的,有五个"最"。

最棘手的事

由于团场没有政委,我作为党委副书记、副政委便要全权负责党的建设和政治思想工作。当时遇到三个最棘手的问题:一是思想上清理"文革"时期的形形色色"左"的余毒;二是扭转农场长期亏损的局面,推行承包责任制;三是应对上海知青回城诉求。

解决第一个问题,主要是组织干部职工学习毛主席著作,批判林彪和"四人帮"的种种错误论调,坚持思想政治工作为经济建设服务的正确方向,停止和纠正各种妨碍生产的极左思潮和行为。

解决第二个问题,主要从改变生产条件抓起,进行开荒造田、排碱治碱、盐碱地洗碱脱碱、渠道防修、科学种田,重点抓棉花的科学种植。我常常带领团场机关同志组织连队领导到棉田检查、现场指导。为了下连方便,我临时让爱人教我骑自行车,还未学会如何下自行车就骑车下连队。这一时期,我们通过实行生产指标、财务指标包干管理,浮动工资联产计酬等措施极大提高了职工的生产积极性。1979年粮食产量同比上年增长13.4%,棉花增长55.6%,农场摘掉了连续11年的亏损帽子。

解决第三个问题难度非常大,我是党的领导干部又是知青,工作中既有方便也有困惑,还要有牺牲。1980年,我的母亲退休了,爱人的父亲也退休了,我们可以按政策名正言顺地回上海落户工作,这是许多上海知青梦寐以求的事。我和当时身为农场中学校长的爱人老滕商议后,决心不改初衷继续留在塔里木。这一举动在团场引起了巨大反响,对于我来说,身教重于言教,我以自己的实际行动印证了对思想政治工作的忠诚。我在上海生活了20年,在塔里木生活了17年,如果说在上海的家庭教育和学校教育造就了一个纯真的我,奠定了我正直善良、执着进取的人生基石的话,那么在塔里木生活的17年,在党的教育培养下,在老红军、老领导、老军垦的关心帮助下,在艰苦的环境和繁杂的工作历程中,我拥有的是政治上的坚定成熟、生活上的乐观坚毅、工作上的勇于担当。习近平总书记曾说"兵团要成为一个大熔炉",在兵团这个大熔炉中淬火锻打,是我人生中最难忘的。

最渴望的事

1981年,党中央决定恢复新疆生产建设兵团建制,我被调到农一师担任政治部副主任。1983年4月,我担任了农一师党委常委、政治部主任,为了适应干部年轻化、知识化、革命化、专业化的要求,组织推荐我报考中央党校深造。上大学是我一生的渴望,在接近不惑之年能够如愿以偿,我倍加珍惜。在校两年,我如饥似渴地学习,课余时间几乎都是在图书馆里度过,功夫不负有心人,毕业考试的21门课程中,我有18门达到90分。我从党校毕业不久,中组部、新疆自治区党委组织部、兵团委组织部到党校及我工作过的地方调查考察,我被确定为省部级后备干部,1987年4月被任命为新疆生产建设兵团副政委,同年10月当选为中共中央十三大代表。

最主动的事

我担任师党委常委、政治部主任后,考虑得最多的是如何把书本知识运用到实践中,使政治工作看得见、摸得着、有实效。参照外地的成功经验,我结合一师的实际在塔里木大力推行思想政治目标管理责任制,把思想政治工作由虚变实、责任到人并可以量化管理。农一师是三五九旅的老部队,有许多老资格的处室干部,因此在刚试行责任制时我还有些缩手缩脚,师党委书记赵明高是老八路(曾是王震将军的警卫排长),他发现这种情况后,鼓励我放下包袱大胆工作,并在行动上为我撑腰打气。最后,在老书记的力挺下,我完成了调研、谈话等大量艰苦细致的工作并召开了一年一度的政治工作会议,这样连续三年一以贯之,既是对传统政治工作的创新,又是在新形势下对干部职工素质的检验和提高,更是对培养"四有新人"与经济建设服务行动的具体落实。

最实在的事

为农一师建电视转播台,是我直接参与的最难忘的一件实事,转播台的建成凝结了太多感人的故事。为了让塔里木的农垦人看上电视,也为了落实中央〔1978〕91号文件精神,稳定上海知青队伍,农一师党委书记赵明高同志带着我专程到上海求援。上海市有关方面听了介绍当即表示支持,但是通过估算仅设备就需要97万元,这在当时不是一个小数目,而且当时有规定,超过50万元的花费一定要经过时任上海市市长江泽民同志的审批。于是我千方百计找到江泽民同志。江泽民同志在百忙中接见了我这个上海小老乡,了解情况后说:"上海人民关心在新疆的上海支边青年,这个电视台一定要建,而且一定要建好。"于是,

1985年高耸的电视塔立在了塔里木河畔，结束了塔里木看不到电视的历史。这电视塔凝结着上海人民对三五九旅老战士及上海支边青年的深情厚谊。1990年8月，江泽民同志来新疆考察时，我已是新疆生产建设兵团的副政委。江泽民同志在石河子听取兵团工作汇报时说："我在上海工作时，一到春节就讲上海知青要是回来了，要做好他们的工作，记得上海还支援过你们电视转播台……"这时我站了起来，把一张有江泽民同志亲笔签名的十三大首日封给他看，江泽民同志问："你叫什么名字？"我回答："倪豪梅。"江泽民同志："这名是我签的……"我向总书记讲述了上海支援建电视转播台的经过。我说："我到北京出席党的十三大时，为感谢上海市的支援，特地去上海代表团驻地找过您，当时您不在，我就把信给了时任上海市委副书记吴邦国同志，后来就收到了您亲笔签名的首日封。"江泽民同志听了频频点头，高兴地说："你们安心边疆，政治觉悟高，你是共产党员吧？"在场的同志说："她现在是兵团副政委。"2005年和2014年，我作为全国政协提案委员会副主任兼中国延安精神研究会常务副会长，我同爱人两次踏上塔里木土地，每次都去电视台学习考察。第一次我们还在院落里种下了两棵松树，并捐赠了2万元。2014年兵团成立60周年时，我和爱人老滕又一次来到阿拉尔，在探望老领导、老军垦、老劳模及困难职工之余，又来到阿拉尔电视台学习考察。如今两棵松树根深叶茂，已长得很高大了。我们对兵团的热爱和眷恋就像松树一样生生不息，郁郁葱葱，如兵团维稳戍边的大业般蓬勃发展壮大！

最暖心的事

1985年7月25日，时任中共中央总书记胡耀邦同志来新疆视察。7月24日，农一师党委接到上级电话，得知胡耀邦同志在阿克苏视察时要和农一师的上海支边青年座谈，农一师党委决定由我汇报上海知青情况。师机关和兵团的38位上海知青代表参加了座谈会，座谈会上我和胡耀邦同志的对话至今还记忆犹新。胡耀邦同志问："上海的同志来了多少？"我回答："来了38位。"胡耀邦同志又问："上海戍边青年在阿克苏的还有多少？"我："15 000多人。"胡耀邦同志："那大家现在安不安心呀？"胡耀邦同志直接提出了一个令我十分为难的问题，说安心吧，1980年那股返城风尚未完全平复，知青的思想仍存在各种状况，不够稳定；说不安心吧，面对党的最高领导人，我作为师的领导干部难以启齿。停顿了片刻，我说大部分青年安了家，但安家并不一定安心。胡耀邦同志坦诚亲切地说："你们十八九岁就来到新疆，如今都40多岁了，有些同志不安心这不能怪青年们,是我们的工作做得不够好。你们有什么合理的要求、有什么需要我们帮助的以及我们有什么事情做得不好的,我这次来主要想了解这方面的问题。"胡耀邦同志的坦率和真诚深深感动了在场的每一位上海知青,大家无拘无束、畅所欲言,会场气氛热烈、喜气洋洋。每当回忆起那个座谈会,我心里总是热乎乎的。像这样和中央领导同志面对面交流的机会,在我的兵团工作经历中还有好几次。其中,中国农村事业的奠基者王震将军曾6次接见我,令我终生难忘。1987年10月,我作为新疆生产建设兵团副政委当选为党的十三大代表,出席了党的十三大。在京期间,王震将军将出席大会的自治区兵团领导代表都叫到自己家中拍照谈心,看到我时亲切地说:"你要好好干,快快成长呀!"1991年5月20日,我去北京开会,把兵团老领导赵予征写的《新疆屯垦》一书送给王震将军,王震将军特别高兴,让我选读了书中的部分章节,随后让秘书拿来纸笔欣然题词,还说"这本书很好,倪豪梅同志送了我一本,我要写读后感"。接着王震将军又跟我讲了许多农垦发展的往事。2008年是王震同志的百年诞辰,我撰写了《我在王震同志关怀下成长》一文,被《中国当代研究》《国家史》《中华魂》等多家刊物刊载。王震同志的高风亮节、鸿才睿智、嘉言懿行是他老人家留给我们的宝贵精神财富。

心中有民　维权为本

我从阿克苏来到乌鲁木齐,从农一师走到兵团领导岗位,是党的长期教育培养、人民群众的信任和委托、机缘垂青和我自身不懈努力的结果。千里之行始于足下,我在塔里木夯实了基础、认识了社会、接受了锻炼、丰富了阅历,培养出了坚忍不拔、锲而不舍、自强不息的品格和毅力,坚定了不忘初心、为民服务、廉政务实、敢于担当的民本思想,为今后的工作打下了坚实的基础。正如习近平总书记说的,好干部要德才兼备、以德为先。我始终以这样的标准来要求自己,才能不辜负党组织的教育和培养。工作岗位、地位、角色、管辖的范围变了,但我的本意不能转变,我还是坚持我的"老三条":第一条,虚心向老干部学习。当时司令员陈实、副政委赵予征等兵团领导都因年龄关系调到兵团顾问小组任职,他们不仅是三五九旅的老前辈,而且是新疆第一代军垦英雄,政治上成熟坚定,工作上经验丰富,我经常向他们请教问题。第二条,继续刻苦学习。我像海绵吸水一样吸取养分,读书的范围很广,政治、经济、历史、科技、文化都有涉及,还分门别类地做了很多剪贴资料,我把家中书柜装得满满的,发言稿尽量做到自己撰写(这往往能更充分表达自己的看法观点),每年还要写多篇学习心得在新疆兵团甚至中央报刊上发表。在兵团我通过自己的努力评上了社科研究员的高级职称,这在同级的领导干部中也是不多的。第三条,坚持调查研究再深入,在实践中增强才干。在兵团领导工作的9年中,我走遍了全兵团176个农牧团场、厂矿企业、机关学校、医院及科研单位,北起阿勒泰南到和田,东起哈密西到伊犁,都留下了我调查研究的足迹。在深入实践中,我更加理解了党中央的治疆方略和屯垦戍边、维稳戍边的战略意义,更懂得了几代兵团人热爱祖国、自力更生、艰苦奋斗、无私奉献、开拓奋进、为国担当的博大胸怀,也进一步地提高了我的综合素质和领导能力。回顾我在兵团领导岗位的9年,可以用四个"更"来概括:

倪豪梅在基层调研(1)

学习更刻苦

在兵团,我接管宣传、文化、广播、新闻等意识形态工作和工会、妇联、共青团等群众工作,有许多新情况、新问题需要我去面对,因此我经常带着问题学习,在学习中掌握解决问题的方法是我工作的主旋律。我通读《邓小平文选》并先后写了10多篇学习心得和文稿,有的文稿发表在了《理论前沿》、兵团《理论研究》和《兵团日报》(原《兵团军垦报》)上。1995年,我参加了世界妇女大会的非组织论坛,介绍了新疆和兵团妇女在改革发展即屯垦戍边中的丰功伟绩,还写了《培养妇女干部刻不容缓》文章,为迎接世界妇女大会做好了准备。其间撰写的《领导干部必须要有群众观点》《深化经济体制改革 加快庭院经济步伐》《社会主义市场经济离不开精神文明建设》等论文均获得了全国思想政治工作研究会优秀论文奖。作为兵团思想政治工作研究会的会长,我做到了在学习理论、注重研究上率先带头,而且颇有收获。

思想更解放

在自己所分管的工作方面,我努力贯彻,身体力行。根据兵团党委的决定,贯彻党的十三大精神在宣传思想上需要先从文化体制改革入手,当时兵团有7个专业文化团体,他们在兵团初创和发展时是做出了贡献的,然而这种高度集中的文化体制已经不能适应形势的发展。我和宣传文化部的同志深入天山南北的各文艺团和农场连队进行调研,与文艺工作者开座谈会,共同探讨文化体制改革宗旨和任务,对7个专业文艺团体的不同性质进行分类指导,改"养起来"为"补贴制",颁布了《兵团党委关于加强文化工作的决定》,明确了兵团的文艺团体要认真贯彻"两为"即"为社会主义服务、为人民服务"的方针。这次文化体制改革在兵团历史上是从来没有过的,经实践证明效果也是好的,兵团的文艺团体创作出了许多精品,歌舞团进行了中南海演出,杂技团也获得了国外大奖。1992年到1993年,为贯彻邓小平南方谈话精神,落实中央《关于学习〈邓小平文选〉第三卷的决定》和《中共中央关于建立社会主义市场经济体制若干问题的决定》,我配合兵团团委在意识形态和群众工作两大领域中着重做动员教育、摸底调查、答疑解惑等革故鼎新的工作。

责任更明确

我在领导的岗位上,第一不能忘却兵团屯垦戍边、维稳戍边的使命,第二不能忘却工作的出发点和落脚点在于充分维护广大职工的利益,调动广大职工的积极性,使他们尽快富起来。除了在兵团的宏观理论上加以引导外,我还深入第一线做疏导工作,维护社会稳定,配合自治区和兵团维护工作组深入基层垦区与职工开展恳谈活动,疏通思想,解开心结。利用中央在边境农场开垦口岸的贸易政策,在兵团中处于老少边穷地区的56个边境农场试行以粮食贸易带动发展的政策,使其进入了快速发展阶段。以经济发展为平台,狠抓文化建设,创建边境文化建设典型长廊。1993年由文化部、农业部牵头国家六部委的中国农垦边疆文化长廊现场会在兵团召开,开展了34场"热爱祖国、艰苦奋斗、开拓进取、无私奉献"的兵团精神活动和"双十佳"活动,即弘扬兵团精神先进集体和先进个人的活动,这些活动贴近改革开放和经济工作。我奔波忙碌、事必躬亲,千方百计调动兵团人的积极性,提高他们的思想政治觉悟、科学文化素质,为了尽快使他们富起来而不遗余力。

工作更努力

兵团生产经济工作的难点就是我工作的重点,也是群众工作的重点。1992年有一段时间,兵团工业亏损,效益下降,库存增加,销售不畅,这不仅直接影响了企业的经济效益,而且直接影响了职工的切身利益。兵团领导班子认真贯彻中央〔1989〕12号文件精神,结合党委加强对工会工作的领导,面对职工提出的要求和合理化建议,工会代表职工和行政及企业领导一起召开联席会议,围绕着提高企业素质、用优质产品占领市场进行企业技术改造,提高企业职工素质。为进一步加强企业的民主管理,充分发挥企业职工代表大会的作用,兵团企业中普遍开展了"我为企业献一计"活动并将其纳入劳动竞赛的管理,优者有奖。在党政工共同配合下,兵团的企业效益有了进一步的改观。1995年11月,兵团党委第四次代表大会召开,我当选为兵团党委常委且继续任兵团副政委。这是兵团220万父老乡亲对我的认可和支持,我当时暗暗下定决心,要把自己毕生精力全部献给祖国西北边疆。不料没过几天,12月10日晚,我接到正在北京参加中央组织工作会议的自治区党委常委、组织部部长陈德敏同志的电话,说中央对我的工作调动早就定了,让我第二天到北京报到,于是我在11日赶到了北京。当晚中组部领导找我谈话,对我在兵团的工作给予了充分的肯定,向我介绍了推荐经过,并说中央决定推荐我作为全总副主席的人选,然后按照中国工会章程选举确认。12月13日,时任中央政治局委员、全国总工会主席尉建行同志在中国职工之家接见了我,对我提出了希望和要求。12月15日,全总召开了十三届三次执委会议,时任中共中央政治局常委胡锦涛同志在开幕式讲话前接见了我,胡锦涛同志说:"我有些同学也在新疆工作,边疆能锻炼人,你到全总来是为了加强全总的领导工作,你在基层时间长,了解职工的疾苦和企业的情况,希望你在新的岗位上继续为他们办实事、办好事。"胡锦涛同志的话给了我很大的鼓励,我也表达了做好工作的决心。这次执委会上,我高票当选全总副主席、书记处书记,几天后又在全总女职工委员会上当选女职工委员会主席。说实在的,刚刚调到北京时我曾想过,既然组织决定将我调出新疆,那么还是回上海好,因为那里有我年迈多病的老母亲,我想陪她度过晚年,尽尽孝心;那里还有两个跟随我吃苦、好学上进、自强不息的好孩子,我想给他们更多的温暖。但这次依旧与我当年放弃上海工作岗位义无反顾进疆、放弃回上海工作又一次选择塔里木一样,我依然选择了听党的话、跟党走,放弃回上海的机会而进京了。12月28日,我从北京回到乌鲁木齐办工作交接。1996年1月8日,新疆生产建设兵团召开了欢送我荣任总工副主席的茶话会。茶话会由时任自治区党委副书记、兵团司令员金云辉同志主持,机关各部领导都出席了茶话会,都做了热情洋溢的发言。最后,金云辉同志做总结时说:倪豪梅同志的工作调动体现了中央对兵团的关怀,对历年来知青上山下乡的肯定,不仅反映了对上海支边青年的肯定,也是我们全体支援边疆建设同志的光荣。倪豪梅同志调到全总工作也是我们兵团的光荣。倪豪梅同志在担任兵团副政委期间,一是政治上坚定,坚持邓小平中国特色社会主义的理论和党的路线方针政策,并且落实在实际工作中。二是工作认真负责、积极肯干,任务完成得好。三是为人忠厚,作风朴实,工作中讲实效,作风上能深入浅出,待人诚恳。四是顾全大局,注意团结,有话说在当面,不在下面搞小动作。五是廉洁奉公,没有违纪现象。总之,倪豪梅同志是一位党培养出来的、大家支持的女干部。这番话是对我兵团生涯的肯定和褒奖,听着这一席话,我回顾从塔里木走来的成长之路,不禁热泪盈眶。

在乌鲁木齐短暂停留的日子里,我马不停蹄拜访了自治区和兵团的老首长、老同志,一方面感谢他们多年来对自己的培养教育和帮助,另一方面也郑重与他们辞别。当时王恩茂同志因在上海治病,未能与他见面,我在电话里报告了工作调动的情况并感谢王老长期以来对我的关爱和培养。王老听了很开心并语重心长地对我说了许多鼓励的话:这次中央对你的工作的调动,不仅是对你的认可,也是对广大内地支边人员的充分肯定,实现了新疆内地支边人员调入中央部门任干部的零的突破。离开兵团的机场时,许多同事和战友前来送行,我一一与大家告别,在兵团近32年的一幕幕场景又浮现眼前,泪水一次又一次模糊了我的双眼。我暗暗在心中发誓,一定要继承兵团精神,绝不给农垦人丢脸,老老实实为人、认认真真做事,在新的工作岗位上向党和祖国再交一份漂亮的答卷。

在全国总工会任职,我面对的是全新的工作领域和诸多挑战,工作性质也发生了根本的变化,但我不仅很快完成了工作角色的转换,而且在短时间内打开了工作局面。初到全总,组织上安排我分管宣教工作,即女职工部、文工团、工人出版社等。我在维护职工合法权益、全面履行工会的各项职能、宣传工会的基本职责方面形成了自己的"拳头产品",此期间我重点完成了四项工作。

第一项工作是筹备全国职工第三届运动会。

中央非常重视这项工作,三运会特别是开幕式必须成功,绝不能有任何闪失。我和我的团队一丝不苟、全力以赴地抓好三运会的筹备工作。我到任之前,国家体育总局已经联合成立了三运会筹备小组,但大量实质性工作都需要在最后几个月完成。为了进一步加强对各级筹备工作的组织领导,全总和体育总局决定联合成立三运会组织委员会。组织委员会主任由当时中央政治局委员、中华全国总工会主席尉建行担任,我担任常务副主任,委员会下设若干专业组负责各项工作。那段时间,工作安排得非常紧凑,可以用"紧锣密鼓"和"马不停蹄"来形容。我每天早出晚归,没有休息日,生活规律完全被打乱,经常工作到筋疲力尽。距离开幕式还剩半个月的时候,因疲劳和大意,一场不大不小的"灾祸"降临到我身上,令我终生难忘。那天我在通过办公楼梯弹簧门时,右手中指被强力弹回的两扇门夹断了,当场鲜血直流,我被夹断的那截手指还粘在门上,我赶紧捂住出血口大声喊秘书过来,大家立刻将我送到医院急诊室。医生看到此场景急忙说,如果另一半手指能赶快接回来,这只手指还有救。但当时另一截手指已被办公厅的刘秘书扔进垃圾筒,接到电话后刘秘书随即从垃圾筒中找回了那截手指,火速送到医院,医生马上对断指进行消毒,缝了8针,终于把断指激活了,这真是不幸中的万幸。4月28日,三运会开幕式进行彩排,我用纱布把右手吊在脖子上以起到简单的固定作用,防止再次碰伤,接着又忍着疼痛来到了现场。为了确保开幕式成功,彩排前成立了开幕式总指挥部,我担任总指挥主持了彩排。1996年4月30日,全国职工第三届运动会在北京天安门广场举行了隆重的开幕式。时任全国人大常委会副委员长倪志福从火鼎中取出火焰点燃火炬,并依次点燃象征56个代表团的火把。我高举火炬,带领全总、国家体委、中央机关各部委和北京市的各位部级领导、全国劳模代表、各代表团的代表以及部分运动员参加了奔向21世纪的象征性长跑,把开幕式推向了高潮,在天安门广场举行的整个开幕式热烈隆重。这是一次充分体现工人阶级的地位和力量的盛会,激发了全国广大职工群众的自豪感。时至今日,许多亲历过的人想起来还如数家珍,三运会从劳动节开到国庆节,全国各地11个赛区同时进行,无论是时间跨度之大,还是全国职工参与程度之广泛,都创下了全国职工运动会之最。

第二项工作是认真贯彻"全总关于学习贯彻党的十四届六中全会《决议》的意见",把职业道德建设作为工会抓精神文明建设的重点。着重体现在以下四个方面:

其一,针对当时全国"农民有农民的读本,职工尚未有读本"的实际,1996年中宣部宣教局和全国总工会宣教部决定联合编写《新时期职工思想道德修养读本》,我与时任中宣部常务副部长刘云山领导了编写工作,亲自审定全书。时任中共中央政治局常委、中华全国总工会主席尉建行同志欣然为《新时期职工思想道德修养读本》作序,此读本一经推出,即引起广泛关注,发行近百万册,成为职工职业道德的基本教材。时至今日,《新时期职工思想道德修养读本》还被认为是加强职工思想道德建设的经典读本。

其二,从人民群众反映最强烈的服务行业和垄断行业抓起,积极推行行风建设,并以此为抓手来推行职工职业道德建设。

其三,全总在商业服务行业中开展"双信"(信得过商品、信得过企业)为主题的行风建设,有效提升了窗口行业职工的职业道德水平。这次工作重点从机制上保证,积极协调推动,全国总工会、国家经贸委、中宣部、中央文明办、国务院、作风办、商委等部门联合组成全国职工职业道德建设指导协调小组,定期开会、联合表彰等。

其四,狠抓职工职业道德教育的典型宣传。全总在无锡召开全国职工职业道德建设现场会,为推进职工职业道德教育营造了浓重的氛围。这一系列"组合拳"使全国职工职业道德教育出现了一个新局面,趁热打铁、不失时机地又开展了职工职业道德"双十佳"的评选活动。这一活动延续至今,成为全总开展的精神文明建设响当当的品牌。

第三项工作是配合全总协调党和国家实施再就业工作。

配合全总书记处做好下岗职工再就业的培训工作,以中共中央批复全总《关于在全国职工中开展读书活动的报告》15周年为契机,加大对职工中自学成才的典型的宣传力度,在媒体平台上大力宣传再就业典型,借鉴并提倡下岗职工再就业的典型,组织这些典型在全国巡回演讲,用典型的力量来推动经济社会的转型发展。在党的十五大后和十六大前,我曾三次带领相关部门进行调研,形成了几份翔实的调研报告。在此基础上,1998年我撰写了《做好国企下岗职工再就业工作的几个问题》和《认真做好下岗女职工工作》两篇论文,一篇于1998年

7月23日在《人民日报》发表,一篇在1998年第5期《求是》刊发。

第四项工作是在全国开展报刊整顿工作。

1998年在全国开展的报刊整顿工作首先对全国总工会17个公开发行的报刊和22个内部发行的刊物进行调研,这项工作涉及单位利益,情况复杂,难度很大。我一方面坚决执行中央的决定,另一方面有针对性地做工作,注重实际问题、解决实际问题,较好地完成了工作任务,取消了1份公开发行刊物,22个内部发行的刊物全部改为内部资料,并对《工人日报》《中国工运》《中国工人》等公开发行的报刊进行重新定位。

1998年3月我担任第九届政协委员,1998年10月继续当选全总副主席、书记处书记,2003年3月连任第十届全国政协委员、第十届全国政协提案委员会副主任,由于有了全总副主席和全国政协委员的双重身份,我在维权方面如虎添翼。在任第九届、第十届政协委员期间,我提交的大会发言大概30份,提案更是数量多、质量高,从关注下岗职工再就业到促进构建和谐劳动关系,从聚焦女职工合法权益和特殊利益保护到推进职工代表大会制度的建设与完善,从关注农垦职业的特殊利益以及发挥农垦在建设新农村中的示范作用到重视农民权益的诉求,从企业自主创新发展到建设资源节约型、环境友好型社会,通过政协渠道,履行工会职责,发挥工会作用。我在第九届政协四次会议所做的《关于维护职工就业分配保障权益,促进社会稳定》的发言观点鲜明、证据有力,给在座的政协委员和前来采访的媒体记者都留下了深刻的印象。作为全国女职工委员会主任,我始终把依法维护女职工特殊利益放在突出位置,以《劳动法》和《妇女权益保障法》为依据,在调查研究的基础上把重点定在修改《女职工劳动保护规定》上,并连续7年就修改规定提交提案,呼吁加强对女职工的"四期"(经期、孕期、产期和哺乳期)保护,推动生育保险改革,完善女职工合法权益和特殊利益的保障措施。为了啃这块硬骨头,我几乎磨破嘴、跑断腿,在政协会议上到其他届别的政协委员尤其是女委员中去宣传,争取他们联名,在工会历届政协委员和我的积

倪豪梅(左)为政协提案在妇女中调研

极推动下,在各级工会女性、女职工的共同努力下,该规定最终得以修订。我在全国政协十届一次会议提出的《建议加快女职工劳动保护规定》提议被评为十届政协全国"优秀提案"。我还参加了中国妇女发展纲要的实施工作,着力点是下岗失业女职工扶助和权益保护。2006年,在全国政协十届四次会议上我做了《当前非公有制企业女职工特殊利益保障问题及对策建议》的发言。退休后我一如既往地关心女职工工作,2011年在《工人日报》上发表了《关于女职工退休年龄问题的思考》一文,重新审视我国现行退休制度中女职工的退休年龄问题。

作为从新疆兵团来全总任职的同志,组织上很自然地安排我联系中国农村工会。利用对农垦的阅历优势和朴素情感,我在维护农垦职工利益方面格外用心,办了一些实事。大部分垦区职工和家属长期以来实行农业户口,无法享受最低生活保障等面向国企职工和城镇居民的政策,严重影响了农垦职工的切身利益。针对这一问题,我从1999年起连续4年提交提案,呼吁解决农垦职工"农转非"问题。2001年,我致函时任国务院副总理温家宝同志,详细阐述这一问题的合理性、重要性和可操作性,温家宝副总理作出专门批示,不久农业部和公安部联合发文解决了这一关系农垦千家万户利益的老大难问题。我始终认为,农垦是中国农业先进生产力的代表,并多次深入黑龙江、新疆兵团开展调研。2006年11月11日,时任国务院副总理的回良玉同志对我撰写的《谈农垦在建设社会主义新农村中的示范带头》一文批示应继续发挥农垦在全国现代化农业建设中的示范带头作用。该文作为我在全国政协十届四次会议上的书面发言,引起了良好的反应。此外我充分发挥自己的资源优势,为多个领域发声,维护其合法权益。2006年,我以全国政协调研组副组长的身份赴广东、湖南两省就维护农民工合法权益问题进行调研,在此基础上在政协提案委员会工作会议上提交了《关于维护农民合法权益》的报告,随后又在全国政协十届五次会议上做了《农民工社会保险中存在的问题及建议》的发言。我比较关注出租车司机的维权问题,在2007年就在《中华魂》杂志上发表了文章《怎样维护出租车司机的合法权益》。

在促进节能减排方面有一个值得分享的故事。党的十六届五中全会提出了建设资源节约型、环境友好型社会的战略任务,我发现上海2007年前四个月的GDP综合能耗呈下降趋势的一组数据后,感到十分振奋,认为工人阶级是节能减排的主力军,工人要做节能减排的实践者、组织者,于是我亲赴上海等地调研,并在全国政协十届五次会议上做了《积极争当节能减排的实践者、推动者》的发言,专门介绍了上海的好概念、好做法、好理念。2007年7月20日,该发言以"节能减排须多措并举"为题在《人民日报》上发表,时任上海市委书记习近平同志、市长韩正同志专门致信,对我关注家乡上海的发展表示谢意。时隔三年,中央在人民大会堂召开纪念刘宁一同志诞辰100周年座谈会,时任中央政治局常委习近平同志代表中央讲了话,会后习近平同志一眼就认出了我,亲切地和我握手、问候,新华社记者用照相机记录了这高兴的瞬间,给了我很大的鼓励。

在北京工作期间,我曾7次率领中国工会代表团出访欧、亚、非的十几个国家,走遍了全国31个省、市、自治区。每到一地,每执行一项任务,我都珍惜机遇关注调研。总结自己10年政协委员工作的《通过政协渠道履行工会职责》一文,在2009年8月11日的《人民日报》上发表,时任全总党组书记、副主席孙春兰同志批示的"豪梅同志的文章扩大了工会的社会影响"正是我一生最大的追求,可以用"扎根塔里木、蕾结兵团情、花开在北京"形容我的成长历程。我说:"进入全总工作的确使我的施展空间更加巨大,工作事业更加广阔,产出成果更加丰硕,然而没有之前32年的兵团经历,就不会有后来的成就,只有厚积才能薄发。"

不忘初心　继续前行

中国共产党领导的工人运动和工会工作是延安时期政治、经济和社会生活的重要组成部分,中国延安精神研究会的精神离不开工人运动和工会工作。中国延安精神研究会简称"中延会"。原主席尉建行同志曾对我说:"你是全总指派参加中延会工作的,所以时刻记住要把工会工作、工人阶级、工人运动与中延会的工作有机结合起来,做到相得益彰、相互促进。"2000年4月,为了响应中央关于开发大西北的战略决策,全国女职工委员会决定在西部地区营造"中华女职工世纪林",当时我是全国女职工委员会主任,又是中延会领导成员。陕西省女职工委员会主任刘淑慧向大会发出在延安营造"中华女职工世纪林"的提议,经过研究大家一致赞成在延安宝塔山营造"女职工世纪林",这项运动得到了工会上下和社会各界的赞赏和支持。2015年是中国人民抗日战争胜利70周年,又是中华全国总工会成立90周年,我撰写了《中国工会和工人阶级在抗日战争中建立了不朽功勋》一文,从工会工作的视角来回顾抗日战争,这在当时的纪念文章中是十分罕见的。文章7月12日在《人民日报》全文刊发后,受到时任中共中央政治局委员、全国人大常委会副委员长、全国总工会主席李建国同志的高度重

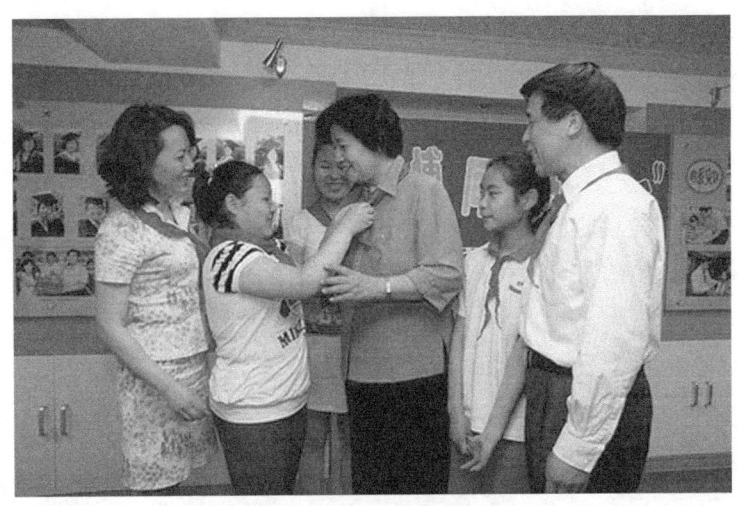

退休后的倪豪梅（右三）仍不忘关心下一代

视，李建国同志专门打电话给全总书记处第一书记李玉赋说此文很值得全总机关的同事读一读。我任中延会副会长和常务副会长长达13年之久，对中延会有较为深刻的了解，又有极为深厚的情谊。《中华魂》2018年第3期发表了我撰写的文章《我亲历的中国延安精神研究会》，该文回顾了中延会从初创开始的发展历程，介绍了中延会与全总的组织联系，总结了全总与中延会开展合作的基本经验，全面表达了我对中延会特别是伟大的延安精神的再理解、再认识。

2012年，经组织批准我从北京离开，定居故乡上海。有人说退休后回老家定居是天经地义的，为何还要打报告通过组织批准？我说这一辈子我都是听党的话、跟党走，当初听党的话义无反顾参加新疆建设，选择了塔里木，为新疆长治久安、为维稳戍边，1995年又听从组织安排来到北京工作生活，如今回老家定居也应当通过组织的批准，我对组织的信仰和赤诚感动了大家。

难忘的上海五年，我亲眼所见、亲耳所闻，党的十八大以来，以习近平同志为核心的党中央励精图治、革故鼎新，使我国的政治、经济、社会、生活都发生了深刻的变化，中国特色社会主义迈进新时代、开启新征程。我亲身经历上海加快社会主义建设国际大都市，按照以习近平同志为核心的党中央的要求，以天下为己任，敢于担当，继续当好全国改革开放排头兵、创新发展的先行者，向着更加宏伟的经济发展、社会进步、人民生活福祉和各项事业长足发展，逐步满足上海人民对美好生活的追求和需要的过程。处于这样一个伟大时代中，我认为作为一名党长期培养成长起来的女干部,必须毫无保留地紧跟以习近平同志为核心的党中央,理想信念永铭于心,古稀之年再出发。我更多地投入到上海市委和有关部门组织的各项政治活动中,及时聆听市委主要领导传达的中央重要文件及会议精神,特别是一年两次的工作情况通报会以及一年两次的工会学习、考察活动对我帮助很大。我参观考察了一系列居世界领先地位的大工程、大项目,如上海自贸区、张江科创中心、上海中心大厦、大飞机集团、临港地区、上海迪士尼乐园和崇明的开发建设等。

倪豪梅在基层调研(2)

2014年是新疆生产建设兵团成立60周年,也是我和爱人进疆50周年,我们专程回到工作和生活了32年的新疆维吾尔族自治区和兵团进行了学习、参观调研及走访活动,看望了老领导、老战友、劳动模范和困难职工并重返生活工作了十几载的塔里木。2015年又值新疆维吾尔自治区成立60周年,自治区党委和政府以及各族人民没有忘记曾在新疆生活工作了半辈子的我,专程派有关领导到家看望和慰问我,此情此意令我倍感温暖,难以言表。2015年3月15日,上海宛平剧院召开了纪念毛主席发表"广阔天地大有作为"批示60周年暨老知青建设新农村大会,我代表中延会出席并发言,以自己的经历为内容,讴歌了自力更生、艰苦奋斗、勇于奉献的延安精神,发言内容的生动和情真意切感动了在场的每一个人。会后,来自全国各地参加这次上海会议的老知青们把我团团围住,簇拥着照相、提问,场面十分感人。第二天,上海的许多知青社团又纷纷给我来电,希望和我共享知青的人生经历。2015年9月3日,我应邀在北京天安门广场参加了庆祝抗日战争胜利70周年阅兵式,当全场起立高唱国歌的时候,当我看到威武之师行进在天安门广场的时候,不禁热泪盈眶,发誓要不忘初心永远跟党走。

倪豪梅在基层调研(3)

上海市有一个以离退休的老将军、老模范、老艺术家、老科技工作者为主体的百老德育讲师团,简称百老团,主要任务是面向大中学校学生,开展弘扬践行社会主义核心价值观教育,以史为鉴,以德育人,传递正能量。2015年,我受聘担任百老团名誉团长,这为我传播长征精神、延安精神、南泥湾精神、兵团精神、劳模精神提供了极佳的平台,百老精神与此一脉相承,我充分释放自己的热量和能量,使晚年生活绚烂多彩、活力四射。

2016年11月15日至17日,我和百老团的将军、劳模们在戚泉木团长带领下来到福建省三明市政和县红军村考察,接受了革命传统教育。政和县是中国第一个建立苏维埃红色政权的县,我们在那里访问老红军及其家属后代,将当地的学校作为百老青少年爱国主义教育基地。2016年底,我出席了同济大学首届就业创业教育工程启动仪式,并就工会关心的大学生毕业就业问题发表了意见。2017年新年伊始我就以优秀校友的身份再次应邀到母校上海市第十中学做了"不忘初心 牢记使命"的演讲,用自己的故事进行了传统教育,始终把人民摆在至高无上的地位。"听党的话,跟党走"激发了广大师生的正能量,结束之后师生代表手持鲜花,专程到我家看望慰问。2017年5月,我到上海浦东高桥镇小学为青年教师做了"工作永远是美丽的"的演讲。2017年8月18日,上海百老知青文化研究会召开《习近平的七年知青岁月》出版发行的座谈会,我更加全面地学习了总书记的过去和现在,更加全面深刻地认识到了党的十八届六中全会确立的以习近平同志为核心的党中央领导是全党和全国人民的共同心愿,也是开创新时代中国特色社会主义的迫切需要。我在全面评价这本书的丰富内涵和历史价值后告诫大家,现在虽然已进入了古稀之年,但知青精神不可丢弃,仍要自力更生、无私奉献、开拓进取,在新时代做新贡献。青春火炬靠理想来点燃,在上海这五年,我安排得很充实,再学习、再认识、再提高,学而信、学而思、学而行。一篇篇硕果文章靠自己努力撰写,一项项活动积极参加,因为我是一名共产党员,当干部是要退休的,但党员是永远在路上的,理想信念是党的政治灵魂和精神支柱,也是我的政治灵魂和精神追求,"听党的话,跟党走",这是我的成长之路。

定居上海后,我受到了上海市委、市政府相关部门以及许多老同志无微不至的关怀,并一如既往地得到中央领导、中央组织部、全总等相关部门的关怀爱护,党的阳光照我身,使我政治上有荣誉感、组织上有归属感、生活上有幸福感。

倪豪梅(左一)与上外贤达学院学生亲切交谈

在全国代表大会召开的日子里,我应邀与年轻的朋友们、同事们交流沟通,这也是一次再学习、再教育、再提高的机会。我与大家分享了我在新疆、北京及上海的经历,进一步激励我们不忘初心、牢记使命,为实现党的十九大提出的战略目标、实现中华民族伟大复兴的中国梦而不懈奋斗。党的十九大的召开是在全面建成小康社会决胜阶段、中国特色社会主义进入新时代的关键时刻,我们要以习近平新时代中国特色社会主义思想为指导,首要任务是学习领会习总书记的报告精神,学习"不忘初心,牢记使命,只争朝夕,奋力走好新时代的长征路"的讲话精神。

青年兴国家兴,青年强国家强,要深学力践,为夺取新时代中国特色社会主义伟大胜利,为实现中华民族伟大复兴的中国梦而努力奋斗!

(2017年10月)

教师感悟

听党的话　跟党走

孟德娇

我借用倪豪梅将军的演讲题目作为我感想的题目,因为听完此次演讲后我的脑海中一直浮现的就是这七个字:听党的话,跟党走。这七个字看似很容易,做起来却并不容易。但是倪豪梅将军用一生印证并实现了这七个字,每一次的重大决定都是为了党,每一次的改变都是党的要求,每一次的进步都是党的培养。

倪将军讲述了自己一生听党话的故事,在平静的语气中将自己不平凡的一生娓娓道来。倪将军身为一个地地道道的上海姑娘,义无反顾地到最偏远的新疆兵团,到最艰苦的地方去劳动、去发光发热,这都是听了党的号召、跟着党去了最需要她的地方。就是因为在那个年代有许许多多像倪将军这样的年轻人,在党的领导下到了最能体现自身价值的地方,踏踏实实、勤勤恳恳地为党、为祖国做贡献,我们的祖国才能像今天这般繁荣富强。

作为一名新时代的青年共产党员和高校青年教师,应当把"听党的话,跟党走"这七个字深深刻印在心中,时时刻刻以一名共产党员的身份要求自己。党的指示我们应该带头去执行,党的领导我们应该带头去服从,党的需要我们应该带头去支持。我们应该学习倪将军这样的前辈,义无反顾地到党和祖国最需要我们的地方去,最大限度地发挥自己的作用,不断为党和国家做出贡献。

孟德娇,心理健康教育专业硕士研究生在读,现任上海外国语大学贤达经济人文学院基础部教学秘书。参加工作以后,积极向党组织靠拢,成为一名中共党员,政治思想立场坚定,工作积极认真,参加学校各项集体活动和学习。身为一名青年教师,始终坚信"太上立德,其次立功,再次立言",在基层岗位做好学生的服务工作。

孟德娇

学生心得

"你好美"

魏一丹

我们的上海"阿拉"倪豪梅用自己的行动诠释了什么是"听党的话,跟党走"。19岁的她响应党的号召,"到农村去,到边疆去,到祖国最需要的地方去",主动要求投入新疆生产建设兵团的大熔炉中。从上海到塔里木,面对着巨大的物质与精神生活的双重差异和繁重劳累的工作,她不仅没有抱怨分毫,而且尽自己的努力和广大的爱国青年一起过"三关"。艰苦的劳动不仅锻炼了她的体力和劳动技能,也培养了她对劳动人民的深厚感情,为她日后深入了解人民群众打下了基础。在边疆的日子并不好过,物质的极度匮乏导致她家的老大因为营养不良不得不送回上海抚养,这令她对自己的孩子感到愧疚不已,但在这种情况下为了建设祖国建设边疆,她仍旧坚守在塔里木。而后"文革"的经历也使她的人生阅历更加丰富。她敢于担当，积极地发展自己，努力学习更多的技能，在中央党校完成了自己的学习梦。这一晃，已是32年的时光悄然而逝，倪豪梅同志践行着自己对党的诺言，事事以身作则，在可以选择回沪时不改初心，将自己的整个青春都献给了党，献给了塔里木。这其中的处处深情令人为之动容，我的内心也为此汹涌澎湃，一个人要拥有多么赤诚的心才能如此深深地扎根于人民，才能如此为党无私奉献！

时年51岁的她听从了党中央的指示，又从塔里木去了北京，在人生的又一个征程中她扎实肯干不辞辛苦，重点完成了四项工作。看到这里我已是眼含热泪，她对党的拳拳之心感染了我，让我已然澎湃的内心再次掀起了巨大的波涛！

最后在退休之际她仍向党打报告申请回上海定居，这也是因为她时刻记着要听党的话。回到上海的她仍然不忘初心继续前行，理想信念支撑着她在人生的道路上烙下一个又一个的印记。倪豪梅同志，你真的好美！

党的十九大以来，习近平总书记这句"中国共产党人的初心和使命，就是为中国人民谋幸福，为中华民族谋复兴"直抵人心。我作为新时代的年轻人要时刻牢记青年兴国家兴，青年强国家强，努力学习，为夺取新时代中国特色社会主义伟大胜利、为实现中华民族伟大复兴的中国梦而努力奋斗！

魏一丹，上海外国语大学贤达经济人文学院2019级音乐教育专业学生。兴趣爱好广泛，在古筝、摄影、手工制作、拼装模型等方面都有不小的收获。高中一直任班长一职且积极参加校内外各项活动，曾荣获上海市"优秀志愿者"称号，也在各项文艺类比赛中获得许多奖项。座右铭是知足且上进，温柔且坚定，从容且坦荡。

懂得储存，也不吝啬流淌

裴凤娇

一切开始于"我要到最艰苦的地方去"。

这一次我所了解的是一位共产党员的成长。倪豪梅女士从小在上海长大，在中学毕业之后，便明白了自己的决心所在，于是一年后她去了新疆，这一去就是大半辈子。在刚懂事进入社会的年龄，就能明白自己想做什么、想去哪里，这是一件十分令人敬佩和羡慕的事情，但她愿意接受那恶劣的环境并一直坚持引领人们到最后，这更是一件需要勇气的事情。兵团这一大熔炉将她熔炼，也让她遇见珍惜的一切，同时给她的人生赋予独特的意义。

她怀着赤子之心在边疆在基层努力拼搏，同时学无止境，不断地积累自身的知识，并且不忘初心。如今我们这一代很多人缺少的或许就是这份纯粹吧，才没有办法只是去思考自己手头上的事情，更多思考的是身外之物。而她的这份纯粹，让她跟随自己的心意，同时听从党的安排，全身心地追逐理想。她正如一个水塘，不断储存，最终变得强大，却也不吝啬分享，现在她回到上海分享经历，开始激励新一代的人们。

我们这一代人大多数是90后、00后，其中很多人对20世纪那个时代并不了解，我们对其的了解大多来自初高中的历史课本，但历史课本记录的仅仅是一些很概括的大事件和在这之中起了决定性的作用的人们，然而偌大的中国，不是仅仅凭借几个人就能改头换面的，更多的是背后那些不被大多数人所熟知的那个时代的人们，我想这也是"对话中国"的意义。有意义的事物和应该被传承下去的精神，就应该通过记录来保存，这样才能将这些精神传承下去，才有机会被更多的人知道、学习及参考。

汪国真称，懂得储存，也不吝啬流淌方为生命的真实。我们的一生就是一个积累的过程，然而人终将老去，所以我们应当让这份精神源远流长，承担属于自己的那份责任。

裴凤娇，上海外国语大学贤达经济人文学院2018级会计班学生。性格乐观随性，爱好旅行、搭配、二次元文化、电影和小说。希望大学时期能够体验和尝试各种新鲜事物，不枉费时光，最重要的是让自己将来不后悔，最好能找到真正喜欢的事物，让时光把自己磨炼得温柔又强大。

援疆不惧岁月长，十载不觉故乡茫

卢嘉璐

无论是否听过"倪豪梅"这个名字，我们都必须了解这个名字背后的责任和它独特而不可复制的时代意义。

倪豪梅出生于上海，她却甘愿放下美好的生活，投身于边疆的建设。她和我们不同，从她背井离乡的那一刻起，她就以上海"阿拉"的独特精神力克艰险，以共产党人的要求严格约束自己，挽起袖口于田间劳作，卷起裤脚收割金黄稻穗。可她也和我们一样，无法割舍对故乡和亲人的思念。无惧春风不度的塞外，心存春江水暖的上海，她于粗茶淡饭中淡然于归无计，于月明星稀时思念家万里。

小时候在上海，她懂得要正直善良，执着进取；青年时在边疆，她学会要勇于担当，竭尽全力；中年时在北京，她学会要同力协契，共克时艰。踏遍三地，看尽塔里木的漫漫黄沙、看尽北京的砖红宫墙、看尽上海的旧巷弄堂后，她写下的文字，传达的不仅是上海"阿拉"的精神，也是新中国的时代精神。

她从塔里木走来，告诉我们"年少有为"的真切含义：坚韧不拔，锲而不舍，自强不息，勇往直前。她看过无数个烟花三月里春林初盛的枝繁叶茂；她蹚过无数个鸣蝉夏夜里小河流水的清洌水花；她摘过无数个霜叶秋风里稻花丰年的秋收果实；她闻过无数个冰天雪地里鸟尽人散的暗香梅花。从东边到西边，从海边到沙漠，她用双腿丈量共和国的广袤土地，她用双手堆砌中国梦的一砖一瓦，她用岁月铸就新中国的锦绣华章。

百十年来，和倪豪梅同志一样的共产党人不计其数。无论是默默奉献还是闻名四方，他们都坚守初心，坚定信念，以满腔热血实现个人理想抱负，以实际行动换取民族灿烂前程，"先天下之忧而忧，后天下之乐而乐"。他们给予我们的，不仅是阅读故事后的热泪盈眶，更是共产党精神的最佳诠释。

新时代的青年学子，不必翻山越岭，也无须秉穗悬筐，我们要以奋斗实现个人的梦想，也要以共产党的精神严格地要求自己，在每一个春华秋实之日，收获岁月和汗水结出的丰硕果实。

卢嘉璐,上海外国语大学贤达经济人文学院2019级日语专业学生。对文学、音乐和摄影有着浓厚的兴趣,希望通过努力学习,对其有更加全面的了解和认知,对未来的发展拥有更广阔的视野。人生信条是"做有责任心的中国人",心中坚定理想,乘长风破万里浪。

5. 易解放

绿色生命平凡悟，公益之路希望渡

易解放，被称为我们中国的"大地妈妈"。她坚持与沙化作斗争，绿化祖国的大地。她感动了中国，感动了世界。在易解放倡导的"亿万个人，亿万棵树，代代相传"理念的感召下，每年超过千位来自海峡两岸、全国各地的志愿者本着自费原则参与植树造林的纯公益活动，随着她来

易解放在沙漠植树

易解放和她的沙漠绿洲

到了内蒙古东部、西部、中部三大沙漠。17年间,他们共计植树700多万棵,树苗成活率达到85%,已经把3万亩荒漠变成了绿洲。他们用实际行动和高尚的境界响应着习近平总书记"绿水青山就是金山银山"的号召。易解放老师是中国十大公益女性人物之一,在妇女界也是顶尖的先进人物。

讲演实录

大地妈妈的绿色生命

易解放

"绿色生命"公益组织成立于2002年。2003年我辞掉了日本的工作回到祖国,我和我的先生自此开始了在荒漠上植树造林的事业。这是一条漫长的道路,虽然现在有了一定的成果和影响,但是我认为这并不是终点,我们需要走的路还很长。去年是"绿色生命"成立15周年,我们开了一个"大地之爱,生命之光——NPO绿色生命15周年感恩大会",大约有4 000人参加。"绿色生命"到今年为止,在社会上的集资已经超过1 600万元。这是我们一家人对社会做的一点点贡献。我们刚开始走上公益道路的时候是非常艰难的,但是众志成城,并且有了政府、机构和大家的支持,才能有现在这么热烈的场面。这些都是那些跟着我们一年又一年、一次又一次到牧区去植树的爱心个人、企业以及热爱环保的人士共同努力的成果。

我今天想给大家讲一个关于"爱"的故事。在准备这个故事的时候,我就想:该如何从这个"爱"字入手讲好故事?用我们的"爱"到底能不能托起明天的太阳呢?经过思考后我想,一定是可以的。

我和我的爱人是新中国的同龄人,我出生时正好是上海解放时期,所以我的父母就给我取名为"解放"。我是一个在上海土生土长的人。我38岁那年也就是1987年刚好有一个机会去了日本,到2002年回来植树造林,我们在国外生活了15年。其实,我当初从日本回国的时候,很多日本的朋友、同事,还有亲戚们都觉得我在日本有很好的工作,放弃了太可惜,就应该在国外待着。我下定决心回国是因为,我的儿子在一场车祸中不幸离开了,为了完成他的遗愿,我义无反顾地回到了祖国。

我是一个很普通的母亲。孩子在世的时候,我是一个非常幸福的母亲。我生日时,逢年过节时,我的孩子都会很乖地孝敬我,他永远不会忘记给我送上一朵美丽的康乃馨。平时,只要他有一点休息时间,就会骑着他的摩托车带上我去欣赏美丽的风景,带我去外面兜风。当我们母子坐着摩托车在日本的景区或者马路上飞驰的时候,回头率高得不得了,因为在日本没有一个年轻的小伙子会骑摩托车载着自己的老母亲兜风,这个景象是从来没有的。像他这个年纪的男孩子,摩托车后座上坐着女朋友才是正常的。但是我的孩子非常知道感恩,经常会说:妈妈,我们出去看看什么地方吧,现在什么花开了很漂亮的,什么地方现在风景很好我带你去看看……甚至我某天上班快迟到时,是他用摩托车送我上班。像这样温馨的、幸福的生活,时间并不久,后来我尝尽了和儿子之间生离的考验和死别的煎熬。

初到日本的易解放全家

1987年,中国实行改革开放不到10年。我当初也是一个充满好奇心、喜欢尝试新鲜事物的人。那个时候我在虹口区电大当老师,工作稳定,而且当年我也被评为教育单位的"三八红旗手",是作为重点培养对象来培养的。但是当时我身边有些同学、同事出国工作了,我就觉得这个视角和经历应该是蛮新鲜的,我也想出去看看外面的世界到底是怎么样的。我读书的时候是学文科的,当时我就想为什么我们国家这么多的传统文化现在还在日本保留着,我们有很多文字为什么日本还在应用着,而我们使用的却已经变成了简体字,简化到意思都已经不一样了。还有很多很多的诗歌、诗吟、舞蹈、传统节日在我们国家已经没有了,为什么却在他们那里这么牢固地传承下来了?我想出去看个究竟,看看我们能不能再把中国的民族文化发扬光大。于是,我就带着这样的一个问题出国了。起初的时候我想得很简单:出去以后,学个几年、看个几年就可以回来了。但是,我初到日本时会的日语连十句都不到,可以说是"两眼一抹黑",举目无亲。到了日本以后也不知道怎么生活,如果我不找工作就没有饭吃,自己的学业也会被耽搁。所以到了日本，我一下子从一个在大学讲堂上讲课的人变成了在异国他乡要靠洗碗、端盘子来打工挣钱的人。但是我想，如果不经过这一关，怎么可能学会日语呢？所以我把做的每一项工作都作为记单词、学日语的过程。我利用自己的勤奋以及之前学习的基础，加之年轻时记忆力好，差不多过了一年左右的时间，我就用蹩脚的日语写了一篇散文，随意投了稿，竟然还在日本的杂志上刊登了。这篇文章我昨天晚上又拿出来读了读，发现在当时随意乱写的文章居然这么好，我大概再也写不出这样的文章了，所以我非常感慨，深深感到人是要经常学习的。在到日本一年半左右的时候，我每天不仅要打三四份工来挣学费，我还用这一年半的时间考取了日本国立一流女子大学的研究生，学的就是古典文学。我就是想研究看看日本的传统文化是怎么传承下来的，我们国家的一些传统文化为什么会丢失了，丢了没关系，关键是怎么捡回来。

易解放在日本参加活动

考上研究生后，我邀请我的先生到日本一起奋斗，但是要带着自己的孩子一同到日本是很难的。就好比现在到大城市来打工的父母们，要把自己的孩子带出来学习、读书、考大学、考研是一样艰难的。我们在异国他乡也经历过相同的世事，走过一段相同的道路，所以我现在很理解这些父母的用心，这是一个非常了不起的跨越。我们乘着国家改革开放的"东风"才有了这样出国深造的机会，但是当初的条件非常不成熟。我们离开时孩子才8岁左右，和儿子分开的那段时间，我在日本每天以泪洗面，一端起饭碗眼泪就像倾盆大雨一样可以浇饭吃了。说得夸张一点，我泡饭都不用开水，用眼泪就行了。面对这种思念之苦，我还是通过自己的努力和刻苦学习来克服，这种付出受到了国立女子大学的重视。每年夏天举办的国际留学生交流大会，日本文部省都会省出钱邀请300名留学生代表参加大会，我每次都会作为代表参加。这样，我就可以在暑假里把孩子带过来，带他去见见世面、看看异国他乡的风土人情。但是，当一个月的暑假过去以后，又要把孩子送回祖国，我不能在他身边照顾他，只能又把他寄养在亲戚的家里，这让他从小就有一种寄人篱下的感觉。他回国以后，把自己日常的生活、对父母的思念以及自己独身一人的孤独都写在给我的信中,这些信我现在都珍藏着。虽然过去了很多年,可是直到现在我都不敢读,因为一读就止不住地掉眼泪。

就这样,经过了三年多的母子分离,总算在1991年,我正式把孩子接到了日本去,他也成了一名小小的留学生。那个时候我的工作已经基本稳定,我在大学读研的空余时间找到了一份工作。起初的时候做的都是比较初级的工作,后来逐渐地我可以去当老师了。在我考进了国立女子大学以后,其他人都很羡慕我能考入这所日本一流的女子大学。有了一流大学的读书经历后,我就在报纸上找到一份工作,是名叫JTB的日本最大的、一流的旅游公司,这家旅游公司是日本旅游界权威,到现在为止还是全国第一。我找到了那份工作后就有了稳定的收入,我们心里有底后,就把孩子接过来了。

易解放与儿子的合影

我的孩子是在国内读完小学六年级后才来到日本的,到日本以后就直接读初中,经过初中三年、高中三年就要考大学了,等于说他要用在日本6年学习的成果与其他日本同龄人12年的学习结果比拼。在这种情况下,我们中国人做到了,我们中国的孩子到了日本以后凭他自己的努力不仅超过了其他人学习12年的成绩,而且在日本读高中二年级的时候,就已经通过自学拼搏,考取了日本文部省会计一级证书,这相当于我们中国的高级会计师资格。他凭着会计师的资格加上他高中时期的优秀成绩，自我推荐经过面试、考试，最终考入了日本六大名校之一的中央大学的商学部会计专业。这所大学是和早稻田大学、庆应大学一个级别的，并且中央大学的会计专业属于日本一流的专业，我的孩子就是这样通过自己的努力考进去的。读到大学三年级，如果他不出事，他应该在2000年的10月就提前被公司录取了。

可是天妒英才，有时候好事不能长久，在他读大学三年级的时候，那天是5月22日，一个星期一的早上，他在去上学的途中出了车祸，英年早逝。那个时候我们家突然跌入了深渊，我痛苦得有一两年工夫都没有办法自拔。我的孩子非常优秀，他走了以后，还有很多很多像松下公司这样的大公司邀请他去面试，我每天都面对着一叠一叠的面试邀请函，唯有以泪洗面。

直到今天，我们跟他已经分别了整整18年，18年的思念，我们成了失独的家长，这种思念和痛苦真的没有办法排解。很多人都问我，怎么会想到去内蒙古植树的呢？这要感谢我在天堂的儿子给我留下的像遗言而又不是遗言的话。他为了给我们减轻负担，从来不向我们伸手要零花钱，包括他身上的衣服、鞋子、学校里吃饭的饭费，都是他自己在学习之余打工解决的。因为在国外，向家长要零花钱是被别人看不起的。如果他要买摩托车之类价格昂贵一点的东西，都是向我们借钱，每个月会把还款如数放在我的床头柜上。我们家从来不溺爱孩子。他到了日本以后，所有的零花钱都靠他自己挣，在他没有读大学之前，我就这样锻炼他了。比如说，每天要洗碗，一个月的碗洗下来我就给他零花钱，等到他二年级时洗碗挣的零花钱不够了，他就申请洗衣服，我同意了。但是洗衣服必须包括清洗、晾晒、折叠，一个流程要做完才可以拿到零花钱。到了高三以后，他就用这些零花钱买考会计师的学习资料，非常刻苦地自学，每天都做功课做到很晚。我虽然很担心，但我还是要锻炼他独立生活的能力和自主自强的心态。在这样的教育和他自己努力的共同作用下，他在各方面都非常优秀。在他去世以后，他的同班同学、我们的邻居、他一起打工的同事都来到葬礼现场为他吊唁。葬礼当天来了好几百个人，从上午一直到晚上，都有人来吊唁。他们跟我说我的孩子在生前特别好，有年纪大一点的老太太对我说：你儿子只要看到我们从外面买了东西回来，一下自行车就帮我们搬。有一天晚上他听到女孩子被抢了，不顾自己的安危，在寒冷的冬夜，穿上鞋子就出去抓作案的人。只要他知道别人有什么困难，他都会自告奋勇地冲到最前面。他最让我佩服的一个地方是，作为从小学读完以后就到日本去的孩子，他非常清楚祖国对于自己意味着什么。日本再好，他再喜欢那里的东西，他在日本非常努力地学习，但是当你问他："你要入日本籍吗？"他会说："我们干吗要入日本籍？我们是中国人，坐不改姓，行不改名。"于是我们家当时尽管完全有条件入日本籍，可是因为儿子的这番话我们拒绝加入。我们一家人就这么有骨气、有志气地生活在他国的土地上。我觉得只要一个人有骨气、有志气，在他国的土地上一样也可以挺直腰板过日子。

那天是2000年5月黄金周里的一天，我看到儿子好不容易有半天休息时间，就跟他谈起了我和他爸爸要叶落归根的事。我问他："儿子，我和爸爸准备叶落归根了，你呢？反正你的生活能力都锻炼得非常完善了，你能不能一个人在这边生活？"他说："生活是没问题的，买东西、烧饭、洗衣服、扫地什么的我都会。"我的孩子问我："妈妈，你们回去干什么？"我说："我们回去做点公益事业或者做些慈善事业吧。"因为日本的慈善公益理念挺好，当初我们国内还没有这样的公益事业、慈善事业，我想把外面好的理念带回来。于是，我就说："爸爸妈妈要叶落归根，想回去了。你呢，工作还有合约，就在这里安定下来，以后你就在日本待着吧。"结果他突然冲出来一句话，说："要不你们到内蒙古去种点树吧。"我说："这个主意好，我们怎么没想到呢？你怎么想到的？"他说："现在的沙尘暴现象非常严重，中国的沙尘暴非常厉害。我看国内有时候人们出门不戴纱巾、不戴口罩根本就没有办法出去的。"我们在日本的时候安装了天线，每天可以收看到中国中央电视台一台和四台的节目。当时最大的新闻就是沙尘暴危害以及西部大开发，所以我们在国外每每看到这样的新闻，都非常揪心，会不自觉地想能不能为祖国的大开发做点儿事。但是我怎么就没有想到要去种点树呢？还是我儿子想到了，告诉我可以去内蒙古种树，当场我就说这个主意好。他听到我表扬他了，接着就说："妈妈，我们要么不干，要干就干大的。"那个时候我就回了他一句："要做大的，那大的钱呢？这么大的中国，这么大的沙漠，几千万公顷，我们种得了吗？种不了啊！这个是要大钱的，又不是种几棵树。"他看着我，陷入了思考。想不到在这段对话发生的两个星期以后，也就是在5月22日那天，我的孩子在上学途中不幸遇到车祸，从此以后就再也没有回来过。

我和他爸爸经历了两年左右痛苦的煎熬以后，就决定把孩子生前的愿望去变成现实。于是，我在2002年发起成立一个叫"绿色生命"的非营利活动组织，2003年获得批准。2003年4月1日，我坐飞机回到国内，准备到内蒙古去了解植树造林的事。但那个时候，正好碰到SARS疫情，什么地方都去不成，连要买回日本的飞机票都不行了。我就想，这个期间也不能白待啊，所以在用电话了解植树造林相关事宜的同时，我又了解到中国的希望工程也需要我们帮忙。

易解放"绿色生命"非营利性组织开始荒漠植树

于是我们在2003年又开展了另一个行动，那就是在湖南长沙雷锋的故乡捐了一所希望小学，这所希望小学是以我儿子的名字命名的。在这所希望小学竣工期间，我们碰到了青基会的领导，我们借机问了怎么才能够到内蒙古去植树造林，当时的我们对于植树造林一无所知。通过他们的指点和介绍，我们找到了内蒙古科尔沁发展基金会的陈威秘书长，通过陈秘书长又联系上了库伦旗的团干部，让我们到库伦旗去聊聊。当即我就买了飞机票，到了科尔沁沙地——塔敏查干沙漠。在蒙古语中塔敏查干沙漠就是"死亡之海"的意思。当我第一次一个人，一个上海人，一个在国外生活了近20年的已经是小老太太的人看到这沙海时，我傻眼了——眼前所见的地方全是荒漠。我第一个想法就是，我们国家的沙漠面积这么大，沙漠化这么严重，就凭我一个失独母亲能干这个事吗？应该怎么办？我能做好吗？但是我还是想为我的儿子去做点儿事，帮助他实现未能实现

5. 易解放——绿色生命平凡悟，公益之路希望渡

易解放在沙漠

的愿望。所以我一直给自己打气，对自己说事在人为！于是我就真正走上了去内蒙古植树造林这条路。

当时我们国家的荒漠化问题非常严重，大约国土面积的三分之一都已经是荒漠化的，有的地区还在继续荒漠化。哪怕就是到现在为止，我们960多万平方公里之中有260多平方公里还是在沙化或者已经沙化的。任务非常艰巨，我这个老太太每天就是扛着树苗走到山上种树。每年春天，我们去那里植树造林，挖一条1米多深的沟，把2米长的杨树苗种下去。1米深的沟里每隔2米还得要挖一个六七十公分的坑，把树栽进去再采井，但是没过一两个晚上，挖开的坑又被风吹平了，这样年复一年地种树，真的是很艰苦的。我一个老太太就这样拿着锹，再跳下1米多深的沟挖洞，而且挖洞挖出来的土还不是放在身边，一定要送到2米开外的一个插了小树的洞里去。一天一天下来，我的腰和手都已经酸得没有知觉了，这种劳动强度绝对是不比扛包工差的。而且沙漠里高高低低的，我们的车把树苗运进来，只能运到柏油路或者石子路上，离种树的地方还有半个多小时的路程，于是要借用马车、牛车把树苗运到基地。到了基地，一捆就有100多棵树苗，这100多棵树苗也必须要我们手捧肩扛才能送上去。所有活都是重体力活，那个时候这一切对我而言是非常非常严酷的考验，但是人总是需要那么一点锻炼、有一点精神的，因为我的心里是希望在沙漠多植一点树，让它早一点变绿，让我孩子心中的绿色能随着荒漠中不断扩大的绿色一点点地延伸，用这植

树造林的成果去安慰儿子的在天之灵。很多记者问我:"易妈妈,你在沙漠植树造林图个啥?"我每每都会回答:"我什么也不图,就是图天上的孩子能够安心,图我们祖国的荒漠早日长出绿色的植被来,早日变成绿洲,我们祖国的环境能够早日变好。"说来也奇怪,在我没有去植树之前,他们跟我说:"易妈妈,这个地方种下的树能活,那简直是个神话。"我心里想,难道我们真的会失败吗?怀着忐忑不安的心情,我们种了第一批1万棵树。当时,当地的志愿者、当地的团委、当地的干部,来了300多人参加我们的植树队伍,都是义务的,场面十分热闹,大家做得很好。种完后,一天过去了、两天过去了、三天过去了……小苗苗依然在荒山里矗立着。我们第一次种树的时候,是让当地的农民用马车、牛车载着水,灌到我们打的井台旁边来蓄水的,大家都是用自己家里的面盆、脚盆、浅桶一棵一棵地浇水的。几天过去以后,我们面临着一个急需解决的问题,那就是缺水。缺水的话,树种下去很难成活。尽管我跟当地的林业专家考察了这块地的地下水还是可以的,这里的地势、土质也是可以的,但是如果没有水的话,这一切都是没用的。就在我心急如焚的时候,那天晚上下大雨了,这样的幸运是从来没有过的。

演员方青卓(左三)参加植树活动

我们在2004年到2006年间，就这么年复一年地在这里种树。让人奇怪和惊叹的是，每年在我们种树前或种树后都会有一场大雨或大雪。这样的降水让我们树苗的成活率能够达到百分之八十左右。当地的人有一句佳话："易妈妈来种树，种完树老天是会下雨的。"有很多人把这个功劳都归结在我的头上，其实我知道我是个凡人，但是我一直不好意思跟他们讲，那是因为我的儿子啊，是他在帮助我们。而且奇怪到什么程度呢？我们一共种了三片基地，第一片基地是在东北，当时在这里种的第一棵树经过七八年的不断生长已经长成了参天大树，而且树与树之间的小草长得非常美丽，那是2004年种的树。2017年国际森林年会就在我们基地召开的，全国林业局绿化委员会和全国妇联等三个部门、机构选择在我们基地召开森林年会。第一片基地在东北的荒漠，在大兴安岭脚下，我们差不多种了七八年，从2004年一直到2010年，15 000亩生态林就种完了，共植树110万棵，一万亩荒漠变成了绿洲。

易解放和志愿者在沙漠种树

2010年4月26日那天，所有志愿者跟着我一起撤出基地的时候，天降鹅毛大雪，雪花洋洋洒洒地飘着的，一团团圣洁的雪花把我们送出基地。后来我回到上海，正好赶上世博会召开，我心里很开心，作为一个上海人，我们把这个公益项目完成了,算是我这个上海人为世博会献上的一份大礼。当时我家先生说:"你现在已经为儿子完成了这个心愿,可以消停了吧,别再折腾了,能不能在家里好好地休息?"我当时爽快地答应了,但是到了6月,我又坐不住了。听说在乌鲁木齐西部乌兰布和沙漠可以种一种叫梭梭的植物,那里的荒漠更为严重,而且梭梭的下面可以培植肉苁蓉,这是有经济产出、可以持续发展的,我又按捺不住了,偷偷地跟着内蒙古的林业专家和内蒙经济会的领导一起跑到了内蒙古西部,到荒无人烟的乌兰布和沙漠开始了第二轮的植树造林。

易解放在沙漠中俯身种下小树苗

乌兰布和沙漠是我们国家八大沙漠之一,"乌兰"是"红色"的意思,"布和"是"公牛"的意思,可想而知,"红色的公牛"在沙漠里乱窜乱撞,说明西部内蒙古沙漠的环境多么恶劣,它的降水量比第一期基地还要少一半以上。在这种情况下,我还是兴致勃勃地带着"绿色生命"的人签了又一个1万亩森林生态的协议。所以从2010年开始至今,我们把从内蒙古西部乌兰布和沙漠的1万亩荒漠也基本从沙地变成了绿洲。那里种树的成本要比乌鲁木齐的高出多倍,我们就采用了其他方法,因为光一棵树苗的成本就要10块钱,这样的价格我们根本负担不起,也就没有办法种树,于是我就探索了一条新的路,把公益植树和企业、商业相结合,让它有后续的经济拉动,来促进我们公益造林的持续性、稳定性和安全性。于是我们与磴口县政府签订了1万亩生态协议后,就找了几家公司进行合作。我们跟他们说:如果我们不为你们种梭梭的话,你们也是要出钱去种的,一年最起码也得1 000万元。那么我们帮你们把这个梭梭林种下,你们管理好梭梭林,两三年以后,你们可以接手种了。所有的肉苁蓉都归你们,我们一点都不要。以此为商谈条件达成了共识,我们就成功地和企业合作了。经过2010年到2018年的八年时间,我们提前两年把整个乌兰布和从沙漠变成了绿洲,梭梭树下面也长出了肉苁蓉,很多火车上让大家品尝的肉苁蓉就是从我们基地种出来的,就是从我们合作的企业卖出去的。我们利用了植物的寄生与被寄生的关系,把公益事业和商业紧密结合起来。这个绿绿的梭梭树,是一种在荒漠里面固沙效果非常好的植物,而且它具有肉苁蓉所需要的营养。那么我们是怎么运作的呢？就是和企业合作以后,等梭梭树长到两三岁的时候,他们就会把肉苁蓉的籽播撒到梭梭树的下面。梭梭是具有母爱的树,是妈妈树,而肉苁蓉是娇滴滴的、可爱的,是白白胖胖的儿子、女儿,所以我们就利用这个关系保证了这两种植物的生长。肉苁蓉的籽在梭梭树的附近种下去——当然要有一定的距离、一定的深度,不符合要求是不行的,这需要我们有一定的技术,否则它们也是无法成活的,等肉苁蓉的籽冒芽以后,它们的梭梭妈妈会把自己的根一直伸到它们的根下,给它们"喂奶",给它们营养,让它们成长。肉苁蓉就吸收了梭梭妈妈给它们的精华、营养,不断地生长,长成白白胖胖的儿子或者女儿。肉苁蓉经过三年左右的成长,基本上可以挖了。一般一棵梭梭种下去以后的第二或第三年就可以直接种肉苁蓉了,再经过两三年以后,肉苁蓉就成熟了,到第五年的时候就是丰收期了。白白胖胖的肉苁蓉可以做成非常高级的健康食品、保健食品,肉苁蓉现在是我们国家的二级保护植物,是沙漠里的瑰宝。现在已经有人在研究把它制成各种饮料,我们也可以将其切片后自然晾晒,用来泡茶、泡酒、煲汤等等,是非常好的。我们国家2018年已经宣布把肉苁蓉作为药食同源的健康产品了。所以今后,通过植树造林,我们让当地的商业能够在肉苁蓉上赚到资金,从而可以持续性地发展经济,这是一个非常好的模式,依靠"母亲和孩子

上外贤达学院"对话中国"课程团队赴甘肃戈壁植树

的结合",这个寄生与被寄生的关系把当地的沙漠一片又一片地变成了绿色。

来我们基地植树的有个人,有组织,也有公司。每年都会来很多志愿者,现在每年都有1 000多人、50多个批次的志愿者从4月一直到9月源源不断地来到我们基地植树造林,最火的是夏天6、7、8这三个月或者7、8、9这三个月。其实7、8月是最繁忙的,有很多家长和老师带着自己的孩子、学生来我们这个夏令营,对他们进行环境教育、品德教育和意志锻炼,到我们这边来植过树的小朋友回去以后都感到非常自豪。

在我们改造乌兰布和沙漠的过程中,2011年至2013年的时候,我们还到内蒙古的中部,也就是北京北面400公里的浑善达克沙漠去种樟子松,固定当地的沙漠植被。浑善达克沙漠的地势要比北京高出1 000多米。北方的季风往这边吹的时候像个恶作剧的巨人,每天把沙子向这里往下灌,就形成了京津地区、东北、华北等这些地区非常厉害的沙尘暴。那么经过十几年的努力和奔波,植被基本上是种起来了,沙也被盖住了。但是如果这些草地植被干枯了以后,风一吹又变成沙漠了怎么办呢?能有什么办法呢?我们在原来的植被上再种植了1万亩的樟子松,基本上也把这1万亩的樟子松种活了。到2017年,种植的这些樟子松已经长得非常有规模了。所以,不管是3万亩樟子松种植基地、梭梭林种植基

易解放与华林小学参加植树活动的小朋友们

5. 易解放——绿色生命平凡悟，公益之路希望渡

易解放与沙漠植树志愿者（1）

地，还是"绿色长城"以及库伦旗的松树、杨树，它们的成活率都是非常高的，普遍的成活率达85%。

我们的公益集资是在1 600万元左右，但是算一下，如果一棵树是10块钱的话，700万棵树要多少钱？这些集资是远远不够的。所以当初我们家刚从日本回国的时候是十分艰苦的，做这项公益事业也是非常艰辛的。最初的五年时间里，我们默默无闻，没有影响力，没有公益集资，就把儿子的生命保险金、赔偿金拿出来种树，到后来把他生前最后一个月的工资也拿出来种树，最后我们拿出了我们在日本工作、生活近20年攒下的积蓄，可还是不够。于是，我们又卖掉了两套现在位于迪士尼附近涨了不知道多少倍的房子去植树，但是我们一点不心疼，因为为了改变沙漠化，那些钱只要能化成一棵棵树，能够让绿色在沙漠里延伸，能够安慰天上的儿子，能够让所有的志愿者跟着我们去植树，并且最后有成果，我们就觉得值了，就靠着这样的信念，我们一步一步走了过来。所以说，荒漠上植树会成功吗？只要我们有决心，管理得当，方法搞对，天时地利人和都有了以后，荒漠变成绿洲不是梦。

我们得到了很多来自政府的帮助，尤其是来自上海市虹口区政府的帮助，因为我是虹口区居民，虹口区的各个部门都给了我很多支持和帮助，靠着这些支

撑我才一天一天走了过来。东方卫视电视台邀请我们拍了一期《梦想改造家》，他们帮我们把旧房子改造成了新房子，这也是电视台在关心我们。虹口区的老兵、各个公司的员工，包括当地的圣牧高科牛奶公司也和我们合作了。

我们的志愿者团队有来自台湾的热心人士、各学校的学生，还有各个企业的领导和职工。成都有所学校组织学生来参加我们植树造林的活动，上海小记者站的孩子们跟着老师、跟着家长到我们的梭梭林种树。主持人崔永元为了做好《小崔说事》这个节目，真金白银地捐了1万块钱。除了小崔之外，捐过款的明星还有刘涛，其他还有许多公众人物是支持我们的但未捐款，他们两个人是捐的真金白银。小崔来的时候，我跟他说我们这边种树是要出汗的，他说：没关系，我就是要来种树、来出汗的。结果他到我们这边种树，还不小心受伤了，我十分不好意思。他却说："易妈妈，我要感谢你，种树种到现在，这才是我真正意义上的种树啊。"

2009年《中国梦想秀》就是从我们这个节目开始的。它是从32万名梦想者中选择了2 009名，在这2 009名候选者中挑选了60名，分成10组进行比拼，拼到每个组的冠军后，再一起比拼才能参加这个晚会。我很幸运，稀里糊涂地就被选入了60名，参加公益组。公益组里面都是年轻人，就我们两个上海的老年人，这

易解放与沙漠植树志愿者（2）

怎么能够跟人家拼呢？结果这一场拼下来，我竟然成了公益组的冠军，拿到这个冠军就会有奖金，我想可以一下子拿到这么多奖金，非常开心。总决赛时我读了一封信，读完以后想不到点击率非常高，而且全场都哭了，所以我得了第一名，拿到了50万元人民币的植树资金。我将获得的这些奖金全部捐出去用于植树造林，总算在2010年把计划提前了四年完成。

因为长期坚持公益事业，我获得第二届全国道德模范提名奖，参加了纪念"三八"妇女节100周年大会，我们的家庭被评为"全国文明家庭"。2011年，国家森林年会在我们基地召开并为我们竖立了全国唯一的一个"母亲公益林示范基地"纪念碑，对我们的植树成绩进行了嘉奖，还有各种各样的表彰活动。当然，这些只代表我们努力过了，现在我们必须要加紧努力。所以我始终把这些名誉、表彰当作又一个新的开始，鼓励自己把后面每一步走好。2016年12月12日，第一届全国文明家庭的表彰大会在北京举行，我代表上海八家去参加了表彰大会。我是代表上海领奖的，我可以直接站在习主席的身后，接受习主席的亲切接见，我热泪盈眶地和习主席握了手。参加表彰大会的时候，我已与其他领导人都见过面了，就差习主席没见过。当天他一走出来就掌声雷动，我们这些站在上

"母亲公益林示范基地"纪念碑

面的来自五湖四海的文明家庭的代表都激动得不得了。我就一边笑着一边流泪,等着习主席一个一个地握手,到我前面的时候,我已经激动地不行了。当习主席的手握着我的手的时候,我一边流泪一边笑,说:"习主席,我总算是见到您了。"大会上我们还聆听了习主席的报告、鼓励和表扬。

  我获得中华慈善奖的时候,在中南海受到了李克强总理的接见。那个时候因为超负荷的工作,我的身体不太好。其实我们现在的作息时间,基本上365天中有300天是没有好觉睡的,能睡的时间有两三个小时、三四个小时就很不错了。我身上长了肿瘤,冬天做的手术,春天4月份就要去种树,人家说伤筋动骨一百天,我们已经七老八十了,一百天、两百天都长不好。但是到春天了我必须去内蒙古植树,我又是个完美主义者,自己做的事就必须做好,人家跟着我来植树造林,我不能让人家有任何的差池。所以为了保证所有志愿者的安全,为了保证我们有收获,为了保证我们植树对老百姓发挥正能量,我不仅每一次、每一批都在第一线带领植树活动,而且连他们的吃饭睡觉我都要好好地安排,每一次都要让他们吃一点不一样的东西,还要带着他们去参观考察人文、历史、地理环境。当大家都坐在位子上休息的时候,我还要当业余导游,在展览会里我还要进行业余的解说。当地的工作人员还没有被训练出来,所以我们的志愿者喜欢听我说,这样我就永远没有休息的时间。我做完手术的那年,到春天要开始植树了,我就没法好好养病,又开始了种树、组织志愿者的工作。可是因为伤口没有完全愈合,没多久刚刚动过手术的肠子就露出来了,我就自己用绷带一层、两层地绑,到后来实在是连绷带都不起作用了。我是硬生生地用拳头把漏出来的肠子怼进去,这样大概弄个几十回,到后来就怼不进去,卡在外面了,疼得不得了,这才被送进医院,睡了几天下来这才好一点。其实这是很危险的事,但我真的一点都不怕,就想快点好起来,这样才可以带大家去种树。就这样坚持到秋天才又去开刀。在2010年、2012年和2013年肠子又反复裂开,一裂开我就去找医生把肠子修复一下。这么反复几次后,医生终于说这样下去不行了,必须做手术了,我这才安下心来做手术、好好养病。2012年做完手术后,刚刚出院,我本来不打算参加中华慈善奖的颁奖会,后来政府的领导说"会全程一路护送,你一定要来",我才答应参加了这次会议。会议期间,李克强总理看到我后,对我说:"看你的脸色还是比较健康的,怎么坐在轮椅上呢?"我说:"我刚做完手术,昨天刚拆完线,今天就赶过来的。"李克强总理问我是做什么的,我说我是在沙漠植树的。李克强总理说:"哦！你就是为了完成儿子的心愿在沙漠植树的妈妈吧！你做这个太不容易了,你得保重自己的身体啊!"李克强总理又一次弯下腰来跟我握了手,想不到那张照片就成了那一届中华慈善家会议的示范照片,所以我就把它从杂志上找出来,剪了下来。

  回来以后上海市领导又接见了我,照相时还把我放在了最中间,所以我觉得上海的领导和老百姓对我们公益植树活动是寄予了厚望的。上海的环保植树活动也要带动起来,上海人们的任务也越来越艰巨了。我热烈欢迎上海的广大师生、职工、领导干部们来我们基地种树植树。

  现在连5岁的小孩都知道世界要多点绿色,我觉得我们这个活动做得值了,作为中国人,有义务为我们国家的环保做点贡献。年纪大的婆婆公公们都知道我们要为我们子孙留下一片绿色。上到七老八十的老人们,小到四五岁大的小朋友们都跟着我们去植树。有一位86岁的老人到我们基地又唱又跳,干劲十足,一点都看不出老。我们的植树队伍是个相亲相爱、生动活泼的大家庭,是一个美好的集体,成员从来没有为吃什么东西吵过架,从来没有为了一个位置吵过架,也从来没有任何人为不太满意的事红过脸,大家都是互相谦让、互相体谅的,不管遇到什么困难都看作上天最好的安排。还是一句话:我认为我在公益植树的这个过程中,碰到了我们中国最好的老百姓,碰到了我们中国最好的小青年,碰到了我们中国最好的孩子。在这样的一个环境里,别人都说我不像一个70岁的老太太,每天都是这么有精神,这么有活力。我说,那是因为有这么多优秀的共产党员给我爱,给我信任,支持我,有了他们我还要求什么呢? 我已经是最幸福的人了。

  我现在最要紧的任务是把沙漠早点变成绿色。我们现在还有4 500万公顷的沙漠需要种植,所以明年的任务还是很重的,十年、八年,我争取用我一生去种树。如果我们加快速度的话,五年内我们能把全国的4 500万公顷的沙漠变成绿地,以后我们的祖国就是世界上最美丽的国家。我很荣幸能够为自己的祖国做点事,为自己的民族做点事。做成功一件事,其实是最有成就感的,一定要把自己学到的东西拿到自己的国家,去贡献一份力量,在自己的民族、在自己的国家里获得成就感才是最大的成就感。

  所以我觉得每一个人都要有活着的信念,我们应该做到:"活着,为阻挡风沙而挺立;倒下,点燃自己给他人以光明和温暖。"这是我们夫妇俩在孩子的纪

"对话中国"讲演录

易解放(前排右二)与上外贤达学院师生合影

易解放夫妇出席"纪念改革开放四十周年——2018年建设美好家风美术、书法、摄影作品展"开幕式

念碑上写的碑文,也是我们夫妇俩为人的座右铭。我时刻以此来要求自己,我是带领大家植树的,我是公益组织的负责人,我要把自己种成一棵树,扎根在祖国的广大土地上,凭借着我的枝叶去保护地球的环境。

这就是我的道路,就是我人生所向的最终目标。

(2018年3月)

教师感悟

为爱子圆梦　为大地添绿

孟德娇

通过将近两个小时的授课,易妈妈描述了自己跌宕起伏而又丰富多彩的人生经历。2000年的一场家庭变故,让易妈妈立志完成爱子的遗愿,自2003年起踏上植树造林的艰苦道路。由一开始的孤立无援到如今的一呼百应,易妈妈带领自己的团队将生机带给曾寸草不生的内蒙古沙漠。近年来,成千上万棵绿树挺立在曾荒芜的沙漠,为京津冀地区阻挡风沙,细雨润物,大爱无声。我身为一名青年教师,被易妈妈的人生经历以及对祖国环保事业做出的无私奉献所深深感动。面对自己所立下的丰功伟业,易妈妈淡然从容地说道:"责任与光荣是同时的,光荣越大,责任越大。"我更被易妈妈夫妇伟大的父母之爱升华成一种无私的公益大爱奉献行为所感动。易妈妈所传授的奉献精神深刻烙印在我的心中。

在听完易妈妈的故事后,我校行政第四党支部利用暑假时间,在党支部书记的带领下来到内蒙古多伦县,来到易妈妈已经奋斗了多年的地方,来到这片几年前还是一片荒芜现在已是勃勃生机的土地上,来到这个见证了易妈妈无私奉献、大爱无声的地方。年近70岁的易妈妈,带着我们挖坑、栽苗、填土、浇水,每一环节易妈妈都亲力亲为,这让我们这些年轻人有些惭愧。正是亲身体验了易妈妈的日常生活和劳动,自己走过那些已经郁郁葱葱的小路后,才能真正理解易妈妈给爱子写的碑文:"活着,为阻挡风沙而挺立;倒下,点燃自己给他人以光明和温暖。"

学生心得

大爱母亲　温暖大地

原　露

这是一位伟大的母亲,她与沙化斗争,把3万亩荒漠变成绿洲,用行动实践着习近平总书记的号召——绿水青山就是金山银山。这是一位不幸的母亲,花甲之年痛失爱子,白发人送黑发人,尝尽了人生的生离死别;这是一位坚强的母亲,强忍失子之痛,圆儿子生前梦想,放弃在日本打拼多年的事业毅然决然地回到祖国,把一片又一片的沙漠装点成绿色。易妈妈,我要向您致敬!

最初的那五年,易妈妈的路走得格外艰辛,那时候的易妈妈因为默默无闻没有影响力,没有公益集资,所以把儿子的生命保险金、赔偿金拿出来种树,到后来把儿子生前最后一个月的工资也拿出来种树。这些不够,于是易妈妈拿出了在日本攒下的积蓄,并且卖掉了两套房子去植树。但是易妈妈说他们一点不心疼,那些钱只要能化成一棵棵树,能够让绿色在沙漠里延伸,能够安慰天上的儿子,能够让所有的志愿者跟着他们去植树并有最后的成果,他们就觉得值了,他们就靠着这样的信念一步一步地走了过来。

在荒漠上植树,这件原本看起来是不可能完成的事情,易妈妈做到了。从中可以看出只要我们有决心,管理有方,方法得当,荒漠变成绿树不是梦,看着遥不可及的梦不一定只是梦。

原露,上海外国语大学贤达经济人文学院2018级会计4班学生。喜欢新奇的东西,没有什么特别的爱好,不喜欢运动,喜欢宅着,喜欢看除国产剧以外的其他剧,喜欢侦探推理小说、惊悚电影。注重养生。人生信条是:你要做一个不动声色的大人了。

沙漠里的奇迹

次央珠牡

人生是一场旷达明净的远行,我们趋行在这人生的悠然古道,途中尽赏那沁人心脾的景观。今日在戈壁滩能够再一次出现绿树林,要归功于这位伟大的大地妈妈——易解放。

是她的满腔热血与对大地的厚爱成就了今天所有的辉煌,她本是一名普通的大学教师,也是她对生活的追求,让她能够在日本学习更多的文化,更是把日本那种志愿参加公益的心带回了祖国。由于儿子突然离世,他们决定把儿子生前要去内蒙古植树的愿望实现,也是因为这样,他们完成了第一次志愿者活动。当时我们国家的荒漠化问题加剧,土质沙化严重,极大地影响了生态环境,也是因为易解放女士的坚持,年复一年地植树使得边塞又有了生机盎然的样子。因为他们的默默付出,荒漠化严重的土地中长出了一片绿洲,让土地荒漠化有了一线生机。这位大地妈妈的哺育与滋养,使这片绿洲更加辉煌。他们是绿洲的建造者,也是保卫我们环境的精灵,她的平凡和伟大让我们受益匪浅。就是这样一位普通的母亲,说:"活着,为阻挡风沙而挺立;倒下,点燃自己给他人以光明和温暖。"

她是公益组织的领导人,是一棵枝繁叶茂的大树,凭借自己的枝繁叶茂去保护地球的生态环境,这就是大地妈妈——易解放。

次央珠牡,上海外国语大学贤达经济人文学院2018级工商管理3班学生。喜欢唱歌,喜欢摄影;平常喜欢到处旅游,把每一个地方的风土人情拍下来留作纪念。

6. 戚泉木

百老德育尽好师,讲好中国好故事

戚泉木,曾用笔名戚科夫、山川、泉水、奇木,1937年4月18日生于浙江诸暨,中共党员,大学学历,系中国作家协会和中国科普作家协会会员;曾任大学教师、上海市教育局工农教材语文编写室负责人、中央教育部工农教材编写室语文教材负责人、百老艺苑书画社社长、上海声像出版社编辑部主任、新闻出版局处级干部、联合国技术信息系统上海中心站秘书长等。戚泉木任上海百老德育讲师团团长,他先后两次荣获全国关心下一代工作先进工作者荣誉称号,并获得了第三届中国时代十大新闻人物、全国中华之魂十大功勋人物、全国五好文明家庭等10多项国家级荣誉称号。同时他还获得了上海市关心下一代工作先进工作者、上海市党的基层理论宣讲先进工作者、上海市离退休干部先进工作者、徐汇区道德模范等10多项上海市荣誉称号。

戚泉木

讲演实录

共产党给我一支笔

戚泉木

上海是一座充满神奇色彩的城市。苏州河上秋月春风,黄浦江畔潮起潮落,日月精华在这里留影。

共产党给我一支笔

浙江诸暨,地处会稽山西麓,是西施的故乡。但在苦难的旧中国,这里的山不再美,水也不再灵秀。1937年,我出生于诸暨一户本还算殷实的农家,但好景不长,在我8岁那年,母亲因心脏病猝死。一年后,继母进门,不久以种田为生的父亲因劳累过度患上肺炎,也一病不起。父亲的离去使破碎的家从此彻底没落,祖父母受不了打击,也相继离世。我的大姐不得不到上海打工谋生,三姐被骗到杭城深山受苦;继母为生活所迫,"典身"维持全家的生计,成了又一个"为奴隶的母亲";我则因缴不起学费,辍学在家,吃饭靠邻居接济,常常有了上顿没下顿。童年的苦难,让我这个苦孩子看够了人间白眼,也熔炼了我不怕吃苦、刚直的人格。

1949年,解放的隆隆炮声响彻神州大地。苦尽甘来,我免费重返学堂,还当上了儿童团的团长和少先队大队长,和穷人家的孩子们一起欢呼翻身解放。其后不久,我被失散多年的大姐接到了上海沪西小学插班就读。我十分珍惜这来之不易的机会:学习不怕苦,大扫除不怕脏,出黑板报不怕累……因成绩突出、表现优秀,我被学校选为少年先锋队的大队长。当我从校长手上接过奖品——一支金笔和25元奖学金时,我思绪万千,当晚夜不能眠,在灯下用金笔写下了"共产党给我一支笔"的感想。

"三寸水笔重又重,穷人几代扛不动。共产党给我一支笔,千歌万曲向党颂。"我牢记要用这支笔为党奉献一辈子。用这支笔,我写下了入团申请书;用这支笔,我写了17次入党申请书,并在经受了17年的考察后光荣入党;用这支笔,我填写了加入上海作协和中国作协的申请表,并成为这两个协会的会员。

几十年来,从儿童团团长到德育讲师团团长,从小学教师到大学教授,从读者到编辑部主任,我笔不离身,笔耕不断。在黑白颠倒的年代,命运多舛的我,一会儿到五七干校"劳动",一会儿到人防工地"锻炼",一会儿又去工厂接受"再教育",生活使我迷惘苦闷,我从读书写书中得到慰藉。

"假如生活欺骗了你,不要忧郁,不要愤恨,不顺心的时候暂且容忍;相信吧,快乐的日子就会来到……"我用普希金的诗激励自己。每每在劳作之余,我就钻进帐篷,不停地写啊写,《种子的秘密》《衣服的故事》《防空洞的故事》……就是在月光下、机器旁、防空洞内完成的。

结束了一天的劳作回到家后,我仍不忘写作。到了晚上,为了不影响妻儿的休息,我常会用大雨伞遮挡台灯,《一只小木箱》《一本工作手册》《废纸是宝》等儿童小说,长诗《新长恨歌》,中篇小说《宝石密案》《娇妻难忍》,都是在这样的大雨伞下写出来的。

我还用这支笔编写了不少大中小学的教材;我也用这支笔为一些受到委屈的老干部、知识分子以及企业家澄清事实,恢复名誉;我还用这支笔为青少年写下了数不清的德育报告……从事创作50年来,我为广大读者奉献了300余万字的作品,受到社会广泛关注,曾多次获奖。

数年前,我用心血和献身精神写成的30万字的《人生价值在奉献》一书出版。人们为我从事创作50年和该书出版举行了隆重的研讨会。中国作家协会发来贺信,表彰我是"一位保持着较高创作热情、有着强烈责任感和历史感的作家",并给出这样的评价:"泉木的报告文学《人生价值在奉献》,以饱蘸真情的笔触,表达了作者对人生价值的深刻理解,记述了他对人生价值的孜孜追求,具有鲜明的时代特色,是一部启迪心智、陶冶情操的优秀作品,也是一部生动感人、有说服力的德育读本,必将受到广大读者尤其是青少年读者的喜爱。"

人生的价值在奉献

《钢铁是怎样炼成的》这部激励了无数人的杰作是苏联20世纪30年代文学中最优秀的作品之一,它是新中国成立后一代青年人的生活教科书。我的老师将这部名著推荐给我阅读,开始我有些不解:"我又不当炼钢工人,为什么要读这本书?"当我翻开书卷,就立刻被书中的主人公保尔·柯察金吸引了。保尔是一名勇敢的战士,战争使他双目失明、瘫痪在床,在极端困难的条件下,他坚持写作,表现出了高度的党性和惊人的毅力。几十年来,无论在怎样的环境中,我都以保尔的英雄形象激励自己。"困难就是考验,坚持就是胜利"成了我一生的座右铭。

"人最宝贵的东西是生命,生命属于人只有一次。人的一生应该这样度过:当他回首往事时,不因虚度年华而悔恨,也不因碌碌无为而羞愧;这样,在临死的时候,他就能够说:'我的整个生命和全部的精力,都已献给了世界上最壮丽的事业——为人类的解放而斗争。'"这是保尔留给世人的至理名言。我不仅能把这些名言倒背如流,更把它融入自己的血液中,见之于我的行动里。这就是我常说的:"人生价值在奉献!"

阳光消融了冰雪,春天重回了大地。党的十一届三中全会给重新崛起的祖国带来了希望。我被邀聘到大学招生办,又在大学当了教师,担任了上海市教育局工农教材语文编写室负责人和中央教育部工农教材编写室语文教材负责人,后来又担任了上海声像出版社的编辑部主任。

1989年,已在市新闻出版局工作的我,被推荐参加了上海市人民政府组织的第四届讲师团到金山支教并任分团长。此时我患肾病的妻子不慎摔跤,病重需要照料,我自己有高血压又有并发症,同事好友都劝我向组织摆摆困难。面对支农,我觉得自己是共产党员,应听从党的召唤,服从分配。再说,支农亦大有作为,也是自己积累创作素材的好机会。就这样,我冒着酷暑去了金山,在人生的道路上又迈开了新的步伐。

在金山,各具特色的庭院经济如雨后春笋般迅速发展起来。特别是钱圩乡,这里的家家户户利用宅前屋后的零星土地和闲置房屋,搞起了庭院经济。"门前屋后成银行,屋前宅后摇钱树""三月桃李芬芳,五月草莓鲜红,六月西瓜蜜甜,八月葡萄满枝,九月石榴结实,十月丹桂飘香",使村民的经济收入迅速提高。经领导同意,我决心到该乡蹲点3个月。在那里,我认真总结钱圩职校的好经验。同时,为实施国务院的"燎原计划",我穿村走户去进行调查研究,通宵达旦地写出了3万余字的调查报告《庭院经济前途无量》。我还向当地研究庭院经济专家——高级教师姚元绶学习,一起奋战3个月,利用业余时间编辑出版了26万字的《农村庭院经济探索》一书。该书被中宣部列入向全国推荐的百本好书。

庭院经济是商品经济中的"轻骑兵",属于"致富工程",我为此动了心,着了迷。1992年底我从讲师团回到新闻出版局后,在市农委、农科院、园林局、作协等领导的重视和支持下,一级法人社团"上海庭院经济与文化研究会"正式成立。市农委主任张燕任会长,我任该会法人代表、常务副会长。1993年底,为了研究会的工作和利用研究会的优势筹建、组织百老讲师团对青少年进行爱国主义教育,我毅然放弃个人利益,三次向所在的局党委打报告,请创作假,继续到基层开展城乡庭院经济的调研和试点以及百老德育讲师团的筹建工作。放弃机关2 400元的月薪到作协领取140元的津贴,着实使人感到不可理喻,有人甚至怀疑我脑子出了问题。我是属牛的,只要我认准的事,就一定会坚持到底。

1995年1月10日,我在人民大会堂向150余位中央有关领导、老干部、老将军做了"庭院经济与文化事业在上海蓬勃发展"的汇报。其中,关于发挥研究会中老人的作用、对青少年进行爱国主义教育、正在筹建百老德育讲师团的做法受到了时任中共中央政治局委员、全国人大常委会副委员长王汉斌,全国人大常委会副委员长孙起孟、雷洁琼、李沛瑶、吴阶平和政协副主席钱伟长、孙孚凌、朱光亚,以及陈锡联、马文瑞等领导同志的赞扬,称赞上海的老一辈和我正在开创一项"功德无量"的事业。

领军百老德育讲师团

在人民大会堂向中央领导做的汇报,为组建百老德育讲师团奠定了思想基础。

2000年4月18日,是我终生难忘的日子。我和24位在沪德高望重的老干部、老红军、老将军、老劳模、老科学家、老艺术家发起组织的上海百老德育讲师团宣告成立。讲师团成立之初,一无经费,二无固定办公场所,4年搬了8次家。但我仍初衷不改,坚持不懈地为青少年举办德育教育活动。百老德育讲师团成立18年来,进学校、下社区、走城乡、入军营、去机关,已面向4 200多万名青少年举办了5 500多场德育报告,仅2006年就举办了200场讲座。新春伊始,以社会主义核心价值观为主题,讲师团和孩子们共话热爱祖国、热爱党。暑假,结合红军精神代代相传,举办了留住红色记忆的德育教育活动。身为团长的我,开讲的"共产党给我一支笔""人生的价值在奉献"已有300余场,受到孩子们的热烈欢迎。为此，孩子们倡议要开展"四个一"活动：要为孤老、残疾人、居民楼各做一件好事，和特困生交朋友；在家决不做衣来伸手、饭来张口的"小皇帝"。

我患有高血压、脑梗阻等疾病，一次出院没几天，便赶到母校晋元中学做"人生的价值在奉献"的报告。我深情希望老师们身在三尺讲台要春风轻拂桃李，带领学生放眼五湖四海，树立振兴中华的使命感。在讲师团举办"三代领导人外交礼品展"时，我利用双休日为500多名小记者连续做了5场"共产党给我一支笔"的报告，嗓子哑了还坚持为"祖国我为你自豪"作文比赛做辅导。许多小记者会后写下了"戚爷爷是我们学习的榜样"。2004年的夏天，我强忍着剧烈的偏头疼，为即将赴雅典参加残奥会的运动员演讲了两个多小时，给出征健儿加油鼓劲。我还把自己出版的《人生价值在奉献》一书赠送给了青少年朋友。

我的老伴因患尿毒症多年，住院数次。我深爱着百老事业，也深爱着老伴。老伴住院期间，我白天做报告，晚上就赶去医院陪床。全国劳模杨怀远赞扬我："老戚精神贵，从来不知累；一心为百老，真把心操碎；上至老领导，下到小字辈；关心送温暖，半夜还未睡。"

如今，上海百老德育讲师团已发展到600多人，另外还有10个分团。2005年，胡锦涛总书记殷切关怀，亲自批示，把上海百老德育讲师团的事迹推向全国，2007年，时任上海市委书记的习近平同志亲切来信，热情接见。2013年，在以习近平同志为核心的党中央亲切关怀下，中共中央政治局常委刘云山，政治局委员、中宣部部长刘奇葆亲自批示，再次大规模把上海百老德育讲师团的事迹推向全国。中宣部还号召"鼓励全社会学习上海百老德育讲师团的精神"。百老德育讲师团7次被评为全国先进集体，21次被评为上海市先进集体，这给了我和讲师团成员们极大的鼓舞。

在众多的老有所为的前辈中，我是一颗璀璨光亮的启明星。我在上海世博会上代表150多万名志愿者做出过庄严承诺；我在北京人民大会堂做过"人生价值在人奉献，要为党旗添光彩"的动人演讲；我在北京大学做过"共产党给我一支笔，千歌万曲向党颂"的生动报告。我在上海大学，向1 000多名大学生讲"继承光荣传统，争做优秀青年"。20分钟的演讲，竟引起全场40多次热烈鼓掌。2018年，我在上外贤达学院向1 000名大学新生做了40分钟的演讲——"喜迎十九大，争当百老好讲师，讲好中国好故事"，竟引来了30多次热烈鼓掌，大学生们深深被革命传统教育所感动。习近平、胡锦涛、韩正、俞正声、刘云山、温家宝、李长春、徐匡迪等中央新老领导对以我为团长的百老德育讲师团有着重要的批示、来信和肯定。

功夫不负有心人,我几十年努力实践着"人生的价值在奉献"的诺言,赢得了社会的尊重,彰显了精彩的人生,真是:莫道桑榆暮色晚,余霞灿烂满天闪!

(2017年11月)

教师感悟

一支笔 一颗心 一世情

王 茹

戚老的前半生,经历了苦难的旧社会到新中国的转变,戚老用他手里的这支笔,从万丈深渊一步一步爬到了阳光之地,从一个无父无母的贫苦儿童变成了万人尊敬的著名作家。

12岁时,因为他成绩斐然,共产党奖励给他一支笔,他用这支笔,写出了他心中的春月秋风,写出了他心中的山川大河,也写出了他心中的大爱无疆,写出了他一生的追求——"人生的价值在奉献"。

参加工作后,戚老笔耕不辍,脚步不停,申请去条件艰苦的基层,写人民需要的好书。退休后,他初衷不改,壮心不已,组建百老德育讲师团,奔走四方,在小学、高校、社区、街道、军营、机关等做了5 500多场德育报告。我们不禁要问,这背后是什么力量支撑着戚老?

一个人在年幼的时候因为社会的动荡惨遭不幸,这时候,共产党在他的心中种下了一颗爱的种子。这颗种子穿过泥泞,走向阳光,慢慢地成长壮大,当它变得坚强有力的时候,他会去帮助更多的人,回报社会、回报国家。戚老已经年逾八旬,但是这颗初心从未改变。

戚老是百老德育讲师团20年的老团长,鼎力支持我们的"对话中国"课程,并数次来学校开展讲座,戚老的讲座慷慨激昂、声情并茂、感情真挚,震撼着在场的每一位同学,带给青年学生强烈的心灵冲击。戚老是一颗闪亮璀璨的星,也是中国千千万万共产党员中普通的一员,是他们铸就了坚不可摧的民族脊梁;是他们指引一代又一代人不停地奋斗;也是他们,给了我们爱这个国家、爱中国共产党的理由。

王茹,上海外国语大学贤达经济人文学院思政教学部教师,毕业于南京师范大学公共管理学院。希望"对话中国"课程真正成为学生"真心喜爱、终身受益、毕生难忘"的优质课程。

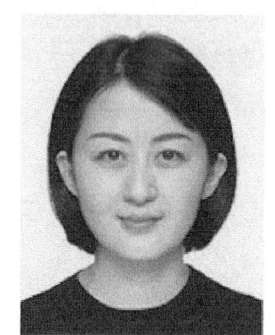

王 茹

学生心得

少即赤子,老亦赤子

何沁芸

因为见过黑暗,所以向往光明;因为了解痛苦,所以拥抱甜蜜;因为经历离别,所以珍惜团聚。从新中国成立至今,历经几代人的辛苦,才造就了我们今天的幸福生活。也有太多的前辈,不顾个人,全心全意地投入社会主义建设的浪潮中,赤子之心,可歌可泣。而在我的身边,就有这样的前辈,他是我的老师,也是我的榜样,他就是戚泉木先生。

先生总是和蔼地笑着,那满头的银发仿佛诉说着岁月留下的故事。在他的身上,没有时代磨砺后的犹豫,没有风雨拍打后的颓败,没有壮士暮年的仓皇,没有老骥伏枥的迷茫。相反,在先生的身上,更多的是勇于前进的果决,是壮心不已的拼搏,是对后辈的殷殷期盼,是对未来人的谆谆教诲。先生说:"你们今天虽然是年轻的后辈,将来就是共产主义的接班人。你们如今是为祖国而成为三好学生,明天将成为祖国的栋梁。所以百老团的老同志们真的对大学生们寄予着非常殷切的希望。"我们将带着先生对我们的殷切期望,在前进的路上,坚持不懈,百折不挠,奋勇向前。

他带着一颗红心,全心全意为人民服务,热爱祖国,热爱党;他推广两个弘扬——弘扬以爱国主义教育为核心的民族精神,弘扬以改革创新为核心的时代精神;他教导我们树立三个观念:树立正确的人生观、价值观、世界观;他发扬四种精神——老红军、老将军"千方百计、千辛万苦、千言万语、千山万水"的革命精神。他是我们行走的楷模,是我们人生的榜样。

少即赤子,一腔热血;老亦赤子,壮心不已。

何沁芸,上海外国语大学贤达经济人文学院2017级法语(双语)4班学生。性格外向,活泼开朗,热爱音乐,坚持自我。最喜欢的一句话是"不忘初心,方得始终"。希望自己在前行的路上,永远保持本真,坚守本心,永怀善意,清澈明朗。

人生的价值在奉献

杨 柔

很荣幸能听到戚老师的演讲。戚老师的演讲使我受益颇多,我深深地被老师的坚强、刚直、无私奉献所感动。家庭的不幸、生活的窘迫并没有压垮戚老师,反而铸造了他吃苦耐劳、刚直勇敢的品格。欲戴皇冠,必承其重——我深感每一个优秀的人的背后都是艰苦辛酸的,一个国家的发展是离不开每一个人的付出的。

戚老师把"困难就是考验,坚持就是胜利"作为一生的座右铭。戚老师几十年创作了数本书,用一支笔充分诠释自己的价值观,不断为这个社会做贡献。戚老师和其他优秀的老前辈在2000年成立了上海百老德育讲师团,尽管环境艰苦,但是他们仍然初衷不改,他们树立着振兴中华的使命感,不求回报,只求能为青少年多举办德育教育活动。在不断的努力下,这支队伍慢慢扩大,现在已经发展到600多人了。他们虽然年事已高,但在演讲时从来没有敷衍过我们,总是精心准备好演讲稿,想更多更好地传达出他们所想表达的东西。他们通过自己的故事传递着正能量,他们的奉献精神、革命精神深深地感动着我们。

戚老师认为"人生的价值在奉献",这几十年来他都一直遵守着这一诺言,赢得了社会的尊重。作为新时代的青年,我们应该学习和传承老一辈的精神品格,应该不忘初心,牢记使命,努力去实现自己的人生价值。

杨柔,上海外国语大学贤达经济人文学院2018级德语(双语)班学生。性格活泼开朗,擅长与别人交流沟通,有着较好的人际关系,与室友同学相处友好。座右铭是"忠于自己的内心,成为自己想成为的人"。每一个人都是独一无二的,希望自己未来能够一步一个脚印地走下去。

7. 傅新民

国防现代固自信,理论指导稳华鼎

傅新民,1952年9月生,陕西蒲城人,1968年7月回乡务农,1970年12月应征入伍,1973年10月加入中国共产党,空军工程大学导弹学院毕业,大学本科学历,高级工程师。历任战士、学员、技师、参谋、连长、营长、参谋长、团长、总军事代表等职;参加过中越自卫反击战和国家重大装备的科研、试验任务。中国人民解放军驻上海航天局中心军事代表,原总军事代表,空军少将。

傅新民

讲演实录

道路自信和理论自信

傅新民

我是傅新民,1952年9月出生于陕西蒲城,1968年初中毕业后回乡务农,又号称"老三届"。1970年12月应征入伍至上海工作,1973年10月加入中国共产党。国家恢复高考之后,我作为第一批走过独木桥的知青中的一员,进入空军工程大学导弹学院学习至毕业。长期坚守在国家军工科研工作岗位上,我被授予了高级职称,在40多年的军队生涯中,我历任战士、学员、技师、参谋、连长、营长、参谋长、团长和总军事代表等职务,于1979年应国家的需要被临时调入中越自卫反击战的战场参加战斗。1990年以后主要从事的是国防和重大装备的科

7. 傅新民——国防现代固自信，理论指导稳华鼎

傅新民参加百老团活动

研、生产任务。2015年退役之前，任中国人民解放军驻上海航天局中心军事代表、原总军事代表，空军少将。

我们国家有许多的军事科研单位、军事科研生产单位。军事代表是国家和军队派驻在军工企业的军方代表，有三大任务和职责：第一就是代表国家和军队，对国家和军队拨付的军费，包括研制费用、生产费用的使用进行监督。第二就是对军工科研单位研制的军工产品的质量进行监督、检验。在战场上，一旦装备出现问题就是要流血牺牲的，所以对军工产品的质量检验至关重要，未经过军事代表验收的产品是不能够装备给部队的，这也体现了军事代表这一职务的重要性。第三就是架起军队和地方之间的桥梁。在"文化大革命"之前，许多军工科研单位的成员由军人构成，有穿军装的，也有很多不穿军装的，"文化大革命"的后期，所有军工科研生产单位的成员统一脱掉了军装。此时，军事代表成为活跃在我国军工科研生产单位的唯一军方代表，所以这一工作具有特殊性。陆海空、二炮都会各自根据部队装备需要，派出军事代表。简而言之，陆军、空军、海军、火箭军都有军事代表，因而军事代表里面也有穿不同军装的军人。1990年，我从作战部队被调入军事代表这个行列之后，

开始参加国家装备、中央装备的科研生产任务和质量监督工作,因而国内现存陆军、海军、空军、火箭军、战略支援部队的装备情况,对于作为军事代表的我来说都是基本了解的。像2003年10月在酒泉卫星发射中心,把神舟五号送上了太空,我也在现场参加了这个发射任务。我是一个军事代表,是一个总军事代表。

作为一个军事代表,对于"道路自信和理论自信"我有八个问题。

第一,我们为什么要自信?

第二,为什么中国的政治体制是一党长期执政?

第三,为什么要坚持党的领导、人民当家作主、依法治国有机统一?

第四,为什么中国不能照搬照抄西方的民主?

第五,为什么中国要坚持走社会主义道路?

第六,为什么说中国人是有信仰的?

第七,为什么要坚持共产主义信仰?

第八,为什么要倡导构建命运共同体?

带着这八个问题,我想分享国防大学金一南教授编著的《苦难与辉煌》前言部分的一段话:"中国革命从来不是一场被看好的革命,中国共产党也从来不是一个被看好的政党,中国特色的社会主义道路同样从来不是一条两边鲜花盛开、中间铺上红地毯的道路。过去如此,今天如此,今后恐怕也是如此。机缘、时运、窍门从来不属于这个事业。只有依靠不屈不挠的坚韧、义无反顾的顽强、前仆后继的牺牲。过去的革命如是,今天的改革依然如是。披荆斩棘,特立独行。"那么什么叫共产党的坚韧?这种坚韧又是从何而来的呢?党的坚韧从根本上说源于党人的坚韧,近代以来没有哪一个政治团体像中国共产党这样,拥有如此众多为了胸中的主义和心中的理想抛头颅洒热血、前仆后继、义无反顾、舍生忘死的奋斗者。他们不为官、不为钱、不怕艰苦、不怕死,只为主义、只为信仰。他们在中华民族历史上展现了空前顽强的生命力和战斗力。《苦难与辉煌》所揭示的,正是这种富含生命力、战斗力的坚韧之性。这支跨过万水千山的队伍,从出发那一天起就一直在演变,新陈代谢、吐故纳新。"尔曹身与名俱灭,不废江河万古流"。队伍主体从未改变,一直在民族救亡、民族复兴的历史进程中坚守自己的时代担当。

从1921年中国共产党的成立到1927年中国工农红军的会师,党和军队经过了一段苦难的岁月,取得了辉煌的成就。那么泱泱中华民族五千年的文明历史中,中华民族的精髓和特质是什么?哈佛大学教授——大卫·查普曼在给学生进行演讲的时候,曾经反复地借用我国的神话故事来说明中华民族是如何优秀的。"我们的神话里火是上帝赐予的,希腊神话里火是普罗米修斯偷来的,而中国的神话里说火是他们钻木取火、坚忍不拔地摩擦搞出来的,这就是区别。他们用这样的故事去告诫后人,与自然做斗争,就是钻木取火。面对末日的洪水,我们在诺亚方舟里躲避,但在中国人的神话里他们的祖先战胜了洪水。看吧,仍然是斗争,与灾难做斗争,这个寓言故事就是中国人说的《大禹治水》。如果你们去读一下中国的神话,你就会觉得他们的故事很不可思议,抛开了故事情节,找到神话里表现的文化核心,你就会发现,中华民族的特征是什么?只有两个字,就是抗争!假如有一座大山挡在了你的面前,你是选择搬家还是选择挖洞?我们现在的语言叫挖隧道。显而易见,搬家是最好的选择。然而在中国的故事里,他们却把山搬开了!什么叫搬开了呢?叫愚公移山。"我们这一代人,讲到的老三篇,其中有一篇就叫《愚公移山》,是毛泽东写的,告诉世人要坚忍不拔地努力、拼搏、奋斗,眼前一切的困难都是可以克服的,是可以解决的。每一个国家都有太阳神的传说,在部落时代,太阳神有着绝对的权威,纵览所有太阳神的神话你会发现,只有中国人的神话里有敢于挑战太阳神的故事。有人因为太阳太热,就去追太阳,想要把太阳摘下来,我们不是有一个故事叫《夸父追日》么,人们把夸父当作英雄来传颂,因为他敢于和看起来难以战胜的力量做斗争。还有个故事说小女孩被大海淹死了,便化作一只鸟复活,想把海填平,这是抗争,这个故事是《精卫填海》。每一个民族的神话都有自己的烙印,但哪个民族的神话故事里有我们这么多战天斗地的抗争的故事呢?一位世界一流大学的教授从中国人的故事中总结出中国人的文化内核是抗争。中国人就是有一种不怕输、不怕困难、敢于斗争的精神,这就是我们中华民族的特征!

我们国家是一个伟大的国家,我们党是一个伟大的党。过去的中国是贫穷的,特别是经过三年困难时期和"文化大革命"之后,不要说和西方发达国家比,就是和周边的国家比,我们也是贫穷的;80年代开始实行改革开放,在邓小平理论的指导下,我们的经济建设取得了巨大成就;党的十八大以来,我们在习近平

"对话中国"讲演录

傅新民在"对话中国"课堂上做讲座

总书记的领导之下,有了新时代的新的思想,指引我们为实现中华民族伟大复兴的中国梦而努力奋斗。我们今天要大力地弘扬正能量。记得我小的时候上学,教室里面都挂着张思德、雷锋等英雄模范人物的画像。这是对我们的一种促进、一种影响,对我们树立正确的思想起到潜移默化的作用。现在我们中央宣传部开始从教育这方面着手,教育人们树立正能量,学习民族的英雄,就是在帮我们树立这样一种正确的理念。

要树立什么样的人生观、价值观呢?怎样去树立?我们坐在课堂上课、听课,我们学基础课、专业课,是为了什么?

学生能够坐在课堂上听老师讲课,一定要珍惜再珍惜。我曾经问过学校的政治老师,譬如说5点半开始上课上到7点多钟,那么这些学生在这么晚的时候愿意听这么啰唆的政治课吗?老师们说愿意的。为什么?说明我们现在学生对自己的理想追求,从思想武装开始有了正确的认知。

在关于国防现代化这个问题上,我想普及一些军事常识——我们国家的军衔制度。其实我们国家的军衔制是从1988年开始恢复的,中华人民共和国的历史上第一次授衔的时间是1955年,而且第一次授衔的整个的军衔的限令限期十年。到了1965年,根据人民代表大会的决定废除了军衔制,当然,当初废除军衔制也有废除的理由。因而,1988年的授衔其实是恢复军衔制。我们国家的军衔分为十个等级,通俗地说,有一杠的,有两杠的,还有不带杠的。从军官的层面上来讲解,十级军衔制分尉官、校官和将官三个层面。在尉官的层面,又分了三级——少尉、中尉和上尉,也就是一杠一星、一杠两星、一杠三星。一杠一星通常在部队担任的职务或所处的级别是排级,或者是军校学员刚刚毕业一年,会被授予少尉的军衔。一杠两星通常意味着承担副连长或者是连长的职务。一杠三星的最低职务是连长,可以是正连长或者是副营长。这是在尉官的层面分的三个军阶。在校官的层面,我国分了四个军阶,校官肩章上有两条杠:两杠一星是少校,两杠两星是中校,两杠三星是上校,两杠四星的就是大校。两杠一星的职务通常是营一级的,这个规则通用于空军、海军、陆军、火箭军或者是武警部队。两杠两星的通常是老资格的正营长或者年轻的副团长,副团长到正营长通常是两杠两星。那么到了两杠三星,最低的就是正团,还有比较年轻的副师长。两杠四星就是师团级的干部,正师长和副师长都是两杠四星。一个人是团长还是副团长,他身上的胸章标志已经显示得清清楚楚,当了多少年兵,在他的胸牌上都能显示出来。胸牌中间有的是一颗星,有的是两颗星。一颗星的就是副官,比如副营长、副团长、副连长,两颗星的就可能是营长、连长、团长。因而,从肩章的杠我们可以区分出一个人是尉官是校官,胸章则能显示是正官还是副官。但是,在将官里现在有三阶——少将、中将、上将。通常作为军职级的干部可以被评为少将军衔,我在退休之前享受正军级的待遇,就是一个少将。过去我们称南京军区、北京军区,现在我们称为东、南、西、北中五大战区,按照现在军队的编制,战区的副职——副司令、副政委通常是中将军衔,或者升得快一点但资历还不到的正职也通常是中将;而战区的正职和中央的正职委员则都是上将军衔。从1988年恢复军衔制到现在,我们国家曾经被评为上将军衔的有78位,目前在职23位;中将186位;少将就比较多了。这是军衔制。通常在军校的学员都没有杠,也没有花,只有学员符号。

关于国防现代化的另一方面,导弹的科普是必不可少的,因为这也是我们国家迅猛发展的重要体现。我们有太空舱,有洲际导弹,有战略导弹,有战术导弹,有空空导弹,有地空导弹,还有舰对舰导弹……导弹的类型也是非常广的。我们国家导弹中最先进的就是防空导弹,我们的防空导弹在亚洲也好,在全世界也好,它的先进的程度如何?它能够打多高?打多远?杀伤能力有多大呢?第二次世界大战时期,我国从国外引进了防空导弹。其实防空导弹最先是德国人在1937发明的,德国和苏联大战时期,德国人已经使用了防空导弹。虽然我们国家现在拥有多型号、多系列的防空导弹,但是我们现在的导弹还不是最先进的。

在我们国家20世纪50年代末期从苏联引进萨姆1、萨姆2以后,我们国家先后研制成功和装备部队的有红旗-6、红旗-7、红旗-8、红旗-9地对空导弹。上海航天局独立完成了红旗-6地对空导弹武器系统的研究,并装配给各个战区。我们国内目前研制的最新红旗-9导弹有陆红旗-9、海红旗-9,军舰上的导弹叫作舰空导弹,都是防空的。红旗-9目前是最先进的,近到3千米、远到200千米的射程都可以打。俄罗斯的防空导弹S-300、S-400可以打400多千米,我们国家也引进了。早在20世纪80年代我曾任过导弹营的营长。中央七台、十三台播的一部电视连续剧叫《绝密543》,就描述了我国地空导弹部队击落的每架高空侦察机、无人机等等。作为这部电视连续剧的原型人物之一,拍这部剧的时候,我也被连续采访了八次。我们现在的综合国力强了,但不是说有钱了就可以去造武器,也还要搞国民经济建设和其他方面的建设。前几年,我们第一艘航母还是从乌克兰买的,而现在,我们国家已经在自行设计建造航母了。我们国家也在发展中,在不久的将来,相信我们不会只有一艘、两艘航母,也一定会有自己设计制造的航母试水。

在展望未来方面,我认为我们中国一定要有自信。我们相信党、相信国家、相信军队有这个能力保卫国家,保卫领土、领空、领海。

一个有自信、有信仰、有远大目标的人,永远奔波在路上,一直会朝着自己的梦想和理想飞奔。按照一句流行的话说,"激情燃烧岁月,励志实现梦想",所以青年们要好好地学习,努力地学习。抗战时期或是解放战争时期,在各地的学校,同学们共同的口号和呼声就是——学好本领,上前线去。希望当代青年可以呼出:学好本领,报效祖国!

(2018年9月)

教师感悟

跟随历史步伐,聆听时代声音

苏洋洋

作为90后的一员,听着傅将军的演讲,心底油然而生出敬佩之情。共产党人忠于党、忠于人民、无私奉献的优秀品质,在他的身上一一得到了体现。傅将军的经历,从侧面见证着我们国家的发展,他也是千千万万为新中国前赴后继的奋斗者的缩影。

坚持道路自信,永葆心有大我、至诚报国的爱国情怀。傅将军由中华民族神话(《愚公移山》《夸父追日》《精卫填海》)的讲述,延伸出中华民族迎难而上、勇于抗争的意志品质,以此来点出我们国家、我们党和我们党中央领导集体在民族解放、民族抗争中所付出的巨大牺牲和努力。珍惜和平,居安思危。在全球化的今天,我们应坚持道路自信,保有爱国情怀,从良莠不齐的信息中,去其糟粕,取其精华,不盲目自大,也不封闭抵制。

坚持理论自信,永葆不忘初心、扎实工作的纯净信仰。傅将军以自身工作为例,详细讲解了"军事代表"的工作与职责,也对一些军事常识进行了科普——我们国家的军衔制度、导弹知识。在国家高度重视科技发展的今天,我们应崇尚知识、热爱科学,用习近平总书记治国理政新理念新思想新战略武装头脑、指导实践。在今后的工作岗位上,我们应不忘初心,扎实工作,为国家建设奉献自己的一份力量。

苏洋洋,2018年7月毕业于华东师范大学,现任上海外国语大学贤达经济人文学院体育教师。学高为师,身正为范,坚守"十条"准则,做好"四有"老师,用心上好每一节课,用爱教育好每一个学生。

苏洋洋

学生心得

梦想的宽度决定理想的高度

都心怡

"机缘、时运、窍门从来不属于这个事业。只有依靠不屈不挠的坚韧、义无反顾的顽强、前仆后继的牺牲。"这是为党和国家、为部队奉献自己一生的空军少将傅新民老先生心中的中国精神。正是依赖着这种精神,我们的老一辈革命家在中华民族的历史上展现了空前顽强的生命力和战斗力,在历史的进程中坚守着自己的时代担当。

这次和傅老先生的对话,不是一般意义上的对话,而是我们这代人和我们的祖辈两代人之间的对话。比起老一辈的钱学森、钱三强等为我们"两弹一星"做出卓越贡献的科学家们,我们更应该自信,中国有他们,才奠定了中国精神的基石,原子弹爆炸成功、神舟飞船成功发射、中国航母的建造成功以及军事上取得的非凡成就,哪一样离得开我们的自信和中国精神的信仰?

"梦想的宽度,决定了理想的高度。"国家、民族和个人的成就都离不开自信和信仰。作为新时代的青年,我们应该重新审视自己的现状与理想,在实践中不断学习,调整好心态,勇敢地迎接新的挑战,具备像毛主席所说的"人是要有一点精神的"那种精神,"那么一股劲,那么一股革命热情,那么一种拼命精神"。

都心怡,上海外国语大学贤达经济人文学院2017级德语(双语)2班学生。"学贵以精",学习生活中时时以一名优秀大学生的标准要求自己。最喜欢的一句格言:"岂能尽如人意,但求无愧于心。"不指望远方,不幻想别处,尝试抓住每一天的精彩。

担责任,始成长

邱华清

在听完傅新民老先生的讲座后,我体会良多,收益颇丰。1952年出生的傅新民老先生经历了国家许多重要的阶段,从大跃进、"文革"到改革开放,老先生曾下乡务农,也曾作为第一批走过独木桥的知青之一回城高考,格外珍惜学习机会的老先生在刻苦念书后成功进入空军工程大学导弹学院学习至毕业。

40多年来,老先生坚守在国家军工科研工作岗位上,一步一个脚印地从最普通的战士成为肩负重要职责的总军事代表。老先生1979年参加中越自卫反击战,1990年以后主要从事的是国防和军工科研生产任务,参加了2003年神舟五号发射任务。对待军工产品,老先生的态度是:在战场上,一旦装备出现问题就是要流血牺牲的。因此老先生对待军工产品极其严格。这种态度体现了老先生对待工作和对待国家的责任感。

而这份责任感正是我们当代青年所需要的。我们不仅要对自身的学习和未来有责任感,更要对社会和国家有责任感。作为祖国发展的预备役队员,我们要向傅新民老先生学习,在增强自身文化素养和提高专业知识水平的同时,重视思想道路的方向和价值观的树立,肩负起属于我们的责任!

邱华清,上海外国语大学贤达经济人文学院2017级商务德语1班学生。性格热情开朗,学习认真刻苦,兴趣爱好广泛,积极参加各类活动。座右铭是"不负青春,砥砺前行"。我相信,无论是学业上的难题,还是为人处世之道,只要自己坚持不断地摸索、学习,就一定能取得进步。

8. 王如松

两弹一星精神源,强国之梦腾飞泉

王如松在中国科学院上海应用物理研究所留念

王如松,1943年出生,祖籍浙江上虞。1958年9月参加工作,中国民主同盟盟员,大学学历,高级工程师。现任上海市百老德育讲师团专家、副团长,上海市普陀区技术经济联合会副理事长。1958年到1994年,在中国科学院上海有机化学研究所、上海原子核研究所工作,先后从事基础研究、应用研究、发展研究、科技管理、高新技术产业化等工作,曾参加多项国家重大军工项目的攻关和会战研究,在其中的十个项目中任主要负责人,荣获两项国家奖、两项省部级奖评为"上海市科普之星"、"上海市科普大讲坛"优秀主讲人。1994年到2007年任中国民主同盟中科院上海分院委员会副主任委员,中国民主同盟上海市委常委、专职副秘书长,上海市委科技委员会副主任,曾任上海市北翼研究中心专家、上海市微量元素学会秘书长、上海市嘉定区政府经济技术顾问、浙江省诸暨市副市长。

讲演实录

从"两弹一星"到"强国之梦"

王如松

我叫王如松,今年已经75岁,今天我来给大家讲讲我自己的故事,讲讲我自己的人生,讲讲我的一些想法。我今天要讲的是"从'两弹一星'到'强国之梦'"。之所以选择这个题目,是因为党的十九大之后,我们国家就进入了发展的新时代,这个新时代需要完成艰巨的任务,而这个艰巨的任务需要我们这一代去完成,最重要的是要靠青年同志们这一代去完成。到2049年我们中华人民共和国成立100周年的时候,青年同志们正处于人生最辉煌的阶段,人生壮年,所以青年朋友们要主动挑起重担。那么,我今天用此题目来讲讲我的故事。

我的一生大部分时间都在搞科学研究,所以科研生涯贯穿了我整个人生。刚刚进入中国科学院的时候,我还不到16岁,当时的我身高不高、体重很轻,非常瘦小。

绝密的任务

在我的科研工作生涯中,曾经接受过一项绝密的任务。1960年6月5日,毛主席到上海来考察参观,要去看一项尖端科技的成就,所以上海市有关部门临时成立了一个工作室,专门为中央首长开放。当时我接到了局里给的一项重要任务,那就是要准备一个展览视频,把这些尖端的科研项目用文字或图画的形式在这个视频中展现出来。被指派这个任务之后,我和其他专家一起就被"关"在一个大房间里,要在这个房间里工作,并且在此期间任何人都不得进出。我们在里面工作,外面有专门的人站岗。我们在那个房间里苦干了一个月,最终把材料都整合完毕。当天下午,我到华山路延安西路上现在叫上海文艺会堂的花园洋房等候毛主席。晚上八点半毛主席来了,我非常激动和兴奋,想进去和毛主席面对面地交谈,可是保卫人员不允许我进入,他说我是小朋友不能进去,只能在外面等,我只好在外面远远地望着毛主席。我看到毛主席听得非常仔细,老科学家们为毛主席介绍了我们中国第一个声控火箭,它是在上海研制并在上海南汇海边发射成功的。毛主席又参观了我们的指挥部、控制室等。现在看看当时的控制火箭发射条件是多么简陋啊!当时我们只能用草木搭起来,人钻进草木里控制火箭的发射。发射火箭之前,钱学森同志都会到现场来检查确认,确保万无一失才把火箭发射出去。就在这样艰苦的条件下,我们在一年内连续发射了四枚火箭,而且都非常成功。毛主席看了以后说:"希望你们再接再厉,越搞越大,越射越高。"这话给了我们很大的鼓舞。想不到几十年后,我被上海市委邀请到上海航天局为全体干部做关于现代高科技的报告,报告结束以后,航天局的局长送给我一本画册,画册的第一页就是毛主席参观时的照片。

电解氟化,心惊肉跳

我再讲一个叫"电解氟化,心惊肉跳"的故事。1966年我接到上级指令负责一项关于原子弹的项目。研制初期,我隔着厚厚的观察窗,观察窗内弹药飞过来。观察窗大约宽2米、高1米,由6块有机玻璃拼起来,如果看到一道白光一闪就知道又爆炸了,这时我就要带上防毒面具冲进试验室抢救,每天都是如此。我当时年纪很轻,每次进实验室都心惊肉跳。经过三个月的实验我们终于成功了,六个月以后就拿到了研究成果。33年后,我又一次重返305基地视察了高新技术产业化,看到那些年轻的科学家们,就想到了那时的自己。

我的老师黄耀曾

我的老师叫黄耀曾,他是中国著名的化学家,也是世界著名的化学家。他的主要贡献就是抗生素。大家都知道抗生素有青霉素、红霉素、链霉素等。在抗美援朝时期,我们战士在朝鲜受伤以后伤口总不好,如果不及时使用抗生素伤口就都坏死了。当时的陈毅市长到黄老师家里拜访他,希望他能够研制出中国自己的抗生素。因为当时是新中国成立初期,国外封锁出口青霉素,一支青霉素比一克黄金还要昂贵,所以很多战士都因为得不到治疗而病死。听完讲述后我的老师受到了深深的触动,开始自主研发我国自己的抗生素。

黄老师有一支科研团队,其中有个人叫陈国文,他也是很厉害的,我们从东方红卫星起就开始做同事,到现在我们都已经退休好几年了还在一起做顾问。所有的航天产品经过他的包装就像给它们穿了一层衣服,穿了这层衣服就可以耐高温、低温,特别是返回时卫星进入大气层的时候烧得很厉害,回来的时候燃烧达到2 000摄氏度,在没有这件"衣服"的时候,航天产品最高耐温40多摄氏度,这个时候外面的涂层会受到高温影响而发泡。但是把陈国文研发的涂料涂在舱的外面后,外部2 000摄氏度而内部只有60摄氏度,再加上保温层,舱内最终只有20摄氏度。所以从东方红卫星开始一直做到现在一共有64种产品,无论是舱内的、舱外的、仪器上的涂料都是它,它是我们的"大佬"。

我曾经跟着导师做了一些关于锂的基础研究,也是一项争取过诺贝尔奖的研究,科研成果放到世界范围内之后被竞争对手筛下来了。1962年,我在《化学学报》上发表了一篇研究论文,这是我生平第一次在国家级科学期刊上"露脸"。其实当时按照我的级别是没有资格署名字的,但是我的老师知道这些工作和实验全是我做的,所以他特意把我名字写上去了,我还是很幸运的。

神秘的一号科研大楼

这座科研大楼虽然只有五层,但是它是苏联人建造的,每层都特别高。当年这座神秘的大楼承担了"两弹一星"许多重大的绝密科研项目,如原子弹点火的高能炸药、铀浓缩的氟油、核燃料萃取剂、火箭推进剂(液体、固体)、航天器的热控涂料等的研究,所以进出大楼必须要登记姓名、时间,制度非常严格。在这座大楼里也发生过好多事情。记得有一次我突然听到外面"嘣"的一声响起很刺耳的声音,我就赶快到走廊里看看发生了什么。我看到走廊上开始冒烟,我马上用挂在走廊墙壁上的电话跟总机讲赶快叫救护车。过了一会儿,我就看到我的师姐冲出来了,屁股上全是血。我这个打篮球的师姐人高马大,比我还高,她的屁股中弹了全是血,手碰到屁股上,血嗒嗒往下滴。我们几个人一起把她抬下去,结果消防队一看说:"很棘手嘛,我们再叫救护车就来不及了,这样,我们两辆消防车直接送中山医院抢救!"结果路上因为太着急还不小心碰到了一个正在骑车的小青年,将两人一起送到了医院,幸好他们后来都无大碍。

请历史记住他们

当时的国务委员张劲夫,在"文革"前曾是我们中国科学院的党总书记。1999年5月6日,他写了一篇叫《请历史记住他们》的文章。文章中所说的是记住什么呢?就是关于中国科学院和"两弹一星"的贡献,这篇文章写的是张老的回忆,在当时引起了极大的反响。有一段就是描写我的老师黄耀曾同志。那是中央开会的时候,领导拉着他的手说:"有机所帮大忙了,我国原子弹比原计划提前一年爆炸。"还有一次在中科院大会上,原子弹工业部部长、科学院的副院长钱三强同志抱着我的老师说"感谢有机所的工作,给了我们非常大的支持"。在1961年最困难的时候,我们年轻人积极响应党的号召,主动减少自己的定额粮票,上交给国家救灾,那时又恰逢有机所全面承担国防科研最紧要的关键时刻,许多人忘我工作、日夜奋战,营养摄入严重不足,体力又严重透支,导致肝功能失调,下肢甚至脸部都出现浮肿情况。面对如此严峻的局面,有机所党委再次做出相关决策,在所本部北面建起养猪场、养鸡场、养鱼塘,开发种蔬菜的地块,并安排专人饲养管理,全所大会上还号召职工多去养猪场如厕,以人粪来作为猪饲料的补充添加剂,也增加猪的营养摄入,甚至动用了黄耀曾先生珍藏的抗生素样品来抢救生病的猪。

"黑寡妇"与绝密543

我国"两弹一星"项目即将成功之时,美蒋多次派出U-2高空侦察飞机,在2万米高空偷拍我核试基地,后被我英雄导弹部队击落,周总理下令我国也要掌握这项技术,于是任务落到中国科学院有机化学研究所,它就是绝密的1099项目。我们团队日夜奋战,突破重重难关,两年后终于拿出自己过硬的产品,受到了国家的表彰与嘉奖。这里面还有一个无名的英雄小组。我那时搞研究所用的化学试剂要求杂质含量只能到0.1γ,这个时候买来最好的试剂还要处理,就比如蒸馏水是化学试剂,要蒸16次,蒸出来再蒸,保证里面没有一滴用显微镜看得到的东西。我们有个超微量天平可以称到0.01微克,这是世界上最精密的仪器,我们做出的小产品要称出来蒸,100毫升的化学试剂浓缩到一滴,一滴再浓缩抽干,直到天平上称不出重量才通过。做这个实验工作的人是一群无名英雄。还有要闯"红黄蓝紫数据关",就是指高空胶片里面的感光材料的成分少到什么程度——它可以像一锅汤里面加一滴味精就可以很鲜,加了这个胶片感光度就大大提高,在两万里的高空拍的照片都会非常清晰,就连陆地上的人身上带着怎样的徽章都能看清楚,所以总理一定要我们自己也搞,后来我们不但搞出来了,我们还飞到越南上空去了。

"红黄蓝紫数据关"誓师大会

"七二八"核电攻关大会战

后来,我们的工作从"两弹一星"转向了核电,准备筹备建立核电站。组织上选我参加上海市承办的中国第一座核电站的科技大公关、大会战,这个时候我们的方案要送到北京给周总理,因为"和平利用原子能,把研究原子弹的科研人员集中起来和平研究原子能"这个巨大项目也是总理提出来的。在人民大会堂听我们做汇报的时候,周总理的病已经非常严重了,他却依然坚持着。我们汇报的是从上海带去北京的两张图,其中一张就是我画的核电站的外形图。这个会场很大,都是红地毯、大沙发,周总理很累,没力气了,就跪在地上看这张图,图有一张床那么大,总理一边跪着一边看,因为这是一项军事任务,所以旁边还站着各个军区的司令。最后总理两个手指举着讲了两句话,那是他对我提出的两个要求:第一,希望我们都长寿健康,知道我们搞这个项目不容易,有很多人牺牲,他希望我们健康长寿;第二,要求我们把红旗举下去,就是要我们坚持社会主义,把科学研究搞上去,为我们中国人造福。总理的这两个要求讲得我们眼泪都要掉下来了,我们当时只知道总理的身体不好,不曾想没过几天总理就逝世了。总理拖着重病的身体接见我们,还对我说:"以后有什么问题尽快来向我说明:做还是不能做,有多大困难,要多少钱。"每当想起这件事情,我都不禁会红了眼眶。

从科学研究走向科学管理

我在科学院的那些年做了几十项工作,也获得了不少的国家奖项,负责了十几个项目,其中十个项目是作为第一负责人,当然这些不是我个人的成果,是我们整个团队的成果。改革开放以后,党组织决定把一线的、有经验的年轻同志调到领导岗位,使领导班子老、中、青三代相结合,精确管理,我很幸运地被选为中国科学院原子核研究所科研处副处长,承担项目审批,过程协调,成果鉴定、申报和成果应用推广,科技普及与宣传,高科技产业化等工作。为适应工作需要,我通过自学、进修、函授、半脱产研修等途径掌握了现代管理、咨询与决策、领导科学、组织行为学、人力资源管理、经营战略方针、管理沟通、创新创造力培训、知识经济、现代分子生物学、对外经济与贸易等方面的基本方法。这个原子核研究是上海最大的一个研究所,当时就有580亩土地,现在有1 000多亩。当时我们科研人员有1 300名,这样一个大型规模的研究所,要去协调好方方面面的工作是很不容易的,没有知识不行,有知识还不够,所以我就去学习了管理类课程,我掌握了管理知识后受益匪浅。

我接待的科学家

王如松在中国科学院上海技术开发公司门口留影

作为一名管理人员,我也要接待著名的科学家、原子能专家到我们研究所来交流,比如我们中国核武器的"祖宗",也可以称为中国"原子能之父"的赵忠尧。赵忠尧是清华大学的教授,培养了许多世界一流的中国核武器科学家,包括杨振宁、吴健雄、邓稼先、王淦昌等。赵忠尧1930年在美国发现了正电子湮没辐射。国际诺贝尔奖评审委员们决定将他作为诺贝尔物理学奖的获奖人选,那次评审会也曾议论到赵忠尧在这项重大发现中所做的工作。但是后来,有两组学者进行类似实验时未获得赵忠尧所发现的结果,因而评审会对赵忠尧实验研究成果的科学可靠性产生疑问。后来情况证明,这两位学者之所以未能做出赵忠尧所获得的结果,一位是方法错了,另一位则是由于仪器的灵敏度不够所致。经许多科学家验证,赵忠尧所进行的实验,研究方法是先进的,结果是正确可靠的,诺贝尔物理学奖评审会因两个错的实验结果和布莱克特、奥基亚里尼两位科学家引文错误造成的消极影响对赵忠尧的首创性实验研究成果产生怀疑,实在令人遗憾。因发现正电子而获诺贝尔奖的安德森,在1983年出版的一本著作中公道地承认,当赵忠尧先生的实验结果出来时,他正在做自己的学位论文实验,他的办公室与赵忠尧的办公室正好相邻,所以对赵忠尧所做实验的经过与结果十分清楚,并怀有极大兴趣。他意识到赵忠尧先生的实验已表明有未知的"新东西"存在,于是采用了与赵忠尧不同的仪器,在有磁场的云室中观测硬γ射线与物质的作用,结果他不但观测到了电子的径迹,同时观察到与此质量相当、方向相反的反物质——正电子的径迹。安德森承认,他的实验是直接在赵忠尧的实验结果基础上做出来的,并受到了赵忠尧实验结果的直接启发!

还有就是"中国的居里夫人"吴健雄。吴健雄为世界现代物理学发展做出了杰出的贡献,她在博士在读期间就参加了制造原子弹的"曼哈顿计划",解决了连锁反应无法延续的重大难题，被人们称为"原子弹之母"。她还验证了著名的"弱相互作用下的宇称不守恒定律"和"β衰变中矢量流守恒定律"，并先后获得了各国政府及世界著名大学颁发的荣誉学位和奖励等，成为名副其实的"世界物理女王"。没有吴健雄的实验结果，李政道、杨振宁二人的理论只能是一种构想，吴健雄的实验结果改变了这一切，吴健雄应该当之无愧地与他们共同分享诺贝尔奖。

我的嘉定情缘

原子科学研究所位于上海嘉定，当时还是嘉定县。有位新上任的纪委书记叫陆定数，他希望嘉定发展起来，所以向中科院要求派干部来协助，做他的顾问。科学院就把我推荐给了他，于是我就成了嘉定县的县长顾问。

做顾问实际上就是要协助县长把整个嘉定县要做的重大事情进行科学合理的决策。回忆起来，我主要做了三件大事。

第一件大事就是参与沪嘉高速公路咨询决策。上海到嘉定的沪嘉公路是我们中国第一条高速公路，后面挂有三个字——"试验段"。中国从来没有搞过这个东西，怎么做

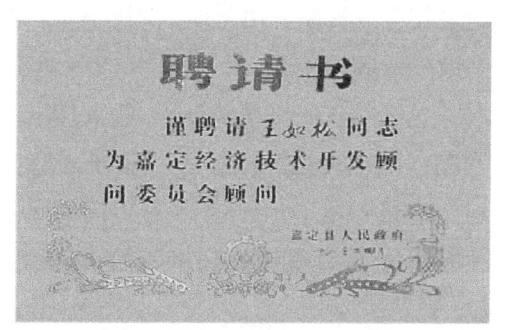

聘请王如松为嘉定经济技术开发顾问委员会顾问的聘请书

也不知道，这个时候我们要进行决策，这一段高速公路一共有19.5公里，要用两亿元人民币完成，但是当时品质好的钢筋、水泥的价格很高。经过与同济大学相关工作组的商量和探讨后，我们有了一个新的思路，就是把路垫高。我负责相关的图纸，路垫高了2.5米，所以现在行驶在沪嘉高速路上，你们就知道下面是什么了。1988年，高速公路通车了，孟建柱书记送给我一枚纪念勋章，纪念沪嘉高速公路通车。这枚纪念勋章我到现在还珍藏着，这是我参与决策的第一个项目。

第二件大事就是参与桑塔纳上线与上海牌下线的平衡衔接的咨询决策。上海牌轿车是我们中国当时唯一的汽车品牌，大家现在所熟悉的桑塔纳好在什么地方？质量好、坚固、耐用，而且它的维修点多，道路边、公路旁、大厦里等

都有,设备齐全、市场监管好,而上海牌就是桑塔纳的前身。这一时期,领导们决定开始在上海制造桑塔纳。制造中国第一辆合资汽车桑塔纳,上海牌就要面临下线,我很心疼,因为上海牌所储备的技术力量、维修力量、零配件力量,那是顶级的,在当时是没有其他可以比的。在这样的情况下,我决定上海牌不下线,同时保证桑塔纳上线,也就是上海牌继续生产,但生产的不是汽车了,而转型生产工具车,底盘不变,通过所有零件重组,从而开发新技术。就这样又做了十年。十年后,桑塔纳升级了,年产量提高到30万辆,需要扩产,需要土地,需要厂房,需要技术工人,于是又把老上海牌的工人们、厂房都重新征用起来了。所以,我采取的这个平衡的决策方案,不仅在当时双方都满意,而且在十年以后还帮了他们大忙。

第三件大事就是参与乡镇企业转制、升级及城市规划的咨询决策。我参与对乡镇企业转制的决策时,乡村企业、村办企业、乡办企业的管理一塌糊涂。作为政府的顾问,我要看得远,所以我建议实行转制。第一搞中外合资,第二跟高科技也就是我们科学院合作,把我们的一些技术转给他们,这样产品档次高了,利润高了,管理更先进了,一下子就有了质的飞跃。这一决策使嘉定县成了当时上海最好的县。当时作为县长顾问的我也住过嘉定,晚上生个病发个烧要去看医生都要跑到五公里外的嘉定西门人民医院,所以在城市规划方面,我建议在城中建一个门诊部,后来又在北门建立了一个大的、新的人民医院。我又建议建立嘉定宾馆,因为当时有贵宾到嘉定来,虽然沪嘉高速已经通车了,来回非常方便,但是如果能让贵宾在山清水秀的嘉定住上一晚也是很好的选择,所以在各方面的大力帮助下,嘉定宾馆建成了。

嘉定宾馆

从 政 之 路

1990年,我去浙江从政。上任后3个月跑了12个区88个乡镇熟悉环境深入调研,广交朋友并改变观念做好实事,以创造、创新思维影响各级干部群众走出经济困境,引领地方经济腾飞。

在那3个月的时间里,每天早晨7点我的秘书陪着我坐上那辆最破的北京吉普出发,跑遍了整个城市3 200平方公里、12个区、88个乡镇。这一圈跑下来,我交到了朋友,认识了企业家、干部、老百姓,深入调研,改变了观念。浙江诸暨现在是一个非常富裕的、全国一流的城市,但在当时还差得远,他们的思想还是浙江传统的耕读传家思想,就是指无论如何都是读书重要、种田种地重要,看不起经商做生意。我要把这个思想转过来,让他们认识到科技是第一生产力,技术进口非常重要,企业要搞技术进口,如果不搞技术进口,这个企业是支撑不下去的。我是来实干的,我帮他们把经济搞上去,大家联起手来干,这让很多人都很感动。后来发生了一件"黄桃事件"。黄桃可以用来做糖水罐头,但那个时候我们的食品出不去。上海英明公司在诸暨的一个分厂专门制造糖水黄桃罐头,罐头卖不出去,于是工厂停工了,农民种的桃子也没了销路,所以农民们就挑着桃子到市政府来,请求政府解决问题。我们政府所有干部先每人买十斤二十斤的,但是这也解决不了问题,当晚四位书记与我彻夜谈心,让我做出一个解决桃子问题的方案。我冥思苦想,最后选择采取最古老的贸易方法,就是以物换物、以物品换物品——把农民的桃子用拖拉机拉到英明食品厂,然后食品厂接收下来将桃子加工成糖水黄桃罐头再还给农民,这样工厂也开工了,农民桃子也不会腐烂了,都变成罐头了,罐头的储存时间起码两年,但是桃子容易变质腐烂就不值钱了。这件事情前后共用了三个月。市委书记非常高兴,他说:"上海来的就是不一样,怎么能想到这个思路?我怎么想不出来?"我说:"这是我冥思苦想两个晚上没睡觉的结果啊,没什么轻轻松松就能解决的问题。"我还曾组织全厂进行"头脑风暴",群策群力想办法,使绸缎销量迅速增长。

我带领银行行长、后勤办主任、电网局局长、土管局局长去调研,给企业评指标。为了使企业翻身,效益涨上去,我满足它一切需要的条件,需要土地我给,需要电我给……,最后这个企业一下子变成了全国首富。汽车下面有四个弹簧,汽车的车厢就放在这四个弹簧上,下面四个轮子,这四个弹簧是非常

王如松被任命为诸暨市人民政府副市长

重要的。这家公司就是制作这种弹簧的,从汽车弹簧做到火车弹簧,一直做到现在高铁铁轨上的弹簧。我还为另一个粉末研究厂的项目到中央去争取过经费。当时计划五年起步,争取到了500万元人民币作为启动经费,还招进来很多资深的专家评估我们的技术。另外,我为了提高农民的知识水平、科技水平,成立了中国科协农函大学,我当校长,把浙江省很多初中以上文凭的农民都招进来,让他们学习、掌握了更多方面的知识后,农民的素质和农村的发展质量都有了很大的提高。

浙江诸暨的珍珠场,现在是世界第一。现在世界上的珍珠,中国占百分之九十,中国的珍珠,浙江诸暨的占了百分之九十五,这个就是科技的力量。我们掌握了养珍珠的技术以后发家致富。有一位很厉害的农民在湖南省潮州市包了1万亩水田养珍珠,他有两艘摩托艇,还有四辆轿车,因为承包的地方太大了,要巡逻队巡逻才行,他一年的收入起码5 000万元。现在浙江诸暨是"珍珠之乡",我曾经为他们珍珠市场举行了第九次动迁,现在的市场就像上海浦东科技馆的外形一样漂亮,里面有8个大区、16个展厅,豪华气派,吸引了世界各地的人前来参观。市委书记跟我说,"老市长,我向你汇报,现在非洲人都到诸暨买珍珠了!"我作为地方的领导人,要想办法把诸暨经济弄上去,把诸暨的名声打响,打到全世界去。当时的华东师范大学中文系系主任、上海作家协会主席徐中玉带队到诸暨来采风了解情况,专门为我写了一篇报道。一个月后,我送给他一件非常珍贵的礼物——他以前的照片。我换了两个24寸的镜框送给他,他看到这张照片就想起20年前的事情,非常高兴。我向联合国开发计划署申请了一个项目,获得了第一,拿到500万美金,但是这些奖金还是不够,因为我要治理大气污染。火电站、烟道气储存的特点就是重灰,火电站的锅炉里有烟气排出来,冒出来的都是黑烟,里面有灰,有碳,有放射氢,有二氧化碳,有二氧化硫、二氧化氮等,对环境的污染非常严重,我们需要准备一个设备,安装在锅炉烟囱的烟道与烟囱之间。当时我从欧洲最先进的ABB公司买了这个设备。这家电器公司最出名的就是它的除尘技术,我花了400万美金把技术买了下来,还剩100万美金把工厂建了起来。想不到三年以后,我们的技术超过了他们,但是超过他们以后生产出来的产品还是要付给他们高昂的专利使用费。我们的科研人员不断研发和探索,终于在又一个三年后,我们的技术突破了,在这样的情况下,我们就不用再支付他们专利使用费了。所以说,凡事还是要靠自己。

我还负责了绍兴地区的科技工作。我在诸暨搞科技,绍兴地区都要来找我。我在中国科学院上海分院召开新闻发布会,美国国会议员过来找我做生意。这是一个皮革厂,我把诸暨的皮革生意引进来了。我还把上海最先进的一些科技产品,比如一些小商品拿到诸暨来做。大家可不要小看小商品,东西虽小但市场不小。我组织了非专利发明实施委员会。科学院有很多人到国外去进修,每年都有成百上千名,他们走以前我都会与他们谈话说:"你们出去有空的时候逛逛市场,看到有好东西,你们喜欢的但是中国没有的,你们带回来,我来收购。但是你要有脑子,买了一个不好的东西,我不要,我喜欢的才是对的"。等他们把这些东西带回来以后,我就马上让科技人员利用业余时间对选中的东西进行破解、分析,把材料、工艺程序编一编,拿出图纸,最后变成一件商品卖出去。这样既可以给科技人员增加收入,也可以给乡镇企业增加新产品,提高效益。

参 政 重 任

我1989年加入中国民主同盟,1991年任民盟中国科学院上海分院委员会副主委,后任中国民主同盟上海市委副秘书长、民盟上海市委科技委常务副主委,负责参政议政、对外联络和社会服务工作。

王如松撰稿的提案获九届上海市政协优秀提案

王如松（右）在民盟上海市委支援宁夏扶贫物资调运现场

展 望 篇

中共十九大为我们描绘了国家未来的美好景象,根据国家"十三五"规划及远期规划,在科学技术方面将会实现更大的突破和发展。

互联网、云计算、大数据、物联网、人工智能、虚拟现实、增强现实、5G移动通信网络、网络安全方面都将有更大的发展。

在工业方面,将示范推广智能制造,实现"中国制造2025";机器人、数控应用更广泛。

生物医学方面,干细胞工程、发酵工程、遗传工程、新药研发、3D生物打印、质子重离子治疗等高新技术已并行、赶超甚至领先于国际水平。

环境科技与工程方面,对大气、水系和土壤的污染排放和治理,国家出台了最严厉的法规和措施,环境评估先行,确保工程项目安全可靠,零排放火力发电及低耗煤超级火电站已领先于国际水平,成为全球环保节能的示范样板。

航天科技的嫦娥工程、火星工程、大型国际空间站、太阳系深空探测、北斗全球组网、量子通信卫星、"悟空"卫星探寻暗物质等正按序发展,大型、超大型环保新颖的运载火箭已研发成功;海洋科技,侧重发展深海探测、深海作业、无人及载人深海潜水器深海挖掘、铺管和输送装备,以及大型高端的海洋工程装备,如LNG大型液化气运输船、20 000标箱超大型集装箱运输船、大型深海远海钻井平台、超大型海上浮吊、超大型海上人工浮岛、豪华型海上邮轮等均已参与国际竞争,对接国家海洋战略,力争2025年成为世界海洋装备及高技术船舶的领先国家。

能源科技方面,洁净煤技术系统工程(煤制油、煤制气、三联供、脱硫精制煤、超超临界火力发电站……)、太阳能、风能、水电等新能源开发方面已据世界领先地位,页岩气、可燃冰及深岩热能的开采与应用已经开展,新资源储量极为可观;在核能方面,不仅引进、掌握美国AP1000、欧盟EPR第三代先进核电技术,更拥有自主研发的"华龙一号"和CAP1400第四代先导性核电、快中子增殖堆核电,高温气冷堆核电示范核电站正在建设之中。最近国家投入200亿元,由中国科学院上海应用物理研究所承担的先导型第四代核电——熔盐堆核电,在技术上已有重大突破,该所与甘肃省深度合作,选址武威市开始前期工作。

在农业方面,种子育种改造、设施农业、新资源开发、转基因等先进科技将促进品种品质的大幅提高,杂交稻、节水稻和海水稻为人类生存发展做出巨大贡献。

在材料科学和技术方面,在纳米、石墨烯、特种陶瓷、合成纤维等方面的研发与应用都取得重大突破与进展。微电子芯片及微光刻技术已冲破国际垄断,量子通信和超算中心也领先于国际水平,电磁弹射技术已开始用于航母,超强超短激光和超大功率激光也打破了世界纪录。

期 盼 篇

2017年8月,我受浙江上虞市委宣传部和乡贤研究会的邀请,为100名考入重点大学的优秀毕业生谈谈人生的奋斗故事,并带领学生宣誓,不忘故乡,不忘老师,不忘父母养育之恩。我感谢故乡的热情安排。大会还特意为我做了手模陈列到"上虞乡贤馆",这让我感到对家乡、对青年晚辈还做得不够。这次,家乡还为高考的优秀学生出版了一本制作十分精良的《2017年度优秀学子纪念册》,作为新乡贤培育"青蓝工程"的一份珍贵礼物。当我看到老师和家长手捧这本纪念册激动的表情时,也为他们感到高兴,他们已为此付出太多太多……我对广大青年们所寄予的,除了殷切期望,还是殷切期望!

我给大家讲了关于我的故事，其中也谈了我的科研生涯、从政之路、参政重任等等。人生中当然有磨难和困苦，但我也遇到了恩人和贵人的帮助，那就是中国共产党的各级组织，无论是上海还是浙江，无论是中国科学院还是市委机关，没有党的关怀与支持，没有周围的同事对我的支持和协助，我不可能做得了这些事。

对青年朋友们的小要求

其一，身体健康是根本。在大学期间，除了刻苦学习基本知识和技能以外，关键是要抽点时间在校园里多运动锻炼。要有好的身体，将来好挑重担。其二，要多参加社会活动，好多体验社会知识，提高组织能力，树立理想信念，奠定人生基调，这对进入社会非常重要。其三，要逐步克服孤独、自私，增强团队合作意识、无私奉献的精神追求和社会交往能力，这对今后的人生职业会有较大的影响。其四，世界上没有那么多的天才，我也不是天才，但后天的勤奋可以弥补你的不足，要养成持久、连续、几十年如一日地勤奋学习的习惯，那样你的人生才会更精彩！

亲爱的同学们，党的十九大已奏响进军曲，新思想引领新时代，新作为践行新使命！让我们一起携手，以习近平新时代中国特色社会主义思想来充实自己，指导行动，为决胜全面建成小康社会、夺取新时代的伟大胜利、实现中华民族伟大复兴的强国之梦做出新的贡献！青出于蓝而胜于蓝，相信你们一定能做到！

（2017年11月）

教师感悟

接好老一辈的接力棒　争做新时代的追梦人

王　茹

"两弹一星"的故事把我们拉回到那个条件异常艰苦、干劲一片火热的年代，每个人都把爱祖国、爱人民作为人生的最高境界，自觉地把个人志向与民族振兴紧紧地联系在一起。虽然脚踩泥尘，却时刻仰望星辰，王老这一辈科学家和无数的科研工作者卧薪尝胆、励精图治,为新中国的军事、工业等科技发展做出了不可替代的贡献,他们是习近平总书记曾说过的"干惊天动地事,做隐姓埋名人"的民族英雄。听着王老的娓娓道来,老一辈科学家勤奋读书、认真钻研、求真求实的科研精神和不忘初心、报效祖国、鞠躬尽瘁的爱国热情留在了我们心中。

而今我们正在实现"强国之梦"的征途中,"社会主义是干出来的,新时代也是干出来的",在各种思想文化在人们的精神世界中相互激荡碰撞的今天,青年一辈们看到了王老这辈年逾花甲仍奋斗在教育第一线的感人事迹,这榜样的力量就是未来前进的动力,这种中华民族的精神适应时代发展的潮流,跟得上历史进程的趋势,冲击着每个青年人的心……

老一辈的科学家,他们曾经是时代的精英,他们也是我们当代的栋梁。从王老身上,我们看到了"大道至简"。他说,世界上没那么多天才,只有几十年如一日的勤奋。是啊,世上的道理总是这么简单。

从"两弹一星"到"强国之梦",时代的接力棒到了青年人手里,希望王老的讲课能让青年们找到前进的动力。

学生心得

致敬科研人,思考强国梦

李 昊

一张张照片、一段段故事诉说着科研人王如松的人生历程。他的故事让我很感动,聆听之后,感触颇深,有对科研人的致敬,亦有对强国梦的思考。

上大学前,"两弹一星"给我的印象就是它非常了不起,除此之外并没有太多的思考;大一结束,我参了军,在部队才感受到它不仅仅是两个"弹"、一个"星",更是伟大的国防事业、民族事业;现在聆听了这伟业背后的艰辛和坎坷,我才读懂,它亦是伟大的中国精神。这种精神让科研人隐姓埋名、艰苦奋斗,创造了奇迹;这种精神需要我们品读,更需要我们传承,向共和国的科研人致敬!

王老讲道:"新思想引领新作为,新作为践行新使命!"什么叫作为?就是用我们的行动来实现我们的目标。这引起了我对强国梦的一点思考,就是强国路上行动的导向,即价值取向。"吃不饱饭了,想起了袁隆平;疫情来了,想起了钟南山。""将军孤坟无人问,戏子家事天下知。"这种现象很可悲。如果大家更多的是崇拜"小鲜肉"而不是"大英雄",更多的是"追星"而不是"追梦",这个价值取向变了,行动导向变了,梦想追求变了,那强国路上拿什么保驾护航?

"两弹一星"是前辈的辉煌,"强国之梦"需要我们来担当。是谁在支撑民族脊梁?是什么在促进伟大复兴?王老的故事里藏着答案!

李昊,上海外国语大学贤达经济人文学院2016级金融学4班学生。勇于在摸爬滚打中历练自我,努力在知行合一中担当作为。最喜欢的一句话是"少一些抱怨,多一些感恩"。鼓励自己乐于奉献、勤于实践,用最积极的态度迎接生活,用最开阔的胸怀拥抱世界。

两代人梦想的相交——我们正当年

马 骁

"青出于蓝而胜于蓝,相信你们一定能做到!"

这句话是王如松老人讲述的最后一句。在聆听时,大家都感觉眼前这位慈祥的老人在亲切、认真地与我们聊天,而他简单朴实的话语里却蕴含着从"两弹一星"到"强国之梦"的艰辛历史。

在故事开始,他提到一件趣事,工作初期身材瘦小的他,在一次会议中被误认成小孩子而被拦在了门外。那年,他25岁。但正是他瘦弱的肩膀,和很多人一样,扛起了中国科研的一份重担。就这样,从少年时期到中年时期,从搞科研转向核电,顶着巨大压力的他们,忍耐着生活上的困难,最终实现技术上的巨大突破。王如松老人的故事里不仅仅有他自己,还有许多他的同事与伙伴,他们其中的有些人已经离世,但他们的经历,并不仅仅是他们自己的故事,更是中国从科研技术欠缺的"弱国"历经几十年发展跃居世界上最大发展中国家的伟大历程。而正是这一个个故事,一点一滴,拼凑并铸造了我们的中国梦。

如今,王如松老人75岁了,祖国70岁。他不再年轻,却见证了一个国家的繁荣。在讲述开始前,王如松老人问大家:到2049年新中国成立100周年的时候,你们多少岁?

还未等我们回答,他说:你们正当年。

是啊,那时,我们正当年。

马骁,上海外国语大学贤达经济人文学院2017级英语3班学生。性格阳光,活泼开朗,乐于接受新事物。最喜欢的一句话是:"仰望星空,脚踏实地。"也希望自己如同这句话一样,走好每一步,永远年轻,永远满怀正能量。

9. 周 奋

烈士家风静相宜,铭记践行献青春

周奋烈士纪念碑

周奋,原名周连章,1942年加入中国共产党,先后担任如西县工委民运队长、芦港区农抗会长、马塘和浦西区区长、区委书记等职。1947年遭叛徒出卖被捕,就义时高呼"共产党万岁",年仅30岁。

讲演实录

回顾与继承

周继奋(周奋之子)

回顾新中国成立70周年来所取得的伟大成就

2019年是中华人民共和国成立70周年。回顾中华人民共和国走过的光辉历程,我们感慨万千。回顾历史、总结经验,对于我们走好新时代的长征路,实现"两个一百年"奋斗目标、实现中华民族伟大复兴的中国梦具有重要意义。

我体会到:

第一,新中国成立70年来所取得的最根本的成就:创立、坚持和发展了中国特色社会主义。

中国特色社会主义是改革开放新时期开创的,是建立在我们党长期奋斗基础上的,是由我们党的几代中央领导集体团结带领全党全国人民历经千辛万苦、付出各种代价、接力探索取得的。

第二,新中国成立70年来最显著的特征:三次伟大的飞跃。

实现了中华民族从"东亚病夫"到站起来的伟大飞跃;实现了中华民族从站起来到富起来的伟大飞跃;迎来了中华民族从富起来到强起来的伟大飞跃。

这三次伟大飞跃是70年历史中最耀眼、最显著、最明晰的标识。

第三,新中国成立70年来最深刻变革:党领导人民进行了伟大的社会革命。

目的:破除生产关系、经济基础、上层建筑领域内一切旧的思想观念和体制机制弊端的束缚,解放和发展社会生产力,加快中华民族伟大复兴的历史进程。

意义:使我国在社会体制机制上摆脱了封闭僵化的束缚;极大地激发和调动了亿万人民的积极性、主动性、创造性;为中华民族实现三次伟大飞跃创造了条件、奠定了基础。

第四,新中国成立70年来最突出的表现:成功应对和抵御了一系列重大风险、各种困难挑战与考验。

新中国成立70年的历史是党和人民一笔宝贵的精神财富,它为我们继续前行提供了深刻的历史启示:

其一,中国特色社会主义是党和人民胜利前进的光辉旗帜,是国家富强、民族振兴、人民幸福的必由之路。

其二,中国共产党是中华民族的脊梁,是中国人民的主心骨,党的领导是我们各项事业取得胜利的根本政治保证。

其三,改革开放是一场新的伟大革命,是发展中国、赢得主动、走向世界、面向未来的根本途径和强大动力。新中国成立70年的历史充分证明,改革开放是当代中国发展进步的活力之源,是党和人民大踏步赶上时代前进步伐的重要法宝。

其四,人民群众是国家和社会的主人,是历史的创造者,是决定党和国家前途命运的根本力量。

建立中国共产党、成立中华人民共和国、推进改革开放和中国特色社会主义事业,是五四运动以来我国发生的三大历史性事件,是近代以来实现中华民族伟大复兴的三大里程碑。

新中国成立70年的历史和成就也充分证明了,中国共产党不愧为伟大、光荣、正确的马克思主义政党,不愧为领导中国人民不断开创事业、发展新局面的核心力量。

马克思、恩格斯在《共产党宣言》中指出:共产党人不是同其他工人政党相对立的特殊政党。他们没有任何同整个无产阶级的利益不同的利益。

中国共产党是中国工人阶级的先锋队,同时是中国人民和中华民族的先锋队。这就决定了中国共产党能够摆脱以往一切政党受阶级利益束缚的历史局限,做其他政党不愿做、不想做、不能做也做不了、做不好的事。光明磊落、襟怀坦白、坚持真理,就成为中国共产党人的优良传统和品格。

同样,中华民族的发展史也是一部英雄辈出的历史,无数共产党人、英烈为了争取民族独立和人民幸福、为了国家繁荣富强挺身而出,舍生忘死,前仆后继。正是千千万万革命先烈抛头颅、洒热血,换来了我们今天的安居乐业、和谐稳定。

"一个有希望的民族不能没有英雄,一个有前途的国家不能没有先锋。"天地英雄气,千秋尚凛然。英雄烈士,是厚重的民族记忆,是生生不息的民族脊梁。

今天,我们比历史上任何时期都更接近实现中华民族伟大复兴的时刻,我们更加需要英烈精神的激励和英雄模范的引领。我们重温老一辈革命家的故事,铭记他们的杰出功勋,传承他们的精神,这是一个民族生生不息的力量源泉。

周奋烈士的故事

今天我要讲的周奋烈士的故事,也只是千千万万英烈事迹的缩影,是我们中国共产党人为了新中国成立英勇牺牲的一个典型。

妈妈留给我一张在我幼年时拍下的"全家福"照片。"全家福"中的爸爸,是张永远那么年轻、永远那么英俊、永远微笑着的画像。我长大后,妈妈告诉我,当年爸爸牺牲后,部队每到一个地方安顿下来后,妈妈做的第一件事就是把爸爸的画像挂在床边最醒目的地方。所以在我幼小的心灵中,爸爸只是张画像,他永远在我们身边。小时候,每当我经过照相馆看到橱窗里陈列着的男士照片时,都会激动地叫"爸爸"。待我长大了些时，我就会想：为什么我的爸爸和别的孩子家的爸爸不一样？我的爸爸怎么是张画像？

上小学一年级前的一个晚上，妈妈把我叫到床边，给我讲述了爸爸的故事。那天我哭了一个晚上。原来我的爸爸也曾经是一位活生生的高高大大的男子汉，但他为了解放事业牺牲了，过早地离开了我们，使我从小就失去了珍贵而渴望的父爱，留下的爸爸则仅仅是那张一动也不动的画像。

周奋烈士军装照

周奋烈士是我的爸爸，也是我心目中共产党人英勇形象的缩影，正如鲁迅先生笔下"横眉冷对千夫指，俯首甘为孺子牛"的真实写照。家中那张《周奋烈士刑场斗争》的油画复制件挂在最醒目处，它向后人们讲述着一段可歌可泣的故事。

我的父亲周奋烈士，原名周连章，1917年春出生于浙江宁波鄞县岐市一个贫困的篾匠家庭。他从小失去双亲，是个孤儿，为了生存，从宁波来到上海，先后在上海当过衣店徒工、店员，上海国际饭店侍应生，中山医院通讯员，汽车修理厂工人，干过苦力，当过学校教员。1937年上海"八一三"淞沪抗战爆发后，父亲参加了抗日革命斗争。

他在上海加入了慕尔堂抗日童子军，奔赴战场抢救伤员。之后他又在上海地下党领导下，频繁参加抗日革命宣传工作，并改名为"周奋"，继续从事抗日革命运动以及中共上海地下党组织的工人、学生活动。他曾在上海光华大学就读，后任培尔文英语夜校校长。1941年7月，他任中共江南区党委路南特委淀山湖工委委员，同年因地下革命活动被暴露，由上海地下党组织转移到苏中三分区任如西县民运工作队队长、如西县芦港区农抗会会长、区委委员，马塘区区长，蒲西区区长兼区委书记。1945年初，他由华中二地委调苏北地区工作。抗战胜利后，父亲历任我苏中解放区第一座城市——沙沟市副市长、市长兼市委书记，高邮县副县长（当时高邮县长蔡公正是共产党统战的民主人士，我父亲是共产党派去的，任副县长）。

故事1　不搞特殊化

1945年2月22日，日寇投降前夕，我新四军苏中一团激战12小时，全歼守敌

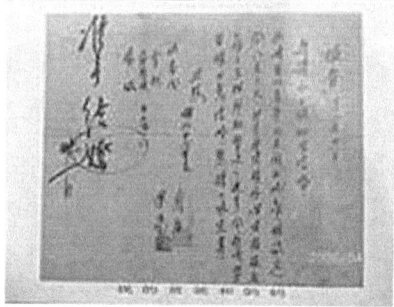

周继奋父母亲的结婚照和结婚批示

7 000余人,拔除了敌伪的中心据点,解放了沙沟城。接着,3月9日成立了苏中解放区的第一个市政府——沙沟市,直属苏中党委和行署领导,市领导班子成员是从各地区各单位调来的。3月组织上决定周奋从新四军调任沙沟市市长兼市委书记。陈亮也由边区政府(驻地淮阴城)调到沙沟市任沙沟银行金库会计。通过组织介绍,周奋在这种情况下与陈亮相识、相恋了。1946年初,他们借助一次会议聚餐的机会举行了结婚仪式,结婚用品除了各人随身行李外,其他什么也没有。

当时部队有一个规定,要达到一定职位的青年同志才可以结婚。周奋同志结婚后顾及对市政府其他未婚同志的影响,与陈亮基本上分开居住。周奋住在市政府(沙沟市西头),陈亮住在市委(沙沟市东头),只有在休息日他们才在一起。他们自觉坚持按机关规定办事,不搞特殊化。

周奋对自己要求很严,对爱人陈亮要求同样很严。周奋从不利用职权要求照顾。陈亮怀孕后,有一次要到地委去开会,交通不便,需步行十几里河堤才能乘上车。这一天风大、雨大,河水又一次次冲上堤岸,一不小心就会滑入河中,陈亮怀孕后要背着背包独自行走,十分危险。组织上派周奋的警卫员护送陈亮,周奋知道后婉言谢绝,并说:不能因为她是我的爱人就搞特殊化。他陪着妻子到河堤边,鼓励她自己一个人走。陈亮此时也认为周奋做得对,坚持一个人背着背包冒雨独行。事后陈亮说周奋的严格要求是对她更真诚的爱护。在母亲写的回忆录中也这样写着：周奋这样做既教育了我，又锻炼了我，从内心讲反而更加深了我俩的感情。

其实周奋对陈亮是非常关爱的，在可能的条件下，周奋都对陈亮照顾得特别周到。他知道陈亮喜欢吃南瓜，下乡检查工作时，经常买些南瓜托人带给陈亮。到专署开会时，又常买"萨其玛"亲自骑车几十里路程送回来给陈亮。

有一段时间陈亮怀孕反应厉害，周奋很关心，马上找了一位阿姨送陈亮到淮阴请曾山同志的夫人为她治疗。当陈亮治愈回来时周奋正在开会，会议中途休息，周奋就迫不及待地走出来看望陈亮，问长问短，听说陈亮身体已经好了，他真是说不出的开心。陈亮当时请他吃从淮阴带回的优质水蜜桃，他高兴地连吃了好几个。

父母的这段革命的爱情，是那么严肃，又是那么浪漫；是那么深情，又是那么感人。

故事2　开创新局面

周奋被调任沙沟市市长兼市委书记时，市政府的其他成员也都是从各地区各单位调来的，相互间都不太熟悉，而且当时由于沙沟长期处于敌伪的统治下，老百姓对共产党建立的新政府不了解。所以，新解放的市政工作情况十分复杂，头绪纷繁。面对种种困难和考验，如何开展工作，打开局面？

首先，周奋特别注意以身作则、团结同志，同大家促膝谈心，统一思想，与同志们打成一片。

周奋组织大家一起制订新区工作方案，有计划、有秩序地开展工作；组织群众进行反奸反特斗争，带领各行各业踊跃支援前线。当时的人民政府的工作人员生活很艰苦，机关经费很紧张，为了维持最低标准的生活水平，不增加人民群众的经济负担，周奋市长亲自带领市政府、市委的同志们去开荒种蔬菜，自力更生，解决了供给困难。

他还下厨为同志们做西餐（这都是他在上海国际饭店当学徒时偷学的手艺）。有好几次与同志们下厨炒了几个菜后，炊事班同志把这些菜端出来让大家评比，周奋还总能拿第一。

他还带头写稿，投稿党报，多次被评为优秀通讯员。

正由于周奋能以身作则，平易近人，深入干群，英勇果断，很快展开了沙沟

当时的沙沟市政府领导合影

市政府的工作。

其次,周奋特别关心、爱护身边的同志和基层干部。

后来,储江同志(新中国成立后曾任南京军区政委、江苏省人大常委会主任)也调来了,接替了周奋兼任的市委书记。他俩是当时沙沟市党政主要领导,两人非常团结,是像亲兄弟般的好战友。在那艰苦的岁月里,大家生活都很困难,衣服不多,质地不好。周奋同志在上海学过裁缝,就用我母亲珍藏的布料动手为他和储江每人做了一套衣服。工作之余,他还为战友缝补衣服。一位小同志体弱多病,周奋知道后便脱下身上那件唯一的丝绵袍给小战士披上,最后还送给了他。

1976年,我在扬州遇见了邗江市委书记张文祥,他给我讲了我父亲给他军大衣的故事。我父亲在沙沟当市长时,他在当村长。好几次父亲召开会议时他都缺席,有人向父亲汇报,说他有投敌倾向,故意不参加会议,主张要处理他。父亲知道后,抽空和警卫员来到他家看望、了解情况。当得知因为家里穷,天冷只有一条棉裤,他穿了去开会,家里人干活就没有棉裤穿了,父亲表示自己对他的关心不够,当场把自己的军大衣脱下来,送给了他。这件军大衣他一直珍藏着。张老动情地说:"你爸爸如果官僚主义,听下面人瞎说的话,我命早就没了。他真关心我。"

在父亲战友们的心中,周奋就是同志们的贴心人。

再次,周奋特别爱护亲近人民群众,是人民的孺子牛。

当时市政府的大门是向民众敞开的,老百姓有什么难处,随时都可到市政府找领导反映,干群关系、党民感情都很好。

1977年,我随母亲第一次回到沙沟地区,那年我正好30岁,和父亲任沙沟市长时的年纪差不多。沙沟地区是个水乡,我们是坐汽艇去的。船将到岸时,岸上黑压压的一大片老百姓在迎接我们。上了岸,好多老大娘、老大爷拥上来拉着母亲和我的手,看着我说:"真像!跟我们的周市长长得一个样。我们的周市长又回来了。"这份深情至今还牢牢地留在我的记忆中。

一位老大娘还告诉我,那年她生孩子,奶水不足,家境又穷,周市长知道后将鸡蛋和钱送到她手中进行看望。事后她才知道,周市长当时自己身体也不好。

至今,沙沟市的老人回忆起当年时,还沉浸在他们儿时我父亲摸着他们的脑袋、操着宁波口音的苏北话唠家常的深情场景。点点滴滴的小事,折射出我们共产党人全心全意为人民服务的宗旨。于是当时的沙沟市很快成了一个可靠的根据地。

故事3 临危受命

高邮城是运河线上的重要县镇之一,历来为兵家必争之地,因而解放前夕这里的矛盾斗争同样非常尖锐、复杂。

抗日战争结束了,但中国人民所期望的东方和平却没有出现。国民党又开始疯狂地向我解放区进攻,1946年10月,新四军主力被迫北撤,斗争越来越艰难,上级安排周奋随队北撤,但需要留下部分同志坚守在原地斗争。在这生死关头,周奋不顾个人安危,把生的希望留给了战友,把死的危险揽给了自己,拒绝上级安排,坚决要求留下。他说:"我是人民的市长和县长,在这危难时刻我不能离开人民。"他带着母亲和我、警卫员、通讯员及部分干部与当地人民群众在一起,坚守原地斗争,让其他同志北撤(北撤的同志解放后都健在,成为我党的高级干部,父亲和他留下的领导班子成员,则先后献出了年轻的生命)。

那一年国民党黄伯韬兵团二十五师乘虚而入,"还乡团"又疯狂地反攻倒算,实行白色恐怖,摧残共产党地方组织,大肆搜捕、屠杀共产党干部和革命群众。面对这样险恶的情况,革命的火焰始终没有熄灭。例如:三垛区妇女主任秦梅青,在丈夫左卿牺牲后,仍然坚持敌后斗争。"还乡团"对左卿一家进行了血腥屠杀。左卿、秦梅青一家14口人,上至75岁的老母亲,下至来到人世仅3天的婴儿,无一幸免。

而1947年又是国民党军队向我解放区军事进攻最猖狂的一年,当时高邮县的斗争特别残酷。国民党占领高邮城以后,一时间腥风血雨,天昏地暗,"还乡团"乘机武装还乡,建立反动伪政权,对我干部、群众实行血腥镇压,白色恐怖笼罩全城。高邮县的斗争陷入极其艰难、危险的局面。一些干部产生了畏难情绪,有个别人萌生了临阵脱逃的念头,有的竟投敌成了叛徒。面临这样一个极其危险和残酷的关键时刻,同年1月,组织上为加强高邮县委的领导力量,又派父亲前往高邮县兼任副县长(当时的高邮县县长蔡公正是民主人士)。

在这随时有可能牺牲的危险时刻,父亲临危受命带着母亲和我、警卫员、通讯员来到了高邮县政府。

那时,我们在高邮的阵地已全部失守,我们在高邮地区没有一寸土地,活动全在邻县宝应地区。母亲因带着我(当时我还是个婴儿)在前方不便,就留在后方,所谓后方也仅是几里路之差。为了开辟前方工作,必须组织一批同志打入敌方心脏去。县长蔡公正是民主人士,年龄较大,就留在后方。副县长周奋是共产党的干部,年轻有魄力,组织上就派他到最危险的敌占区——时沙地区,具体指导和帮助开展工作。敌人占领时沙地区后,在镇上构筑据点,沿公路又布置了便衣特务,刺探我方行动情况,阻挠我方南下穿插。这个地方正是过去沙沟市所属地区,父亲比较熟悉。他来到时堡区,立即与时堡区区委书记刘平商量决定,组织了一支武工队,并由周奋亲自带队穿插打入敌占区。

父亲带领大家坚持武装穿插斗争,不仅使高邮人民知道共产党新四军还在,安定了人心,而且拖住了敌人的有生力量,减轻了我军在正面战场上的压力。为了打破敌人的保甲连坐制,县委开展了争取保甲长的工作,尽管表面上保甲制仍然存在,但实际上不少保甲已被县委掌控。

1947年春节前,县委组织开展"红纸封"(即红包)活动,夜晚穿插时,将红包从窗户、门缝里送给贫苦百姓。父亲还安排穿插人员把干部、战士们每人每天节约的二两粮集中起来,送到困难户家中。

进入敌占区后,他们一方面向老百姓宣传共产党的政策,告诉群众我们共产党没有走,高邮县人民政府还在;另一方面保护撤退后的干部家属安全。那时候,活动是不能公开的,也不能聚集在老百姓家里开会(怕牵连到群众,遭反动派迫害），父亲白天就化装成客商，带领这支队伍进入敌区了解情况，再回县委研究下一步工作；夜晚又带领同志们在村上走来走去，一面走一面宣传、鼓动。当时虽说老百姓家家关着门，但都在隔着门细听，时常还隔门问候。

群众也以自己的实际行动来保护共产党干部。有的干部撤退时负伤跑不动，群众就抬着跑；不会游泳，群众架着过河或冒险划船送他们脱险；一时来不及跑，就被群众藏在家里。村民孙连科被敌人打断了腿，鲜血直流，仍然拒不给敌人带路。

在父亲等的直接领导下，敌占区的老百姓信心百倍地开展了抗租抗粮斗争，取得了很大成绩。

这一年中，调往高邮县委的还有组织部部长袁舜生、宣传部部长郑光耀等同志。他们都是父亲的好战友。

故事4　永别

父亲到敌占区工作后，所面临的环境是极其残酷和危险的。母亲虽说思想上有些准备，但内心还是很担忧的，不知他这次进去是否还能回来。父亲每次回来的时候，都很关心母亲，对她说："这里'还乡团'很多，要注意'还乡团'借假名义将你接去。凡来你处的人，一定要有我的亲笔信才行。"只要有时间，父亲总会抽空来看望母亲和我，时间来不及则会派通讯员送信给母亲，告诉母亲关于工作的进展情况、打胜仗的喜讯等。在母亲的记忆中有件事很难忘却，就是在送父亲走的时候，父亲陪着她走在农村的田埂上、小河边，边走边讲他的身世，谈革命的远景前途。他是从上海来的，他说："将来上海解放，我们到上海去工作。工作之余，我们带着孩子逛逛马路，那该多有意思啊！"每次临别前，母亲心情沉重，依依不舍，他总是劝母亲："要坚强，要支持我。"并立在船头，向母亲频频挥手，直到小船远去。母亲也总强颜欢笑，抱着我为父亲送行，鼓励他安心工作。父亲每次还不忘督促母亲抓紧时间学习和问候"小猛"（父亲给我起的小名）的近况，并要母亲定期向他汇报学习情况，回来的时候他还要严格考试。说真的，他又是我母亲的一位好老师。

1947年4月16日，正值父亲和母亲结婚一周年之际，父亲派通讯员给母亲送来一封信，信中说："去年这个时候，我们是多么愉快！但今年更有意义。我们虽分两处，战争环境却给人锻炼的机会，你说对吗？"谁知，一周后，通讯员又来了，母亲见了父亲的通讯员就生气地说：周奋怎么又没回来？可是通讯员却像没有听见一样,递给妈妈一封信后就木头似的站着不动了。母亲接过信一看,是县委书记李健同志代表组织写给她的。信中写道:周奋同志不幸被捕。看毕,母亲好似被雷击一样,昏昏沉沉,连怀中的我都掉到了地上。不久,组织上让母亲带着我乘船回到县委。李健、郑光耀、袁舜生等几位领导同志都在河边迎接母亲。母亲见到他们又禁不住痛哭起来。李健同志考虑到母亲的情绪,尽量不使她悲伤,还特地叫他爱人苏华同志照顾母亲,又叫炊事员为母亲烧了好多只荷包蛋。可是妈妈怎么也吃不下去,只想他们尽快告诉她关于父亲的情况。待我们住定后,李健同志才告诉母亲:"周奋同志为了保护自己战士的安全撤退,于4月22日不幸被捕,23日在对敌刑场斗争中就被敌人杀害了。"天哪!这个不幸最终还是降到周奋的妻子——陈亮的头上,她连最后看丈夫一眼也不能了。

故事5 威武不屈 气壮山河

那是1947年4月中旬的一天,夜幕下的子婴河上出现了一条民船。"哗哗、哗哗",水声轻柔,更衬托出夜的静谧。船上有七八个人,为首的人戴着一顶黑礼帽,身穿灰色长袍,一副商人打扮,他就是当时新四军任沙沟市市长兼市委书记、高邮县副县长的我的父亲周奋同志。其余人一律农民打扮,他们均是武工队员。他们一行受上级党组织派遣,挺进到敌人重兵驻守的沙沟镇附近,进行反扫荡、反倒田复租的斗争。

小船行到离时堡村半里多路的顾家墩。顾家墩是一个只有十来户人家的小垛子,由于这里目标小、不易暴露,所以,他们便把这里作为活动的据点。即使这样,他们白天还是隐蔽在芦荡里,到了晚上才出来活动。

他们把小船隐蔽在荡子里,便上得岸来,径直来到地下党员董文选家里。董文选连忙起床,把他们迎进屋里。

父亲一坐下来,便说:"乡亲们受苦了,你们受苦了!"

董文选说:"这几日,'还乡团'凶得很,党员施永福和他的家人被活

周奋烈士刑场斗争（油画）

埋,地下交通员小青竹也被惨杀。真让人憋屈啊!"

"老百姓的情绪怎么样?"

"老百姓也很艰苦,'还乡团挨户'上门倒田复租,许多人家被洗劫一空。虽然有少数群众悲观失望,但大多数老百姓相信共产党不会丢下他们不管,他们在期盼着你们快打回来。"

"我们会打回来的。这次上级叫我们来,就是要告诉老百姓,我们没有走,就在他们身边。同时,我们还要寻机打击敌人,鼓舞群众的斗志。"

接着,他们就如何开展群众工作、瓦解敌人家属等问题进行了研究和部署。第二天起,他们便分头到大东庄、子南、古河、时堡、仲寨等地活动,散发标语,了解敌情,发动群众,开展内线工作,瓦解"还乡团"家属……与乡村干部一起开展对敌斗争。

父亲他们的活动不幸被原仲寨乡民兵大队长、后来成了叛徒的仲怀德告了密。4月22日清晨,太阳刚一露头,站岗的同志发觉了情况,立即报告了父亲。父亲拿起望远镜一看,国民党反动派军队集结了"还乡团"反革命武装100余人,奔袭仲家寨。敌人已从大路两侧包抄上来。他立即指挥武工队员向南边芦荡突围。在这关键时刻,父亲沉着地指挥同志们边打边向芦苇荡撤退,敌人兵分三路,紧紧尾追包抄,情况十分危急。父亲当机立断,命令所有同志包括自己的警卫员迅速泗水抢渡过河,下芦苇分散突围,而他自己则一人留下,独身断后掩护。

父亲打了一阵掩护,眼看同志们都消失在茫茫的芦荡中才泗水过河。此时,正是清明刚过,谷雨初交,芦滩上的芦柴桩子尚未烂掉,新的芦尖又才破土而出。父亲是南方人,从没下过芦荡,没走多远,一双布鞋全脱落了,光脚板踩在芦柴桩子和芦尖上,脚底满是洞眼,脚印落处,殷红一片。再加上子弹打光,在敌人搜荡时,父亲不幸于仲寨河南荡边落入敌人魔掌。

父亲就是这样一位在关键时刻把生的希望让给战友、把死的危险留给自己的好党员、好领导。

据点的国民党兵起先并不认识父亲,将父亲交给仲寨乡的仲怀德押往沙沟。仲怀德原是我仲寨乡民兵大队长,后成了叛徒。路上父亲悄悄动员仲怀德立功赎罪将他释放。但这个可耻的叛徒,死心塌地与人民为敌,不接受父亲的要求。父亲正气凛然,怒斥叛徒:"杀掉一个周奋,会有千万个周奋站起来的！"

到了沙沟镇，敌人企图在精神上压倒父亲。第一招则是押着他游行示众，群众见后纷纷掩门痛哭。父亲面对敌人面不改色，义正词严地边走边向沙沟人民揭露国民党进攻解放区的暴行，痛斥"还乡团"罪行，宣传我党的方针政策。国民党弄巧成拙，本想示威却为父亲提供了宣传革命的大好机会，慌忙用毛巾堵住父亲的嘴，草草收场。

一计不成，敌人又软硬兼施，企图软化父亲。国民党区长、镇长、匪军营长等先后设宴请他吃饭，均遭到父亲严词拒绝。面对众敌头目，父亲不屑一顾，痛斥道："你没有资格和我说话，我是两县（指沙沟、高邮）人民的代表，你是人民的敌人……"一番话使敌人狼狈不堪，碰了一鼻子灰。

敌人不甘心失败，一计不成，再生一计。次日，即1947年4月23日，他们网罗了一些被我人民政府镇压的反革命家属，颠倒黑白，捏造材料，妄图召开所谓"控诉大会"，进行反革命宣传。

这天早上，父亲刚被带到会场，一眼就看穿了敌人的阴谋。只见他飞起一脚，踢翻了敌人所谓的"审判台"，又猛地转身，用牙齿撕下了台上吊着的蒋介石的画像，并大声斥责那些反革命家属说："那些危害人民利益的反动家伙，必须受到人民政府的惩办！"他慷慨陈词，痛斥国民党、"还乡团"的暴行，完全把敌人置于被告地位，使敌人的阴谋诡计再次以失败告终。

敌人绝望了，惊慌得不知所措，气急败坏的刽子手揣着刺刀残酷地向父亲连刺了18刀，父亲强忍着剧痛，激昂高呼："打倒国民党反动派！解放全中国！""中国共产党万岁！""反动派快灭亡了！解放的日子就要到来了！"……他连呼18声，直至生命的最后一息。

父亲为人民流尽了最后一滴血，牺牲时年仅30岁，而他的儿子——我，当时出生仅仅3个月。灭绝人性的敌人又将父亲的尸体砍成三段，分埋在三处。

1947年4月23日周奋刑场斗争、英勇就义的消息传开，万众军民听闻后悲愤万千。同年5月1日，上级党委在油坊头为父亲召开了"周奋烈士追悼大会"，党政军民1 000多人涌来参加大会。同志们慷慨激昂，纷纷含泪表示："誓为周奋同志报仇雪恨！""烈士的血不会白流！""向反动派讨还血债！"口号声响彻会场，场面十分悲壮。会上我母亲捐出了所有抚恤金，提出用来买枪和子弹为烈士们报仇。党组织批准了母亲的申请，在大会上正式宣布将他们才出生3个月的

9. 周　奋——烈士家风静相宜，铭记践行献青春

我由"周猛毅"改名为"周继奋"，希望我继承父业，为革命奋斗终生。会上同志们纷纷要求为周奋同志报仇，继承他未完成的事业。

父亲的革命精神和崇高的革命气节，深受广大军民的崇敬，一致称颂父亲是"毛主席的好干部，共产党的忠诚战士，无产阶级的钢铁楷模"。

新中国成立后，上级政府将父亲战斗过的仲寨乡命名为"周奋乡"，以永志烈士的英名。1955年10月26日，中华人民共和国中央人民政府主席毛泽东亲自为我们签发了烈属证。

周奋乡政府照片

江苏省人民还为周奋烈士立了高达8米的"周奋烈士纪念碑"，在兴化市市中心的千秋广场耸立了"周奋烈士铜像"，建造了"周奋烈士墓""周奋烈士陵园""周奋烈士纪念馆"。而今那里已是爱国主义教育基地和国防教育基地，并分别在扬州烈士纪念馆、泰州烈士纪念馆、高邮烈士纪念馆、兴化烈士纪念馆及周奋烈

毛主席签发的烈属证

周奋烈士纪念碑　　　　　　周奋烈士铜像　　　　　　周奋烈士纪念馆

士的家乡宁波（四明山）烈士纪念馆都重点介绍了父亲的英勇事迹，以寄托广大人民对父亲的深思和怀念。

清松——红色家风

我的母亲陈亮是一位新四军女战士、共产党员、离休老干部。青年时期的她是位大户人家的二小姐，为了共产主义信仰和抗日救国的激情，20岁刚出头就离家跟随表叔参加了新四军。她曾任苏中地区的新四军小学校长，通过教识字发动群众抗日打鬼子，建立根据地。抗战后期任新四军苏中银行金库会计、政治

  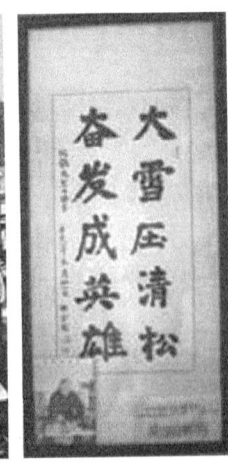

陈亮的新四军照　　　　　　陈亮书写照　　　　　　陈亮所书字幅

教导员，新中国成立后在上海统战部工作，"文革"时统战部被解散而下放到区卫生部门当领导，直至离休。

记得在我刚担任基层党务工作时，母亲特意为我写了一幅字："大雪压清松　奋发成英雄"，并有意把"青"写成"清"，告诫我要清正廉洁。母亲的言行就如"清松"，她为我树立了榜样。

母亲是一个很要强的人。父亲牺牲后，母亲强忍悲痛，主动向组织提出要接替父亲的岗位，坚持要到最危险的敌占区去工作，组织上没有同意。

组织上把我的名字改为"周继奋"之后，"继奋"这个名字就伴随着我的一生。我想，"继奋"不仅仅是我的名字，更是老一辈革命家对我们这一代人及我们后面一代又一代人的期望：不忘初心，继续奋斗。

父亲牺牲后，我就一直在母亲身边生活。我出生后，组织上还从医院调来一位姑娘倪金娣为我护理。在那残酷的战斗岁月，母亲舍不得把我寄养在老百姓家，一直背着我经历了枪林弹雨的烽火战场。可想而知，一位年轻的女战士背着婴儿参加战斗，这场面是多么的壮观和感人。它寄托着母亲对父亲深沉的怀念以及对烈士遗孤的挚爱。

记得母亲跟我说过，一次她正在给战士们上党课，突遭国民党反动军偷袭，我当时正躺在小屋里睡觉，匪军离小屋仅50米，千钧一发之际，在战士们的突围中，我被母亲和她的通讯员抢救了出来。此事过后，组织上不放心我们的安全，在多次劝说下，最终母亲才同意调到大部队。

在部队母亲任教导员，每次吃饭前都要指挥大家唱歌，这时我会从营房的某个角落跑出来爬上桌子也当起小指挥。这情景母亲的老战友们一直记忆犹新。

经历了大部队北上南下，解放大上海，我们终于又回到了上海。

母亲严于律己，也同样严格要求我。她从不给我讲她的战斗经历，从不炫耀自己，为人处事很低调。母亲的好多故事，我都是从父母亲的老战友那儿得知的。

母亲也从不许我借助他们的光环为我的成长开后门、托关系。在我复员进厂工作后，母亲要我扎扎实实地向工人老师傅们学习，坚持让我从最基层的大三班工人做起，并教导我做一名无愧于革命烈士的好后代。那时母亲的老战友任我厂党委书记，得知我是烈士的后代后，私下和母亲商量是否调动一下我的岗位。母亲婉言相拒，说："他是烈士后代，是干部子弟，学过农，当过兵，没好好当过工人,让他从最基层的工人做起,好好锻炼。"事后母亲还给我部门的党支部书记去电,坚持让我从大三班最基层的工人做起,与普通群众打成一片。母亲还叮嘱我,不允许在工作安排上找父母亲在冶金系统担任大领导的老战友,不许给组织添麻烦、找关系、走捷径。

母亲在我面前一直很严肃,讲原则,我很听母亲的话。就这样,我从大三班的工人做起,依靠自己的能力和技术,从工人、班组长、机组长直至技术管理人员、党务工作者;从普通技术工人成长为"文革"后期恢复工人技术等级时上海第一批八级电工、技师,直至高级技术人员。这都是母亲严格要求、锻炼我的结果。

后来杨士法在给母亲的来信中写道:"继奋这个名字很好,它将不断地鼓舞着革命后代,继承烈士的遗志,继续发扬革命传统,继续把社会主义革命进行到底,继续为共产主义事业奋斗到底!"

杨士法为周继奋名字题词

我结婚后,组织上给我在上海市中心的人民广场街道靠近淮海路的地方分配了一套二室一阁楼双阳台朝南临街的二楼住房,居住面积36.7平方米。可是随着城市的发展,要造南北高架桥,我家被动迁了。当时市政动迁政策是"谁家的孩子谁家抱"。我单位接手后,按我厂条件,在厂附近的市郊地区给我分配了一套居住面积仅28平方米的二室户住房,地段差了好几个档次,面积还小了不少。当时我想不通,想拒迁。母亲知道后,告诫我不许当钉子户,不许给组织添麻烦。我虽然想不通,但还是从市中心搬到了郊区,还缩小了居住面积。为此我爱人因上班太远而提前退了休。而今我老了,想把现住房换回到市中心的女儿家附近,因地区房价差太大,已成梦想。妻子病故后,我只能独居在近郊。有朋友说我亏大了,我想:我是周奋的儿子,是党的孩子,在国家和人民的利益面前,吃亏无憾。

红色家风同样感染着我的女儿。女儿是在我父亲牺牲30周年纪念日那天出生的,故起名周忆。在女儿成长过程中,她继承了爷爷奶奶的优良传统,一贯恪守勤恳工作、低调做人的原则。她对革命老前辈们充满着深厚的感情,每次去给爷爷扫墓时她都深情地一遍又一遍地细细清擦墓碑；为爷爷献花时也会主动给爷爷的战友们各献上一束鲜花。

近些年，女儿和女婿还经常利用假期去高邮烈士陵园为爷爷奶奶扫墓，寻访爷爷奶奶曾经战斗和工作过的扬州、兴化、沙沟等地区（今年春节前他们又专程去高邮烈士陵园为爷爷奶奶扫墓），感受先烈的革命精神，自觉接受革命传统教育。寻访途中他们为了不给当地政府增添麻烦，低调出行，费用全部自理，当地政府领导知道后，特意赶来挽留和邀请时，女儿和女婿则多次好言谢绝了当地政府的接待和安排。红色家风，革命传统，也正在女儿这一代延续着。

母亲就是这样一位坚强的新四军女兵，她是红色家风的传承人，她是子女的楷模。她一生自强自立、严于律己，她清正廉洁、平凡而又伟大，她是一棵永远挺拔屹立的"清松"。

这就是我父母的故事，仅仅是千千万万先烈和英雄们的缩影，却无疑是老一辈革命家留给我们的巨大的精神财富，是珍贵的红色资源。

红色资源中的人、物、事，是红色革命精神的物态载体，是我们保留红色记忆的宝贵历史资料，是中国共产党、中国人民解放军、中国人民不断获取前进力量的不朽的精神支柱与力量源泉。

我们讲英烈和老一辈的革命故事，它是一次神圣的悼念，一次记忆的唤醒，一次灵魂的洗礼。

周奋儿子——周继奋

不忘初心，方得始终。在中国特色社会主义进入新时代的今天，我们可以告慰长眠地下的英烈们的是：一个强大的中国正在东方崛起，中华民族伟大复兴的中国梦正在我们这一代向现实迈进。

让我们以英烈精神砥砺前行，向着伟大目标奋进！

烈士们和老一辈的伟大精神，世代传承、万古长青！

让我们共同努力，为了祖国和人民，不忘初心，继续奋斗！

（2019年3月）

教师感悟

立兼济之志,扬远航之帆

张 蕾

人道是"以史为鉴,可知兴替;以人为鉴,可明得失"。回溯那个战火纷飞、跌宕峥嵘的年代,周继奋老先生与他红色家族的故事为我们带来的是几叠老旧的相片、数卷史书的简帙和一个时代的缩影。顾往昔,正因了有无数先烈如周奋一般,酣歌燕市、从容作囚,同赴国难、艰巨不辞,方才成就这泱泱华夏,这浩浩山河;正因了有无数后继如陈亮、周继奋、周忆这般砥节奉公、默默付出,方才集腋成裘、聚沙成塔,铸就了这盛世大象、锦绣人间!

古希腊历史学家普鲁塔克提出一个著名的哲学悖论:"如若忒修斯之船上的船木被逐渐替换,直到所有的船木都不再是原来的船木,那么最终得到的这艘船还是原来的那艘船么?"事实上这些年来,我常思考一个问题:经行七十余载之久,这"船"因何是来时之"船",这"人"因何是来时之"人"?直到闻听周继奋老先生讲至"大雪压清松,奋发成英雄"处,方幡然惊醒:"船已非船,人已非人",但这红色的传承,这属于共产党人的高尚精神、不朽魂灵,却历久弥新,自始至终不曾有过丝毫的改变。

"不忘初心、牢记使命"不是一句仅仅留墨纸面的口号,而是一道铭刻在一代又一代共产党人灵魂最深处的烙印。先辈们予我们的传承,是振聋发聩的故事,是躬亲力行的垂范,是至死不渝的信仰,也是指引我们前行的灯塔,但这"舵"、这"帆"最终还是要交予我们的。"一个强大的中国正在东方崛起,中华民族伟大的复兴之梦正在我们手中化为现实",准备好了吗,新时代的弄潮儿们?!

张蕾,上海外国语大学贤达经济人文学院图书馆馆员,上海师范大学历史系毕业。好文史哲,有幸与您相识于"对话中国"课程之中。

张 蕾

学生心得

永不褪色的鲜红

连 佳

周继奋将父亲的故事娓娓道来。看完整篇文章,我整个人汹涌澎湃,激情昂扬,更加迫不及待地想加入中国共产党这个组织,为人民做出贡献。让我来告诉你他的故事……

周奋,是一位一心为人民服务的好同志。他一生的荣誉数不胜数,这都是因为他有一心为党、一心为人民的品质。他在任职市长期间,从不以自位高权压制别人,而是踏踏实实为人民服务。有一次,同事向他举报某位村长开会多次缺席,有叛党嫌疑,可据他了解此村长为人正直,不会做出这样的事,就亲自去这位村长家中考证,了解实情后,非但未责备,反而反省起自己,说:"这都怪我,是我没有考虑你们的感受,是我不够了解基层干部和群众。"由于身体不好,组织给他送了些鸡蛋,那个年代鸡蛋也是很珍贵的食物,但他没有吃,把全部鸡蛋送给了一位怀孕的妇人。他用行动感动了群众,收获了他们的心,群众对他称赞有加。

周奋,是一位舍己为人的好同志。战斗要开始了,上面下发文件要求北去,他没有选择离开,而是带着妻儿留了下来,让别的同志先撤离、转移。在此期间他不幸被捕,且英勇牺牲,留下了结婚一年多的妻子和出生仅3个月的孩子。他的心早已和人民群众牢牢地联系在一起,时时刻刻为人民,是他用一生去完成的使命。他是我们的榜样,正是有了他这样的优秀先辈,才有了我们现在的美好生活。

老一辈的革命故事对我们来说,是一次记忆的唤醒、灵魂的洗礼……他们也曾是年轻人,先辈们其实也和普通人一样,会疲惫,会受伤,有欢笑,有泪水,他们还有一颗勇敢、温柔的心,守护着我们人民群众,守护着自己的爱人,守护着心爱的祖国。老一辈的精神是我们世世代代要学习的。不忘初心,方得始终。特别在今天,在中国特色社会主义进入新时代的今天,我们告慰那些长眠在地下的英烈们。一个强大的中国正在东方崛起,中华民族的伟大复兴中国梦正在我们这一代实现,希望就寄托在我们身上。让我们把英雄的精神永远传承下去,让烈士们和老一辈的伟大的事业后继有人!

> 连佳,上海外国语大学贤达经济人文学院2018级酒店管理(全英)1班学生。生于河南,求学于上海。喜欢读书、观察生活,活泼爱动,喜爱所有体育运动,学习任何有趣的事。希望自己每天多爱国一点儿,多正面一点儿,让身边的人可以觉得生活中"幸"永远大于"不幸"。

活出一个中国人的真本色

戚湛钰

2019年是中华人民共和国成立70周年。回顾共和国70年历史,我感慨万千。我们今天安居乐业、和谐稳定的生活正是千千万万革命先烈抛头颅、洒热血换来的。天地英雄气,千秋尚凛然。无数共产党人、英烈,是先锋,是英雄,更是生生不息的民族脊梁。周继奋老先生所带来的周奋烈士的故事,让我对沉淀厚重的民族记忆有了一个更全面的认识,对我的人生有了启迪。

学习优良的工作作风和不畏惧艰难险阻的精神,就要像周奋烈士那样,热爱自己的国家、党、工作和事业。爱岗敬业,讲团结,不搞特殊化这是最基本的职业道德要求。周奋烈士将革命的胜利和人民的幸福生活当成自己毕生的追求,因此,他对待自己的工作才会如此干劲十足,以身作则,团结同志,统一思想;特别关心、爱护身边的同志、基层干部和人民群众;在生死关口,不畏牺牲。

在如今的工作中,在自己的工作和事业中实现建功立业,与我们是否热爱自己的工作有关。不热爱自己的工作,往往就是人云亦云,不讲团结。这样的做法就会导致工作积极性和主动性不断下降。因此,要想保持干事的热情和动力,必须做到热爱自己的工作和事业。

虽然如今我们不需要再抛头颅、洒热血,不需要再牺牲自己的生命,可依然需要不怕吃苦、敢于直面困难和挑战的精神。新时代的征途中,干事业不可能一帆风顺、一蹴而就,艰难和险阻会一直相伴而行。不经历风雨怎么能见彩虹？在新时代,要想取得成功,不经过困难的考验,没有失败和挫折的经历,往往就不会懂得成功的来之不易,就不会感受到成功之"兴奋"。

榜样的力量催人奋进。新时代下,我们应弘扬周奋烈士精神,如周奋那样,真正做到正直、英勇、智慧、有担当,在任何时候都能够体现一个中国人的真本色。

戚湛钰,上海外国语大学贤达经济人文学院2018级酒店管理(全英)1班学生。性格开朗,自信幽默,积极向上。喜欢参加各类竞赛,多次获奖；热衷奉献社会,积极投身于志愿者行列。"灯在熄灭前应绽放出耀眼的火花",希望自己在有光照的地方继续前行。

10. 罗炳辉

父将遗志永流传,砥砺传道现世尊

罗炳辉照(1)

罗炳辉,1897年12月出生在云南彝良一个汉族贫苦家庭,从小过着艰苦的生活。1915年入滇军当兵,作战勇敢,从士兵升至营长,参加了讨袁护国战争、东征战争和北伐战争。1929年7月秘密加入中国共产党,同年11月在江西吉安领导靖卫大队士兵起义,参加中国工农红军。历任团长、旅长、第六军第二纵队长、第十二军和第二十二军军长等职。第五次反"围剿"开始不久,任红九军团军团长。曾任中华苏维埃共和国中央执行委员。率部参加广昌保卫战,并护送北上抗日先遣队出征。曾以八路军副参谋长名义,在八路军武汉办事处从事统一战线工作。1939年任新四军第一支队副司令员、第五支队司令员,率部开辟皖东抗日根据地。1940年后任江北指挥部副指挥兼第五支队司令员、第二师副师长,1943年起任第二师师长兼淮南军区司令员。1946年4月任新四军第二副军长兼山东军区第二副司令员,6月21日在山东临沂病逝并安葬于临沂。他是共和国早早陨落的将星,是新中国成立后中央军委认定的解放军36位军事家之一。

讲演实录

父亲的初心

罗新安(罗炳辉之子)

我来跟大家讲一下我父亲的故事。父亲是中央军委认定的36位军事家之一,被评为100位为新中国成立做出特殊贡献的英雄模范人物之一,他在1946年牺牲了。我们的老家在云南彝良县的一个大山上,我们家的一面墙就是斜梁,然后用树枝搭在上面,跟窝棚一样。我们的家在山最高的地方,按我老家的风俗,住的地方越高就越穷,所以在当时我们家是最穷的。

　　父亲的性格有点特别,他比较能受得了委屈,这有可能是受到了爷爷奶奶不同性格的影响。我爷爷是个胆小怕事的人,什么事情都忍让,但我奶奶的性格是比较倔强的,说句不好听的,她可以算是半个"泼妇"。后来每当我的母亲受到委屈,她就要在家里发泄出来,但父亲一般都是默不吭声的。我想这个性格可能是受了爷爷的影响,从小对于女性的发泄可以做到不予理睬。从小家里穷,父亲经常因为种种事情和地主发生矛盾,父亲从不会屈服于地主,日积月累,两人就积了仇,可是每一次我父亲跟地主发生矛盾,我爷爷就严厉地批评我父亲,甚至打他。直到有一次发生了比较严重的矛盾后,父亲觉得这次是个大麻烦了,那年我父亲才12岁,他因此跑出了家乡,逃到了县城。当时我们家离县城走路快的话也要两个小时才能到。我父亲竟然跑到县衙告状,在当时这件事情很轰动,最后那个地主老财花钱才平息了这场官司。因为此事,那个地主就特别恨我父亲,多次扬言要把他打死。父亲当时回家被我爷爷捆住结结实实打了一顿,因此他心中埋下了复仇的种子,但当时没有报仇的机会。后来我父亲听说当兵可以报仇,于是他为了报仇加入了旧军队。那是在1913年左右,当时清政府刚刚垮台,我的父亲就加入了云南的边军。父亲当时只有16岁,去当兵的山路就走了15天。我在20世纪70年代回了老家一次,当时坐公共汽车上山还需半天的时间。那时在回我们老家的公共汽车上都有两个水箱,刚开始我不知道是干什么用的,问了别人才知道原来是用来冷却刹车的,可想而知云南的山有多么陡峭了。

　　父亲虽从小读过两年诗书,却还不会写字,只认得没有"搬家"的字。比如说"人之初,性本善",如果这个"人"放在这个句子中他就认得,放在别的地方他就不认识了,这实际上就是死记硬背的结果。读了两年诗书后,家里就没有钱继续供父亲读书了。到了部队以后,父亲就要自学了。他要那些认字的战友或者长官教他认字、读书,为别人洗两件衣服来作为"学费"。父亲会写字也是那个时候开始的,礼拜天休息的时候他也不出去吃喝玩乐,就是抓紧时间练笔、学习,所以他才能在很短的时间内学到了很多的知识。父亲就是靠着这样的自学,

罗炳辉照(2)

到后来写出了几万字的自传,写出了几万字的军事著作。那个时候有个云南军阀叫唐继尧,他要招收保镖,他们的长官就让我父亲去考他的保镖,结果我的父亲一考就考上了,因为他的身体很好而且枪法很准。

到后来,唐继尧受到了顾品珍的反对,逃到了香港,我父亲也跟到了香港。跟到香港以后,唐继尧任命父亲为采买副官。唐继尧是个大军阀,很有钱,他就是通过跟各个大公司打交道、买卖东西来赚取钱财的。父亲这个采买副官就在其中周旋,但是过了三个月这样的生活后,父亲认为这不是他想要的生活。这里我想插一件事——当他在唐继尧手下服役的时候,有一个师长的姨太太看上了我的父亲,想要嫁给他,嫁妆有,还有几十万法币,在当时几十万法币是很不得了的,她要我父亲一起去上海做渔工,就不用在部队中做事了,可是我的父亲没有同意这门亲事,其他人都说我父亲是个笨蛋。回归正题——三个月过后,我父亲没有讨要工资,留下账本就离开了。离开以后,唐继尧一看一分钱没少,就说我父亲是个奇人,所以在滇军中大家都知道了我的父亲。

北伐战争的时候,我父亲就当上了营长,但是北伐战争结束后,蒋介石要把军队编遣,我父亲也被编遣了,说我父亲有通共的嫌疑。当时父亲对老百姓非常好,而且十分体恤士兵,跟其他当官的格格不入,与其他长官相处不来,就像海瑞一样。在社会腐败的情况下,一个有良知、有原则的人,就如同异类。当大部分人远离革命队伍的时候,我父亲毅然决然地加入了革命队伍,这个时候党的初心就是我父亲的初心。我的父亲在1929年7月秘密地加入了中国共产党。我父亲参加革命的初心是为了报仇,但加入了共产党以后,他的初心就是为人民大众谋福利。

我父亲参加过第一次反"围剿",毛主席交给父亲一个任务,叫我父亲吸引张辉瓒的部队,于是我父亲就带领了红十二军。那时我父亲已经是红十二军军长,他们为了吸引张辉瓒的部队在树林里走了15天。这时敌人开始侦查。父亲就下命令把部队拉开,拿树枝在地上拖烟,让敌人以为这是红军主力,继续围剿。就这样半个月拖下来,时机终于到来,为了吸引敌人,父亲开了一枪,最后把敌人吸引到红军的包围圈内,一举把敌人全部抓住了。这场反"围剿"之后,毛主席就说我的父亲是"牵鼻子"的能手。

1936年的罗炳辉

在第二次反"围剿"的时候,我父亲又是一天攻克了两个"城池",这两个"城池"相隔120里。一天净走120里就是一项艰巨的挑战了,更不要说把这两个"城池"都占领下来。父亲打仗很有经验,他自己写过:攻占城池的战术是什么呢?第一次是佯攻,不是真的,目的是把敌人的火力点都看准了;第二次是真的,往往敌人这个时候的战斗力就会受影响,而且第二次打的时候往往是在敌人开饭的时候,这个阶段就很容易打。所以第二次反"围剿"以后,中央就表扬父亲是"两脚奇兵",一天可以占领相隔120里路的两个"城池",而且是都有城墙的"城池",所以后来父亲有个外号叫"神行太保"。

长征时期,我父亲是红九军的军团长,当时红六军军团长是林彪,红三军军团长是彭德怀,红五军军团长是董振堂。"四渡赤水"是很有名的一仗,是毛主席最得意的战役之一,有一句话叫"四渡赤水出奇兵",这里的"奇兵"就是指我的父亲。父亲在四渡赤水的时候打过一仗,这个时候红军一共3万人,而敌军,其中包括中央军、川军、湘军一共有30万人。红军要想攻打敌军,就需要横渡乌江。乌江很多人都听说过,但是没有亲眼看过。乌江又叫"乌江天险",为什么这么叫呢?那是因为乌江的水是黑色的,而且水流非常急,所以在乌江上是不能行船的,紧挨着的河边就是悬崖峭壁,乌江被认为就是天险。蒋介石认为红军无法横渡乌江,所以在包围的过程中,想采用井冈山时期的战术——碉堡战。而这一伎俩被毛主席知道了,所以毛主席决定红军主力从缝隙中穿过去,南下渡乌江,将我父亲大约3 000人的军团留在这里装作主力军,把敌人吸引住。可想而知,这是多么重要的使命,同时他们也面临着一个艰难的挑战,如果后面跟不上大部队的话,那么他们就要自生自灭了。红军三十四师渡赤水,湘江的电报也是一场没有硝烟的战役。当父亲的红九军团第三次接到这样的电报,我父亲包括那些战友都知道了中央领导的意思,虽然随时有可能被大部队"抛弃",但是忠诚的红军团依然按照指令完成任务。就在三天后的晚上12点,红九军团接到中央军委电报,命令他们赶快从浮桥上渡江,父亲及战友们迅速整装待发准备渡江。那天正好下雨,天雨路滑,又是山区,虽然山路崎岖难走,但他们最后还是赶到了渡口。没想到红军大部队已经全面撤离了,父亲和英雄的红九军团无路可退了,要直接面对30万大军,3 000人面对30万敌人,是1∶100的巨大悬殊。在此危急时刻,父亲下令把部队隐蔽起来,隐蔽在山里。但是后来在山里遇到了黔军,黔军是很有名的"双枪架势",他们有两支枪,一支是步枪,另一支就是抽"大烟"的烟枪。红九军团的3 000名战士在父亲选的地点做好埋伏,第二天早上敌人来了以后才发现不是原先预报的3个团,而是7个团,悬殊比之前估计的更大。在此情况下,父亲通过请示中央后决定还是打,但要有战略地打。父亲下令先把敌军的指挥中心打掉,指挥中心打掉后,后面的4个团就压了上来,而且父亲发现敌人居然还有迫击炮,就立刻下令把防御圈缩小,缩小到指挥部附近。中午12点前后,敌军突然不打枪了,因为到了黔军们

"福将"罗炳辉戎装照(右)

吸"大烟"的时间了。我父亲就在等这个时间,因为父亲知道他们一天要吸三次烟——早、中、晚各一次。我父亲一看机会来了,而且部队早就做好了万全的准备,不管是政工人员还是后勤人员,不管是卫生人员还是运输人员,甚至炊事班的炊事员,统统参战。父亲将所有人员分成两个部分,一部分打前面,一部分打后面。我父亲给他们的指示就是不要停,一直往前冲,要是停下来的话敌人就有了守卫的时间。正是父亲利用敌人抽"大烟"的时间突然攻击,使敌军1万多人被打得落花流水。这也是保卫了红军军团的一场很重要的胜利之战。

这场战役结束后,父亲带领着红九军单独行军30公里,终于跟红军大部队碰面。这时我父亲自己藏了许多打胜仗时缴械的装备,准备上交给中央,张闻天代表中央来接受了我父亲上交给中央的100多匹骡马、30万大洋,还有很多罐头,罐头是在云南的时候缴获的,那个时候士兵只有罐头可以吃。

在红军长征时经过一个叫"天泉"的地方,中央红军是怎么走的?只要泸定县过了以后,通过天泉县北上,过保兴县。但是天泉为什么叫"天泉"?这个县我去过,是因为传说中的女娲补天就是在这里,这说明这里的降水很多。到现在为止,天泉县在全国以县为单位的地区中,还是降雨量最大的。当时河面上没有船,只有铁索桥,周围的高山峻峭,河流湍急。敌人保留了泸定桥的铁链没有砍掉,让红军顺利通过后,立刻就把天泉县的铁轨桥给砍断了。这样一来,红军被围困在此,走不了了。当时正值6月初,雨水很多,红军被围在了这个困境中。父亲当时率领部队后卫,负责守住泸定桥。有一天,我父亲收到电报,命令他带领部队走另一条路去占领天泉,那么到天泉还有没有其他的路?是有一条其他的路,是一条弯弯曲曲的小路,那就是"茶马古道"。大家应该都听说过茶马古道,这条道路非常斜、非常窄,仅仅一个人走都非常困难。从泸定走到天泉的这段茶马古道斜度将近30度,如果已经有人在走,想要从旁边交错同行是非常困难的,而且距离将近30公里,走过去是肯定来不及的。父亲通过询问了一些当地人后,知道了这里有一片原始森林,如从原始森林中穿行就可以节省近一半的时间,于是父亲就带领着部队从原始森林中抵达了天泉。晚上10点钟左右,父亲接到了中央发来的电报,要求父亲当天晚上12点前占领天泉县。虽然时间十分紧张,但是父亲还是要完成中央给的任务。他先把所有的干部集结起来,动员大家不管多累多艰难,一定要把这场仗打好。后来,父亲率领着部队走到离天泉很近的地方,发动了突击,随后迅速占领了天泉县。占领后父亲因为长期的劳累,昏迷了将近4个小时。大部队都到达后,周恩来总理接见了我的父亲和政委,总理当时就表扬了我父亲,说父亲这支部队是战略决策英明的部队。

在武汉的时候,周恩来、王明、吴玉璋他们都是负责高层的统战工作,还有工作室,负责给延安的几所大学招生,因为当时害怕特务,所以招生时需要各种各样的证明,非常严格。我的母亲在武汉的时候做过总理的中央秘书,当然也做过王明的秘书。在一个炎热的中午,父亲、母亲和董必武在一张桌上吃饭,周恩来总理夫妇和王明夫妇在一起。父亲很高兴,因为董老师是学问家,父亲一边吃饭一边跟他学了很多的东西。母亲说那个夏天,父亲只要吃完饭就坐在地上学习,地上都坐出了一圈的汗,父亲还是不换地方,依然认真地学习。同时,父亲一直申请上前线参与打仗,终于在这时中央同意了。

南京现在有个六合区,当时那就是我父亲的根据地。当时的六合有一半是日本人的地盘,是日本人在南京的卧榻之地。所以有一个美国的二战研究专家很不理解,这个地方怎么会有共产党的根据地?我父亲的根据地以前是在安徽的定远县,就是从这里一点一点打到南京去的。南京被占领的时候,日本人确实计划紧密,所以他只能从这里渡江以后通过六合到南京。这个时候,日本人在南京烧杀抢掠,所以这个地方的人非常害怕日本人,都有"恐日症"。恐怖到什么程度呢?有一次,一个营长要带领部队去打仗,需要当地的人做向导指引,但是当地人都非常害怕。那时正值夏天,周围的杨树非常多,风一吹杨树就会哗哗响,结果当地人都以为是日本人的坦克开过来了,吓得逃了好几里路才发现原来是树叶的声音。从这件事就能看出来,当时这个"恐日症"有多么严重了。

当时父亲的部队是游击队,有1 000多人,但是只有一半的枪,而且这一半枪里面还有一些鸟枪。部队里的士兵大部分都是没有打过大仗的,衣服也穿得破破烂烂,所以,当时的老百姓都称他们为"叫花子军队"。于是,父亲开始严格训练他的部队。父亲的军事素质很高,一般的轻机枪单手举起来可以维持15分钟,战士们对他都是心服口服的。父亲对那些刻苦训练的战

罗炳辉和张明秀夫妇

士是非常赞赏的,而且他的训练是非常严格的,比如有一次大家练习举枪瞄准,这时有个电话找我父亲,他也没叫大家放下就去接电话了,当时已经练习了半个小时了,如果有人放下,我父亲要惩罚的。但是如果不这么严格训练,在这个地方,怎么能跟敌人打仗?

父亲比较有名的是,他发明了一个对付日本人的战术,叫"梅花桩战术"。梅花桩战术就是一个以伏击战和运动游击战相结合的新战术。这个战术包括伏击、纠缠、阻击、迟滞、扰乱、歼灭等项目。主要特点是:第一,部队宿营按三角形的驻地部署。如果遭遇到敌人袭击,可以避免一端一窝,使敌人优势火力难以发挥作用,可以减少自己的伤亡,而且任何一部分战斗力都能机动,实施对敌人的反包围。第二,便于部队疏散隐蔽。人数少好分散,敌人不易发现,反而容易偷袭敌人。第三,对来犯的敌人可以实施多点打击,当敌人进入形如梅花桩式的阵地时,我军可以从侧面、两面或三面甚至四面同时以火力杀伤敌人,同时可以用大刀、手榴弹、刺刀近距离和敌人搏斗。当时日本的进攻手法是分进合击,从两边进攻。这个战术是德国战术,中国有段时间也用这个战术,所以部队是二二制的,一个师团两个旅团。所以把部队分散以后,两个点之间的距离是5里路,听不见声音,看不见人。部队分开以后,日本鬼子进军只能经过一个点,最多进入两个点。那么在日本鬼子进攻的这个地方,把他们吸引住,然后其他四个点或者三个点,听到枪声以后就带着部队往敌人后面打。敌人还有一种武器叫掷弹筒,很厉害,相当于可以扔700米的手榴弹。这种掷弹筒在二战期间被美国人评价为日本最好的一种武器。它的子弹头每个班配备一具,有16个炮弹榴弹可以打出去。现在榴弹的标准是直径40毫米,那个时候是50毫米,还可以连发,这个在短距离作战中很有用。我们中国当时没有,所以我们吃了这个亏,在二战中,中国军人三分之一的伤亡是因为这个榴弹。掷弹筒相当于一架小炮,所以正面没法打,我父亲就叫部队往后退吸引他们,从后面打。1941年皖南事变以后,敌人就发动了进攻,要切掉我们在中间的七八个据点,这样他们就可以省很多的兵力。在守住几个据点后,父亲就下令部队往后撤,撤大约5里路。当天晚上打了一场恶战,最后发现了一些伪军,其实伪军就跟在日本人的后头,最后这场战斗我方牺牲了56人,日本鬼子死了100多人。在之后的一个多月内,日本又组织了一次5 000人的扫荡。由于采用这个梅花桩战术的胜利有经验了,我父亲就把部队化整为零,组织了四五十个点等着日本鬼子。他们不管走到哪里都被打,原来准备为期一个月的扫荡一个礼拜就结束了，日本人都不知道这是什么战术，所以他们起的名字叫"罗氏战术"。这是我父亲创造的，一个半文盲创造的战术。

美国加州大学历史系有个专门研究第二次世界大战中国战区的学者——罗特勒夫。他说："新四军能在侵华日军和汪伪政府所在地南京附近建立根据地，我感到十分诧异和不解。"他如果知道我父亲发明的梅花桩战术，也许会得到解释。2015年抗日战争胜利80周年的时候，中央电视台拍了一部叫《英雄儿女》的纪录片，一共拍了10集，其中一集就是介绍我父亲的梅花桩战术，给予了很高的评价。

父亲还有一个贡献叫"罗炳辉防线"。当时这个根据地因为在京浦铁路以东，所以叫路东；定远在京浦铁路以西，所以叫路西。路西是国民党的部队。这支部队是国民党部队中最有战斗力的部队，而中央命令我父亲一定要死守这块根据地。所以我父亲动了好多脑筋，最后父亲根据苏军的碉堡战术，按当时的实际情况完善成了自己的碉堡战术。随即开始训练士兵，其实父亲的部队里，神枪手特别多，一个山头就是一个团，父亲把团特种射手都集中起来。在碉堡上面有30米厚的一层木头，一层土，再一层木头，里面有水，有粮食，可以住上一个礼拜。敌人没有来的时候就坐在里面，敌人来的时候二三十个人就上去。然后把陆地旁边的小河沟填掉，一些残垣断壁的墙推掉，敌人没有隐藏的地方。等敌人来了以后，在很远处就可以打了，大概可以打2 000多米。他为了瞄得准设置了标杆，500米、1 000米、1 500米、2 000米，插好标杆，士兵一看标杆，他就会对准距离，打得更准了。敌人来了以后先打他的马，因为马拽着炮，目标很大，把马一打就跑不动了，行动就变得很慢。还有就是先打军官，所以广西籍军官一看这个情况，都赶快跟士兵换衣服。敌军一看，碉堡如果不打掉，那根本没法前进，所以就集中兵力炮轰碉堡。有一次战斗发了147发炮弹，打完以后还是没击退敌军，敌军就开始围攻碉堡，没想到新军主力从后面攻击，一下子就被打垮了。敌人有些害怕了，所以他们称这条线叫"罗炳辉防线"。因为我父亲人比较胖，敌人还给我父亲起了一个外号叫"蛤蟆精"。甚至为了对付我父亲，他们招兵的时候特意招属蛇的，因为传说蛇可以克蛤蟆精。

1941年四五月份以后，日本人就不进攻了。不进攻还有一个原因，是因为太平洋战争爆发，日本军大量南下，兵力就少了。

我父亲能成为军事家的主要原因之一，是不断的自我反省。当然这是我自己的研究。因为我看到我父亲写的战史资料,发现这些资料是我父亲亲自组词写的。他的这个战史资料中有一条叫"敌我优缺点"。我发现父亲打了胜仗总结的敌人的优点比我们的优点多,总结的我们的缺点比敌人的缺点多。所以这件事情引起了我的深思,我认为恰恰这个自我反省是我父亲成为军事家的主要原因之一。

我再讲讲我父亲跟老百姓的关系。我父亲有一个外号叫"罗青天","罗青天"什么意思大家都知道。他在安徽批斗一个恶霸,是因为帮助一个盲人老太太,她儿子被恶霸害死了,后来她整天以泪洗面,结果变成了盲人。后来我父亲就宣布枪毙这个恶霸,枪毙那天刚好是大年三十,后面又打了日本人。当时恐日情绪那么严重,部队的武器还这么差,我父亲居然敢打日本人,所以那日老百姓的抗日情绪一下就高涨了起来,加之还把恶霸除掉了,所以老百姓说我父亲是"罗青天"。我父亲和群众的关系一直很好。他枪法很准,经常给老百姓尤其是小孩子表演枪法。有一次,他驻地的一个小姑娘找我父亲说她奶奶要两个麻雀做药引子,让我父亲帮忙打两个。第二天我父亲要出发了,出发时小女孩又来了,说让我父亲再打两个。我父亲说不是给你打了嘛,她说那两个给猫吃掉了,我父亲说那怎么办,现在又没有麻雀。说来也巧,正好有麻雀飞过来,他两枪就打下了。所以我父亲和老百姓的关系非常亲近。还有一个故事:1939年、1940年大旱,在路边经常有快饿死的或冻得不行的小孩,每次我父亲都要看一看这小孩怎么样,喂点水,喂点东西。有一次遇到一个小孩,喂水、喂东西都不行,我父亲就把他带回去了,带回来过两天就问那小孩怎么样了、是不是送回家了。他们说那小孩醒了,但是是个孤儿,没有家,年龄在10岁左右。我父亲想了想,就找到参谋长说:我们司令部要成立个"小鬼班"。参谋长问要干吗,父亲说,就收这些孤儿。参谋长起初不同意,我父亲就给他做工作,最后成立了"小鬼班",最多的时候有100多人,最

罗炳辉(油画)

罗炳辉雕像

少的时候有二十几个人。像我母亲这样的妇女，就给他们改衣服、教他们上课，有时候还带他们训练。因为我父亲小时候就深知一个人离开家以后多不容易，所以他就保证这个"小鬼班"一直存在。

我1943年12月出生在根据地。我出生以后，父亲认为我的出生会给部队带来负担，加上我母亲没有奶，就决定把我送走，我两个多月的时候就被送给了一个没有孩子的农民。1945年日本人开始扫荡的时候，那个农民害怕照顾不好罗将军家的孩子，就把我送回来了。这样我才变成现在这个样子，否则我是个农民的孩子。从这件事情可以想象父亲对农民的孩子是什么态度，对自己的孩子是什么态度。父亲的爱是无私的。1946年，父亲在枣庄打仗的时候就昏倒过，打完仗他们就赶紧把父亲往回送。那个时候只有卡车没有轿车。他醒来的时候，有一个勤务员给他倒了杯水，他喝了一口后就问："你给师傅倒了没有？"师傅就是汽车驾驶员。那时候不像现在大家都会开车，那个时候的司机不得了。勤务员就说没有倒，然后我父亲就说："哎呀！我教了你那么多年，你这个还不会。"然后就又昏过去了。可见父亲即使在自己的危难时刻，想到的也是别人，他没有想到自己。父亲去世后没几天，国民党重点扫荡，临沂也是扫荡地区之一。我母亲当时希望能把我父亲抬走，他们说不行，要抬走的话影响军心，就把坟墓平掉了。后来，国民党占领了临沂。别人举报说：罗炳辉埋在这里。占领的军队正好是前面说过的被"罗炳辉防线"打得一塌糊涂的国民党军队。他们就把我父亲给挖出来吊在树上当靶子打，后来是老乡把他放下来又埋在陵园里，一直到新中国成立以后才重新安葬。我父亲现在安葬在山东临沂华东革命烈士陵园，这块墓地是著名的建筑设计师梁思成设计的，他设计的坟墓和整个大堂相当不一般，我父亲的墓碑上是总理题的词。

父亲的初心对我的影响最大的一条是，要做对人民有益的事情。在我们全家拍摄全家福两个月后，我的父亲就去世了。我父亲给我们写的家训，就是要为人民做事。虽然我的母亲生于四川的大地主家庭,我的父亲出身很苦,但他们有一个共同点,那就是对自己要求很严格。有部电影是讲我父亲的故事的,叫作《从奴隶到将军》。也有一部电影讲我母亲,叫《春暖人间》。我母亲是上海瑞金医院的第一任党委书记,所以就以我母亲为原型拍摄了这部电影。

我的父亲从一个穷人家的孩子成为一位将军,从一个受地主压迫、迫害的穷孩子成为一位革命家、军事家。他的故事振奋人心,我们能有今天这样幸福的生活,真是千千万万个革命先烈做出他们最大的牺牲换来的。

罗炳辉与女儿罗振涛

罗炳辉之子罗新安

(2018年10月)

教师感悟

革命精神生生不息　听将军之子讲述"父亲的初心"

孟德娇

这是一次特殊的课堂,是由罗炳辉将军的儿子罗新安老师为我们带来的关于"父亲的初心"的演讲。虽然罗将军无法来到我们的课堂上讲述自己的故事,但是在他儿子的讲述中,罗将军那戎马一生和光辉伟岸的形象,依旧清晰地呈现在我们的眼前。

"戎马三十载,将军滇之雄"是陈毅军长对于他这位老战友的评价。罗将军出生在云南彝良一个贫苦家庭,从小过着艰苦的生活,但是艰苦的生活并没有磨灭掉罗将军的意志和心智,反而使罗将军在生活中汲取了劳动人民的智慧和吃苦耐劳、顽强不屈的意志品质。他将这些优秀的品质贯穿到了整个军旅时时刻刻高标准地严格要求自己,不断思考,创立了许多独家军事战术,立下了赫赫战功。听完罗将军一生的故事后,我的第一感悟是,我们现在的幸福生活来之不易,都是千千万万个像罗将军一样的革命先烈抛头颅、洒热血为我们争取来的,我们应该好好珍惜。我们还要始终以革命先烈为榜样,在日常生活和工作中继承并且不断弘扬革命精神,坚定信念立场,扬起理想的风帆,勇敢面对困难,不屈不挠,学会在失败与挫折中磨炼自己的意志品质。

作为一名高校青年教师和年轻的共产党员,我不断地反思自己究竟有没有给学生带去有用的东西。听完罗炳辉将军的故事后,我认识到,我要给学生带去的不仅仅是书本上的知识,更应该让每一名当代大学生了解我们的永不放弃的革命精神和积极向上的奋斗精神。只有每一代年轻人都有这样的精神,我们才能将这份"父亲的初心"一直坚守下去。

学生心得

临危岂顾生

刘海涛

听了罗新安前辈讲述被中央军委认定为36位军事家之一的罗炳辉将军的一生,我感到非常受鼓舞,也立志要成为像罗将军那样为人民服务、为社会做出卓越贡献的人。

也许正如罗新安前辈所说的那样,罗炳辉将军一开始从军的初衷只是为了报复地主,不甘受地主的压迫。但正直的良知与善心使他不愿与国民党军队同流合污,他后来秘密加入中国共产党,为正义而战、为人民谋福祉、为群众无私奉献的信念便成了他的初心,一直指引着他往后的人生道路。在参军前,我的愿望也只是希望长大后享受荣华富贵,有名誉、有地位,但在我踏入部队、接受了部队的洗礼后,我深深地感受到参军报国、为国贡献、为人民服务才是人生最高尚的追求,也是作为一名军人、一名人民子弟兵实现自我价值、报效祖国的最好方式。虽然我现在退伍了,但在部队磨炼出的意志以及"召之即来,来之能战,战之必胜"的口号也会一直鞭策并指引着我退伍后的人生道路。

罗炳辉将军虽然未曾接受过正规的教育，但很显然他是一位军事天才，他在行军打仗中创造性地发明出"梅花桩战术"和"罗炳辉防线"等战略战术，每次都能出奇制胜，以少胜多，大挫敌军。而罗将军的创新思维也是值得我们学习的地方。千篇一律、墨守成规就是不善于思考，不善于总结。我们做事情一定要善于分析，从每一件事情中总结出优缺点以及需要改善的地方，从而创造性地提出可以更好地处理事情的新方法、新方式。

在这篇文章中，我深刻感受到了罗炳辉将军为国家和人民做出的贡献和先烈们做出的牺牲，而我和罗将军的共同之处就是都在部队里待过，他是我学习的榜样，我将不忘初心，继续前进。

刘海涛，上海外国语大学贤达经济人文学院2018级酒店管理专业学生。大学里，丰富多彩的社会生活和井然有序而又紧张的学习气氛，使我得到多方面不同程度的锻炼和考验。朋友使我倍感富有，很强的事业心和责任感使我能够面对任何困难和挑战。我相信能凭自己的能力和学识在毕业以后的工作和生活中克服各种困难，不断实现自我的人生价值和所追求的目标。

有一种坚守叫"不忘初心"

陈嘉怡

一看到标题我就想内容无非就是儿子感慨爸爸的一生，聊表怀念罢了，但当我听完后，我的内心百感交集。我从几个方面来描述一下我的感受。

首先是罗炳辉将军起初为了报仇加入了旧军队，随后在部队里找认识字的教他读书认字，随后竟写出了几万字的军事著作，这令我十分钦佩。再反观我们，我们既有优越的学习条件又有良好的学习环境，就应学习罗炳辉将军那刻苦钻研、认真学习的精神，发愤读书。其次是罗炳辉将军的淡泊名利，作为采买副官竟一分一毫都没有贪污，可谓是"不以一毫私利自蔽，不以一毫私欲自累"。

加入旧军队没多久，罗炳辉将军就加入了中国共产党，他的初心变成了为人民大众谋福，这是所有中共党员的初心。而后的大篇幅讲述的都是罗炳辉将军入党后，指挥参与了多次以少胜多的战役，这些足以体现他是一名优秀的军事家。罗炳辉将军被认为是军事家的重要原因之一是他有自我反省精神。自我反省精神对于当代大学生在学习中也是十分必要的。它可以使当代大学生更清醒地认识自身的优缺点，了解自我、努力学习，为实现中国梦贡献青春和力量。

听完整个故事，我感受到了罗炳辉将军为祖国做出的贡献，感受到了革命者们做出的牺牲，是他们为我们换来现在幸福美好的生活。我们也要守住罗炳辉将军的初心：淡泊名利，为人民大众谋福，独立，自我反省。

陈嘉怡，上海外国语大学贤达经济人文学院2018级西班牙语（商务方向）1班学生。性格活泼开朗，为人友善，乐于助人。最喜欢的一句话是：人生伟业的建立，不在能知，乃在能行。希望自己在成长的道路上，不要纸上谈兵，要付之于行动。

11. 姚正尧

社会认知勤学习,心理定力素质继

姚正尧,华东师范大学访问学者、首评高级教师(副教授)、中国心理卫生协会会员、上海市社会心理学会名誉主席。"对话中国"课程主要负责教师。

姚正尧

讲演实录

深刻认知社会 增强心理定力

姚正尧

当前我们国家处在欣欣向荣、蒸蒸日上的时代,也可以说全国上下意气风发。2018年11月5日,中国国际进口博览会开幕,这个博览会是世界上第一个以国家的名义开展的进口博览会。这次进博会有172个国家、地区和国际组织参加,有3 617家境外企业参展,80多万人进馆洽谈采购、参观体验。

国家主席习近平在开幕式上做了主旨演讲,题目是"共建创新包容的开放型世界经济"。习主席的讲话坚定有力,表明了我们中国将始终是全球共同开放的重要推动者、世界经济增长的稳定动力源、各国拓展商机活动大市场、全球治理改革的积极贡献者。我们国家的这个举措得到了全世界的支持,习主席说：中国经济是一片大海，而不是一个小池塘，狂风骤雨可以掀翻小池塘，但不能掀翻大海。

2017年的金秋十月，我们召开了中国共产党第十九次全国代表大会，十九大也是一次震撼世界的会议。此次会议有165个国家452个主要政党发来了855份贺电贺信，其中有814份是国家元首、政府首脑、政党和重要组织机构领导人发来的，可见我们的十九大也是世界闻名的。本次会议上，习总书记宣布我们进入了新时代，中国目前经济总量是世界第二，国防力量是世界第三，取得这样的成就是很不容易的，是通过我们长期的艰苦奋斗得来的。

当前的形势非常好，我们国内继续深化改革，对外开放力度越开越大，我们争取到国际上绝大多数国家的支持。但是我们前面的路还是坑坑洼洼的，需要我们继续发扬革命传统精神、中华民族的优秀品质，坚韧不拔，威武不屈。

从物资的极度匮乏到现在供应丰富，应有尽有，这一路走来，是我们改革开放40年的成就。现在中国的高铁总里程世界第一。高科技基本上外国有的中国都有了，现在的青年人要有使命感，继续发扬艰苦奋斗精神，为社会主义建设贡献力量，为早日实现中国梦、为振兴中华民族出一点力，不要小看自己的责任，小看自己的作用。

刚才我讲了一下我们国家的形势，下面介绍一下我今天要讲的主题：深刻认知社会，增强心理定力。我们时时刻刻在呼吁，有一门通识课年轻的学生必须要学，那就是哲学与心理学，心理学本来就包含在哲学之中。1879年，德国莱比锡冯特实验室的建立，标志着心理学的诞生。由此，心理学从哲学中独立出来。

心理学是一门什么学问呢？它是研究心理现象发生、发展和活动规律的一门科学。

基础心理学就是普通心理学，它是讲心理过程规律的。心理过程分为三个方面——认知过程、情感过程、意志过程。什么叫认知过程呢？就是人作为一个主体，人这个主体之外的都是科技，科技的存在物反映到本体的内在的大脑神经系统当中，它

姚正尧在"对话中国"课堂做讲座

就起了一个反应的作用。

认知过程有五个基本要素：感知、思维、想象、记忆、注意。首先我们来看感知。感知分为两个部分——感觉和知觉。感觉就是事物存在的个别属性在人脑当中的具体反应。比如说，一个人手里拿了一个东西给大家看，红的，长的，这就是感觉。什么叫知觉呢？知觉就是事物的整体属性在大脑中的反应，这反映到让你认知到这是一支粉笔，用来写字的，颜色是红的，所以这里面感觉感知的局部与整体的反应的知觉，是认知。

认知的第二个要素是思维。思维是使用语言来描述客观事物的现象的一个过程。人离不开语言，即使你不讲话也有语言，有内部语言和外部语言，外部语言又包括书面语言和身体语言。语言是思维的外壳，你坐在这里一个人讲，别人不讲，但是他们的思维在想，想的过程中都要借助语言，语言是思维的外壳。思维有直线思维和非直线思维，有哲学思维和理性思维，不管是哪一种思维，它都寄托在感觉和知觉的基础上。客观反射物没有反射到一个人的大脑中去，不可能引起思维，不可能有意识产生。

认知的第三个要素是想象。想象是借助大脑已有的存在的表象进行组合，形成一个新的表象。想象力的丰富与否决定了一个人的创造力高级与否，任何事物在人脑里都有一个表象，两个不同的人站在你面前你能够区别开，比如一个年轻，一个年纪比较大，这是一种表象，两个人的声音、音频、音质不同也是一种表象。再比如，香水的气味、你嗅到的玫瑰的香味，跟一般的杂草散发的香味是不同的，这也是表象。

认知的第四个要素是记忆。当某个事物不在你面前而你能把它想起来，这就叫记忆。记和忆是两个过程，记住就是把信息储存在大脑当中，忆就是把信息从大脑当中提取出来，这两个过程合起来就成为记忆。就像你学外语，记住就是把外语单词存储在大脑里，然后过几天写作文用这个词，把它想起来就是忆。你记住的东西会容易忘记，先快后慢，所以在学习过程中要经常复习，定期复习。我认为学习就三件事，第一是认真预习，第二是认真记忆，第三就是复习。一般来说，一个新知识复习三次，就能从短期记忆变成长期记忆，甚至形成深刻的记忆。有些人小时候背的英语单词、古诗文到老都能记住，因为个别的记忆已经成为终生记忆。有一些事很快就忘记的，要抓住时间及时巩固。我们经常说"重要的话说三遍"，为什么重要的话说三遍？因为重复三遍它就进入了长时记忆。

姚正尧（右二）、杨怀远（右三）与上外贤达学院教师在校园留影

认知的最后一个要素是注意。注意就是人的心理状态的指向。它指向什么就是注意什么。一位老师在讲课，学生看着老师而不去关注其他人，这就是学生的注意力集中在老师身上。注意有规则：第一是具有指向性；第二是具有稳定性；第三是会转移。注意会转移，会经常转移到一个新的注意目标上，所以人的注意力不断地处在流离状态。比如老师在上课的过程中也不会总盯着一个人看，看这几位同学后会再看那几位同学，基本是这样一个关系。注意在运转，是一个规律。如果一个人在学习的时候注意力不集中，那么记忆就不深刻。

这五大要素是浑然一体的，特别是注意，注意是渗透到其他要素当中的，任何一个其他要素都离不开注意。一个人感知、认知需要注意力；一个人的思维，不可能三个问题一起思考，只能一次考虑一个问题，这就是注意力的专注问题；一个人要展开思维想象、创造，就要对各种概念进行对比、推理、组合，这都是由注意来维持运作的。智商也是在这五大要素的基础上来衡量一个人的认知水平。

心理过程的第二个方面是情感过程。情感过程是心理的倾向性，外部刺激，你感觉舒服的接受，你感到不舒服的就排斥，那就是情感。说白了，就是喜欢与不喜欢，适应不适应，对我有利还是有害，往往用情绪表达出来。情感是一种心理指向、心理的倾向性。情感通常分为三种——情绪、情感、情操。情绪来得快去得快，具有突然性，是不稳定的。情感比较稳定，我喜欢某样事物不是一下子就喜欢，也不是明天就不喜欢了，而是稳定的、经过一段时间的认识和交往才产生的。或者说我学一门专业，从我不喜欢这个专业到我喜欢这个专业，它有一个情感的筑垒。最高层次的就是情操，是指由感情和思想综合起来的不轻易改变的心理状态。情绪很快就能转移，情感也可以调整，而情操呢，是强大的心理动力所形成的心里的感受。

　　心理过程的第三个方面就是意志过程。意志，用最简单的语言讲，就是克服困难的心态和行为表现。如果说你做的事情没有困难，便体现不出你的意志；如果说你做的事情有困难，那你就需要克服困难，在这个过程中你需要调适自己的心态。调适自己心态的能力，是一种意志的表现。心理过程三个方面中情感这一方面是非常重要的。现在社会上经常讲到智商。智商就是智力商数，它是智龄乘上100的所得数。比如说一个5岁儿童却有着6岁儿童才有的知识和对社会的认知，那么他的智商就是6除以5再乘上100，为120。我们把100作为正常智商数，这个儿童的智商就属于较高的。这就叫智商测定。有些朋友向我咨询说，我的小孩要不要做一个智商测定，我说你不要测定。为什么呢？在心理学中认为有一个皮格马利翁效应，就是人的心理暗示可以影响人的行为。如果说你给你的孩子做了智商测定，智商测定结果是130，觉得孩子很聪明，就放松了对孩子的教育，随之孩子的智商也就下去了。但如果说智商测定结果是80，那就会觉得孩子很笨，没有办法教，只好整天批评孩子，那么孩子也就会产生自卑感，信心也会不足，进而影响他的发展。所以我并不提倡智商测定，而且现在智商测定并不标准。人生活在一个动态的环境当中，这个环境会影响人的发展，所以智商测定的结果并不是绝对的。

　　讲到情感，还有一个叫作"情商"的东西。情商是为了表示人在社会活动中的一种状态。说得具体一点就是人际交往，再扩大一点就是对待不同事物的心态。情商是社会活动当中按照社会的规范逐步形成的一种认知。比如说一个大学生刚到一个工作单位，往往会在人际关系上出现问题，特别是对上级服从性的问题，这就会在群体当中受到非议，大家可能会说这个人情商不高，但是这个不能轻易相信。反过来，我们也要提高自己的情商。情商也就是孔老夫子讲的

"仁者爱人"。"仁"就是人际交往,两个人交往时能够宽容、包容、互相帮助和理解,这就是情商的一种具体表达。

我们在情感这一方面对自己的培养要非常重视。我们很多事情的失败就失败在对情感了解太少,这就会造成一些不好的影响。我们说"五常"是仁义礼智信,把"仁"放在首位。如果你对情感认识不足,会产生压力。所谓压力就是超出了能力的表达。能力不够,但是对你的要求又高,你就会产生压力。正常人的情绪是要有着三分焦虑,明天还有一些事情要干,今天还有没做完的事情,这是正常的。如果是明天要做什么不知道,今天做得怎么样也不知道,表面上看起来没有任何压力,那么这个人以后也不会有什么进步的。但是压力如何疏解?如何正确对待?正常来说压力有三种:第一种是积极的压力,要有三分焦虑。这种焦虑不是说今天揭不开锅了,明天没有钱了,其实焦虑就是一种压力,一天一天地自我反省、自我认知、自我检查,这样就会逐渐地幸福,这是积极的压力。第二种是中性的压力,有些压力不会使你产生什么巨大的损失,也不会给你带来很多的好处。日常的规范,这个要做到。这点压力对你来说是中性的,它是中肯的、符合你生活的。最后一种就是不良的压力,如果你不能把这种压力疏解掉,而积累成一种重磅的压力,它就会使你心理失衡,导致你内分泌紊乱,轻则引起疾病,重则引起你错误的社会行为。

除了智商和情商,实际上还有第三种商,就叫作抗压力商。你说哪一个人没有压力?小时候也有压力,做不好,爸爸妈妈要批评,老师也不给你好脸色看。人生的每一个阶段人都会有不同的压力。所谓抗压力商就是告诉我们,人要有坚韧不拔的意志力。那这个坚韧不拔的意志力从什么地方来?它不是父母给的,不是遗传的,而是通过社会学习逐步领悟而形成的。当然其首先取决于一个人人生观和价值观是否正确,你作为一个人如何对得起这个社会。作为一个人,社会给你很多,你能给社会什么?一个人的能力有大有小,但是你有没有尽力,这是很重要的。不良的压力可以形成几种人格,比如完美型的人格。这种人格追求完美,追求完美是好的,但是要量力而行。追求完美的人,有强烈的进取心,而这种情绪是恒定的,不能排解的。但严重就严重在不能够排解,这是要出问题的。你只能够挑100斤的担子,而现在身上却有150斤,你说这怎么挑得起?还不如老老实实从担子上卸下来一些不必要的东西,把它调试到自己能够承受的范围内。

所以说我们要理解情绪，掌握情感，把握自己的心情，争取健康的心态，这个是很重要的。人的性格有两重性，既要具有山的坚定，又要具有水的柔情。当你认准了一个正确的目标，只要通过自己努力可以实现的目标，那么你就要像一座山一样的坚定不移。这时候就要体现出来你的意志力，意志力本身就是针对明确的目标，调适自己的行为，完成这个目标，达到这个境界，这就是意志力。但是意志力不能够弄错，客观状态不具备的条件下，如果一时还不能够创造条件，也不能冒失、急于求成。同学们在进取心和压力之间要取得一个平衡点。不争一朝一夕，风物长宜放眼量，开始慢慢地让时间和自己的努力去检验。

这个过程很重要，压力来自各个方面，有先天的，有后天的。不管怎么样，你是你，横向要比，但不能只比横向。比如说50个同学当中，人家考得好，为什么我自己考得不好？但是自己之前住了一段时间的医院，那这个就是不可避免的。所以要调试自己的情绪。原因有很多种，包括先天不足、家庭状况等。如果

姚正尧在"对话中国"课堂上介绍嘉宾老师

说某个同学的家庭状况不是太理想,那也不能够自卑,这就是一个环境,这是属于自己而不属于别人的环境。这个环境要怎么样去改变呢?只有自己去改变。怎么改变?就是向着能够改变这个状态的方向去努力,找出自己生活当中的亮点。而每一个人的亮点是不同的,不同人的亮点是不可比对的。甚至一些人有先天的缺陷,比如说残疾,但还是很努力。比如张海迪,她是残疾人却成了很多人的榜样。如果她自己不努力,她永远都只是一个默默无闻的残疾人。她的亮点不是她的缺陷,不是她的残疾赋予她的,而是她自己的努力给她的。人的生理上是有互补性的,比如一个盲人的互补性是听觉的增长,一听就知道周围是什么情况,这就是听觉缺憾带给他的视觉上的补足,这就是互补性。同样的,压力也会有互补性,比方说这一方面压力太大,这个担子太重,那我可以去挑一个担子轻的。外语学不好去读一些其他专业的书,外语学得好就搞一点翻译,翻译得好就成为一个翻译家。但是如果我动手能力很强,我可以找石头刻成图章,既有传统的美,又有现代的创新。所以说每一个人都有他自己独特的闪光点。

情绪情感上的问题,这是很重要的。成功了不要忘乎所以,失败了不要垂头丧气、一蹶不振。这一点不行,那一点可以,那么就发展那一点。为人谦和、仁者爱人,我们中国传统文化有很多的哲学和儒家的思想,对这些不要不屑一顾。不要妄自菲薄,我们五千年走过来,中国仍然在这里。就像大海一样,无论多少惊涛骇浪,它依旧在那里,做人也是一样的。

所以我会强调个性心理。个性心理就是体现出每个人的状态,它是气质、信任、能力和兴趣。兴趣可以严谨地归到个性心理里,也可以放到情感情绪里。气质是人生来就有的心理活动的动力特征。巴甫洛夫说高级神经的运作有兴奋型、安静型、活泼型和抑制型,相对来说气质有胆汁质、多血质、黏液质和抑郁质。从它们的表现来说呢,兴奋型胆汁质的人神经类型的活动强度较强,但是不均衡,所以有些人的性格时而暴跳如雷,时而又很安静。活泼型多血质的人神经类型的活动强度也较强,但它是均衡的。安静型黏液质的人神经活动强度处于中间。抑制型抑郁质的人神经活动强度较弱。胆汁质的人往往浮躁冲动;多血质的人活泼、八面玲珑;黏液质的人很沉稳,冒险精神不多;抑郁质的人,他的神经活动度很低,承受不了过大的打击,解不开心结。

我在当老师教师范生的时候就讲了,对于学生在你面前的活动状态,要根据气质类型来对待。对待胆子大、口无遮拦的,批评他的声音要高一点,这是没关系的，他能够承受得了。对待胆小、谨小慎微的，要好好跟他讲话，以启发为主，不要给他思想压力，要慢慢地培养他的坚韧性，特别是对于小孩子、女孩子、身体瘦弱胆子小的人、见到老师脸都会红的人，不要对这些人大喊大叫，否则他们可能会产生厌学情绪。所以说个性心理之中的气质，它在有些典型中就是生理性的，就是高级神经运作的弹性度、强度以及活动的状态。性格是长期这样的，性格本身是气质的基础，再加上环境的影响。最明显的职业性格，比如说我们做老师的，最喜欢听人家讲话条理清楚，概念不混淆。因为我们在教学当中有一种教学法就叫作概念教学法，讲什么知识，教什么科目，对这些概念条理都要非常清楚。比如说有同学是做会计的，他就做事很仔细，报销的发票都要叠得很整齐；再比如军人说话直爽，铿锵有力，让干什么就干什么，听报告坐得笔直。

我有一个侄子在南京当了几年兵回来，跟我说话像对一个首长一样。我说：我又不是你长官，你怎么这样跟我说话？这就很奇怪。环境熏陶一个人，长期在一个环境中运作活动的人，他会形成一种心理，开朗的、活泼的、内敛的，都是有可能的。所以说，习惯是一种习惯化的态度和行为方式，它往往是在某种环境中逐步形成的，如有些喜欢文艺的同学很活泼。当然我们该活泼的地方要活泼，该慎重的地方要慎重，该认真的地方要认真。这就是要把握住自己良好的心理状态，能完成工作的状态。就能力来说，有快有慢，有的人能很快地找到切入点，有的人却上手很慢。

兴趣是一种心理倾向，就是喜欢与不喜欢，是长期地对自我的认知依照自我的取舍，显现出一种心理倾向。兴趣可以分为直接兴趣和间接兴趣。什么叫作直接兴趣呢？就是我就是喜欢某一个事物。比如打球，一有空闲时间就去打球，这种兴趣往往就是直接兴趣。但就是打球也有间接兴趣，你打球打到让你去训练别人，比如说郎平训练女排，一个扣球一个上午就要成千次地练，但即便这样还是有人去训练，这是为什么？这是因为直接兴趣已转化为了间接兴趣。什么叫间接兴趣呢？就是说打球的目的不是凭兴趣的，而是为了发展国家的体育。解放前别人说我们是东亚病夫，解放后很长时间我们抬不起头，逐步地我们的体育跟上来了，奥运会上也拿金牌了，直接兴趣转化为间接兴趣了。再比如说你考大学，让你考数学系，你本来不感兴趣，但是你考进去了，逐步地发现世界那么大，数却无处不在，而且用数学的推理能够推导出哲学的理念，从而产生了兴趣。兴趣是一种良性的心理状态。

现在是青年人的天下,但是,学问的东西一定要记住,比如说语数外很重要。但是我希望你们能够在人文哲学这一方面加深一点认识,懂得一些基本原理,要把握住自己做人的方法。刚才我特别讲到了情商、智商和抗压力商,在这些方面青年学生们要好好认识一下。特别是正确对待压力,正确控制自己的情绪情感,要掌握一个度,使自己更好地发展。

(2017年11月)

教师感悟

锻造强大的内心,创造美好的生活

吴 奇

一个人的认知,决定了他看到的世界,认知的层次决定着我们的人生高度,而认知层次的高低往往源于一个人的见识与格局。姚正尧老师首先细致地剖析了中国当前所处的国际形势,并探讨了祖国今日成就的来之不易,引人深思。从人的见识和格局来说,青年一代身处百年未有之大变局,更要有胸怀天下、心系国事的大理想,即使身处平凡之地,做着平凡之事,心也不能平凡。要有以天下为己任的胆识和胸襟,这才是我们该有的人生格局,这也是我们应该保有的对社会的深刻认知。

另外,从人自身来讲,人处于社会之中,离不开社会,我们对于整个社会的认知和情感,跟我们国家社会道德伦理秩序的建立、政治制度的完善、社会的稳步发展有着密切的联系,因此我们要深刻认知我们当前所处的社会环境,熟知我们的社会。

对于认知社会与增强个人定力之间的关系,在于我们对社会的整体认知,这关系到我们在社会中是否能够形成对自身的正确定位,也关系到我们在社会中各种行为甚至行事准则的建立,关系到我们日常的学习和生活。人离不开社会,反过来,社会由不同的人组成,社会的关键在于人。人的认知处于不断的变化之中,因为我们的认知往往基于我们的生活经历。只有不断认知,才能更了解自身所处的社会;只有不断认知,才能适时调整自己的心态,控制自己的情绪、正确对待压力,完善自身。因此,姚正尧老师特别提及情商、智商、抗压力商这三个概念,无论个人的智商还是情商、抗压力商都不是绝对的,都是随着社会的不断发展不断变化的,因此我们在这个过程中,既要加强对自身情感的认知和了解,以更好地应对与自己密切相关的事物,又要不断调整自己的认知,使之像水一样,处于流动与变化之中,跟随社会发展,才能更深刻地认知社会,增强自身的内驱力和心理定力。

姚正尧老师不仅对社会认知与个人心理定力这两个概念进行了细致分析,而且将两者之间的联系进行了创新性、关键性的综合分析,让我们的个人认知得到了升华。

吴奇,上海外国语大学贤达经济人文学院思政教学部教师。与"对话中国"课程相识已经有两个春秋了,非常荣幸能够听到那么多专家的精彩讲课,让我受益良多;非常喜欢每一位聆听过这门课程的同学,正是你们使得"对话中国"课程更加具有意义。

吴　奇

学生心得

追随本心,不断进取

蔡国庆

每个人都可能思考过一个问题——什么样的自己是最好的?我想一个人最好的样子,就是拥有正确的价值观、独立的思辨能力、独立的生活方式、独特的人格,拥有健康的心理,能深刻地认知这个多样的社会。

以前我觉得心理学很神秘,时常想:多看点心理学有关的书籍就能读懂心理学进而读懂人心,因此自己曾尝试去图书馆借过几本与心理学有关的书籍。读了才发现心理学并不是自己所认为的那么狭隘,人心也当然不是轻轻松松就能读懂。直到听了姚老师的演讲,我才对心理学又有了更深刻的认识。

姚老师先给我们讲了一些当前比较热点的、值得我们认真思考的问题。从现在回顾到过去,再从历史来反思当前的国家形势,无论是经济、政治还是文化,都是我们当代大学生应该关注、了解和学习的。我们应该继续发扬革命传统精神,继承中华民族坚韧不拔的优秀品质,努力实现伟大的中国梦。那怎么实现中国梦呢?姚老师说:我认为,最重要的是要对我们所处的社会环境有深刻且全面的认识,然后增强自我的心理定力。

接着,姚老师深入浅出地给大家讲了许多关于心理学的知识和具体实例,比如心理认知问题。想要认识别人,读懂人心,要先学会正确地认识自己以及很多之前自己已经看过但没有完全理解的心理学名词。姚老师言简意赅,从什么是概念上的心理学到具体的三个心理发生过程,每一个过程都讲得非常生动有趣!这些都使我对心理学有了不一样的理解,也让我意识到对自己情感的培养、正确控制自我情绪的重要性,并且平日还应该多学习一些人文哲学,学会更加理性和深入地思考。

最后,愿你我勇敢追随本心,朝着自己向往的生活不断进取。

蔡国庆,上海外国语大学贤达经济人文学院2018级会计5班学生。爱跳舞,爱写文,乐于尝试新的事物。最近很喜欢的一句话:"一个人最好的状态就是,眼里写满故事,脸上却不见风霜。不羡慕谁,也不依赖谁。"希望未来的自己不断跳出舒适区,遇见更强大、更美好的自己!用知识撒糖,让生活变甜。

深知社会,完善自我

汤紫霞

姚老师这次演讲的主题为"深刻认知社会 增强心理定力"。在演讲伊始,姚老师介绍了当前中国的良好形势。对此,我深刻地感受到了中华上下五千年以来发展道路的坎坷不平,更感叹如今的幸福生活来之不易。如若不是先人先烈们的英勇献身、优秀领导者的明智谋划、人民群众的共同努力,我们哪来的福祉能生活在这样一个祥和安宁的时代?

  身为祖国接班人的我们,在享受着先辈打造的幸福生活的同时,更应该肩负重任、砥砺前行。在信息发达的时代,充分利用手中的资源,多多关注国计民生,时刻将我国政治局势放在心头。在此之前,我们应该调整好自己的心态,保持一颗乐观向上的心,避免出现一些个人心理问题,为祖国的更好发展时刻准备着。我们应将个人情感与心理情绪紧密挂钩,为此,我们应该调整好自己的情绪,使情感充沛。除此之外,我们所处的环境对自身情感的影响也是巨大的。不同环境所熏陶出来的情感与心理状态是截然不同的,因此我们应该找寻自己的兴趣点所在,积极地引导这一兴趣,此举将为个人心理健康发展起到一定的作用。在保持健康心理的基础上,我们再尽己所能地了解当前社会情况,密切关注国家发展轨迹,从而完善自我,时刻准备着为国效力。

  姚老师如茫茫汪洋中的一座灯塔,为迷茫者指引方向。在我身处迷途之时,我诚心地感谢姚老师,他的演讲让我受益匪浅,让我增强了爱国之心,懂得了如何深刻认知社会、完善发展自我内心。

  汤紫霞,上海外国语大学贤达经济人文学院2018级英语专业学生。人生信条:当你遇见问题时,多看到解决问题的可能性,而不是问题本身。希望"对话中国"课程得到更多同学的喜爱,让越来越多的同学有所收获!

12. 齐路通

长空万里云波浪，道路理想筑胸膛

齐路通

齐路通，1978年以前任航校团参谋长，1983年任空军政治学院院务部长（正师职），1990年任副院长（副军职），1992年整编后任长春飞行学院院长（高职低配），同年晋升少将军衔，1999年任南京军区空军副参谋长，2004年退休后致力于东北经济文化促进工作。是航天英雄杨利伟、刘洋的老师。

讲演实录

认清形势　明确责任　增强自信　砥砺前行

齐路通

我今天要讲的就是"四从、四看、四个大"，可以用四句话来概括。首先，从大好形势看我党我国的伟大，大好形势主要讲这几个方面：一是"一带一路"，二是"多边主义"，三是"创新引领"，四是"改革开放"。其次，从军队航展来看我们军队的强大，希望大家能记住四个亮点：一是航展规模空前大，二是参展装备空前多，三是军民融合空前好，四是空军的战力空前强。再次，从英雄辈出看院校地位，这里要着重认清四大摇篮：飞行员的摇篮、英雄模范的摇篮、将军的摇篮以及宇航员的摇篮。最后，从太平盛世来看我们肩上责任的巨大，要牢记四条线：一线、二线、前线、火线。

今天，我要从一个"老"同志的角度讲，我有八个"老"。第一，中国共产党的老党员，55年党龄；第二，中华人民共和国的老公民，74年；第三，中国人民解放军老军人，将近60年；第四，人民空军的老战士；第五，飞行学院的老校长；第六，优秀学生的老师；最后，还有两个老，分别是退役的老将军和退休的老干部。我就从这"八老"的角度来给大家做介绍。按照我们军队的传统和共产党的传统，一般都是先国际后国内、先组织后个人，今天我也就按照这个顺序讲。

第一，从大好形势看我们党和祖国的伟大。我们国家总的形势是大好，不是小好；是全面的好，不是局部的好；是长时间的好，不是短暂的好。这主要体现在政治、经济、军事、外交等各个方面，尤其是体现在今年习总书记的新年贺词当中。虽然总书记的贺词不长，但把我们的心事体现得淋漓尽

齐路通退休后的生活

致，既展现了势不可挡的"中国力度"，也有着直抵人心的"中国温度"。从海洋到陆地，从天空到太空，他提到了"中国制造、中国创造、中国建造"取得的一系列新进展、创造的一系列新成就，展现了中国发展蓬勃向上的力量。这概括起来，可以总结为"四个坚持"。一是坚持"一带一路"。2013年9月和10月，习总书记分别提出了"新丝绸之路经济带"和"21世纪海上丝绸之路"的合作倡议，高举和平发展的旗帜，积极发展与沿线国家的经济合作伙伴关系，共同打造政治互信、经济融合、文化包容的利益共同体、命运共同体和责任共同体。五年来，这一举措取得了丰硕的成果，已经有80多个国家和组织与我们签署了共建"一带一路"合作协议。二是坚持多边主义，反对单边主义、保护主义、霸凌主义。习总书记强调，要积极倡导多边主义，只有坚持携手合作才是促进共同繁荣发展的必要选择。三是坚持创新引领。开放共同繁荣，创新引领未来。我们国家在对

外开放过程中展现了我们的大国担当,从"引进来"到"走出去",从加入世界贸易组织到"一带一路",为应对亚洲金融危机和国际金融危机做出了重大贡献。连续多年,我们国家为世界的贡献都超过百分之三十,也就是说,世界三分之一的贡献都是我们做出的。四是坚持改革开放。我们总结了丰富的经验,明确了新的目标,从经济体制改革到全面深化体制改革,四十年众志成城,四十年砥砺奋进,四十年春风化雨,中国人民用双手写出了国家和民族发展的壮丽史诗。值得一提的是,习总书记在多次讲话当中提到了两大理论。哪两大理论呢?一个是"大海论",一个是"大船论"。2018年11月5日,习总书记在进博会上就说:"中国是世界第二大经济体,有13亿多人口的大市场,有960多万平方公里的国土,中国经济是一片大海,而不是一个小池塘。大海有风平浪静之时,也有风狂雨骤之时。没有风狂雨骤,那就不是大海了。狂风骤雨可以掀翻小池塘,但不能掀翻大海。经历了无数次狂风骤雨,大海依旧在那儿!经历了5 000多年的艰难困苦,中国依旧在这儿!面向未来,中国将永远在这儿!"这是"大海论"。到了11月17日,他在亚太经合组织工商联会议上就讲道:"亚太经合组织因水结缘。刚才登船时,望着广袤无边的大海,我想到了'同舟共济'这个词。让我们握稳舵盘、把准航向、齐力划桨、乘风破浪,共同驾驶着世界经济的大船驶向更加美好的彼岸!"这两大理论都讲得非常精彩、精辟。习总书记的讲话在一定意义上也是对单边主义、霸凌主义、保护主义的有力回击。

我们国家是欣欣向荣的。除了刚刚已经说的那么多成绩外,还有嫦娥四号——世界上第一个着陆月亮背面的探测器、我们的运载火箭第三百次发射成功、我们的海湾大桥一座座建起来……数不清的喜事好事令人振奋。我作为中华人民共和国的一个老公民、中国共产党的一名老党员,感到无比兴奋、骄傲和自豪!

第二,从国际航展看我国军队的强大。去年11月6日至11月11日,我国在珠海举办了第二届中国国际航空博览会,这届博览会彰显了我们中国人民解放军和中国空军的强大,一共有四大亮点:

一是航展规模空前大。自从1996年成功举办首届航展以来,我国的航展已经发展成为集贸易性、专业性、观赏性为一体,代表当今国际航空航天先进科技主流,展示当今航空航天业发展水平的盛会,跻身于世界五大航展之列。展馆面积比过去大,参与的国家和地区也比去年多。这次航展进一步提升了我国的国际化、专业化、市场化水平。

二是参展装备空前多。虽然是航空博览会,但也是"陆、海、空、天、电"装备的全覆盖。国之重器歼-20、运-20这两大家族的重量级成员,无论是在航程载运量还是气动布局、引型结构方面都极其优秀。特别是空军现役主战装备体系,比如空军轰-6K以及空警-500、歼-10B、运-9、直-10K等战机,是中国进行边防巡逻、打击恐怖主义的重要武器;再加上红-9B、红-22防空导弹装备还有"两星四弹"等等共计145项产品。除此以外,像AG600、新舟700、AC系列直升机和兵器工业集团制造的VT4、VT2B、VT5型主战坦克,从空中、地面到天、电等的装备相当齐全。

三是军民融合空前好。在"一带一路"倡议以及军民融合发展战略深入发展的大背景下,2018年这次航展致力于展现中国航空航天和国防科技领域的成就,全面提升展览的国际化、专业化、市场化、品牌化、信息化水平,努力实现安全、顺畅、有序、满意的办展目标。作为我国民用大飞机的研制主体,中国商用飞机公司展示了CR929远程宽体客机,ARJ21先进支线客机进行了展示和飞行,中国航空发动机器台全面展示了航空的发动机。中国航天工业系统展示的防空体系、海防体系、对地打击体系、无人作战体系、预警监视安防体系、商业航天体系、指挥通信与支援保障体系,整体能力以及主推产品达到了近百项,军民融合的程度相当高,既为军又为民,军民团结联合到一起,形成巨大威力。

四是空军战力空前强。2018年这次航展充分展现了人民空军的战斗风采,除了各式装备闪亮登场以外,我们的"八一"和"红鹰"飞行表演队联袂炫舞表演,凸显了我人民空军精湛的技艺和威武的雄姿。不仅如此,近年来我人民空军警巡东海、战巡南海、前出西太、绕岛巡航,忠实履行使命任务,集中展示空军在改革开放、改革强军中取得的新成就,全面展现在强军思想引领下空军官兵奋飞新时代、建功新时代、护航新时代的使命担当,标志着人民空军向空天一体、攻防兼备目标迈出了新的步伐,呈现了"实战空军、转型空军、战略空军"的崭新形象。我们的航空母舰,除了辽宁号以外也在大量制造,我们的核潜艇、攻击舰等等各种舰艇一架接一架、一艘接一艘地出来。在造舰上,我们国家可以说是世界第一。世界震惊,中国怎么一下出这么多飞机,这么多汽车和军舰,这么多坦克呢?尤其是中国的舰艇,像下饺子一般地下海,这可以看出我们军队战力完全提高了,军队训练也开始集中了。作为中国人民解放军的一名老军人、人民空军的一名老战士,我经常感到无比兴奋、激动、骄傲和自豪!

第三,从英雄辈出看院校地位。教育是民族振兴、社会进步的重要基石,是国之大计、党之大计,国事之强由于人,人才之成出于学。和平时期,人才的培养主要是靠院校,有句话说:"治军先治校,严军先严校,强军先强校。"我曾在飞行学院当过七年院长,在军队院校工作了几十年,长期搞军事教育,深知院校工作的重要性。我知道,我们飞行学院在军队建设上有着重要的战略地位,在空军发展当中起着举足轻重的作用。刚刚讲过,在国际航展上,所有展示飞机的人都是我们学校培养出来的,八一飞行表演队的表演人员都是我们学校培养出来的学生,红鹰跳伞队成员就是我们学校的现职教员。我可以负责任地告诉大家,我们这所学校是一所敢和美国西点军校叫板的、有着"四大摇篮"美誉之称的"传奇"院校。哪四大摇篮呢?飞行员的摇篮,英雄模范的摇篮,将军的摇篮,宇航员的摇篮,下面我一一道来。

第一个是"飞行员的摇篮"。飞行员是我们国家特殊的人才和宝贵的资源,他的招收和培养属于国家行为,也纳入了全国高考系统、招生系统,一律按本科全程培养四年,主要进行基础训练、初级教练机训练、飞行训练和高级教练机飞行训练。学员达到培训要求以后毕业,获得大学本科学历和学士学位,定为副连级军官,授予空军中尉军衔。我们学院曾经为空军各类列航空队输送飞行员,像歼击航空队、强击航空队、轰炸航空队、侦察航空队、预警航空队、运输航空队以及海军的航空队等,其飞行员都是我们学院的学生。我们一共培养了10多万名飞行员,他们是千里挑一、万里挑一选出来的。有人说能够当飞行员本身就是个英雄壮举。培养一个飞行员,淘汰率是相当高的,100个里能出30个飞行员就不错了。培养飞行员所耗费的经费也是昂贵的,简单算一下,培养一个飞行员所耗费的经费大致相当于和该飞行员体重相同重量的黄金的价格,也就是大约150斤黄金的价钱才能培养出一个飞行员!其实告诉大家,飞行员看似光鲜,也是项高风险职业。在高空飞行不同于地面开车,车坏了可以停在路边检查维修,飞机在空中坏了怎么修?实在不行那也没办法了,所以说能够当飞行员那就是个壮举。

第二个是"英雄模范的摇篮"。从抗美援朝至今的各个历史时期,我们全国各条战线涌现出诸多英雄模范,比方说战斗英雄、抗洪英雄、反劫机英雄、航天英雄、世纪英雄、海空卫士、改革先锋,这里面都有我们的学生,多达数百人。抗美援朝就不讲了,就拿这两年的事迹给大家举几个例子。

12. 齐路通——长空万里云波浪，道路理想筑胸膛

2019年2月23日，《解放军报》刊登了三位感动中国的老兵，分别是"两弹一星"功勋程开甲、勇斗歹徒的平民英雄吕保民和英雄机长刘传健。刘传健是我们学院第三十三期学员。2018年5月14日，川航3U86333重庆至拉萨的航班在执行任务的过程中，在万米高空驾驶舱挡风玻璃突然破裂，座舱释压，座舱盖破裂，副驾驶一下子冲到外边，如果没戴保险带早就摔下去了。在这种情况下，机长沉着应对，一把将副机长抓回来。此时座舱里头的温度降到零下30多摄氏度，仪表全部混乱了，靠什么回去啊？所以在没有仪表的情况下，刘传健指挥全机组人员沉着冷静，靠着顽强的意志和娴熟的技术，驾驶飞机安全地备降成都，保证了机上119名旅客的生命安全。他的英雄事迹真是刻骨铭心，感天动地！2019年2月4日的春节晚会上，刘传健接受了主持人的采访。这就是我们院校培养出来的优秀学生。

2019年2月17日，《解放军报》刊登了《"时代楷模"郝井文走上新的战斗岗位》这篇文章。郝井文是2018年12月28日被中宣部授予"时代楷模"称号的空军"王牌旅长"，他是空军首届对抗空战比武当中获得"金头盔"奖的飞行员，曾经出色地完成钓鱼岛空中维权、东海防空识别区常态化管控和前出西太平洋、飞越岛链等重大任务，在维护国家主权、安全和发展利益上做出了特殊贡献，刚刚被空军提拔为空军某空防基地的副司令。他是我们学院第三十五期学员，《人民日报》《解放军报》《环球时报》《参考消息》《空军报》等10多家报纸大篇幅连续报道、宣传了他的事迹。

2019年1月14日《解放军报》刊登的《致敬穿军装的改革先锋》一文说道：在庆祝改革开放40周年大会上，党中央、国务院授予100名同志改革先锋称号，其中有4名穿军装的改革先锋格外耀眼、引人注目。他们是：保卫改革开放和平环境的战斗英雄韦昌进，空军实战化创新战法的优秀代表蒋佳冀，三巡苍穹的英雄航天员景海鹏，航母战斗力建设的实践探索者戴明盟。这四名耀眼的军人分别代表了陆、海、空、天4个大单位，但是仔细一琢磨，除了陆军的那位，另外3位都毕业于我们学校。

往前推，在庆祝建军90周年前夕，全军获得"八一勋章"17位候选人中，李中华、景海鹏、蒋佳冀、戴明盟都是我们学校的学生，李中华和景海鹏获得了最终的殊荣。李中华是空军试飞英雄，试飞英雄比飞行员风险更大，所以他们功不可没。李中华被评为"八一勋章"获得者，我们这个试飞大队也被中央军委授予

英雄的试飞大队。20世纪60年代以来，这个大队已经为我们国家各式飞机的研制搞试飞、搞资料做出了重大贡献。这些试飞员当中，有些为国家英勇献身了，60年代至今，已有二十几个英勇献身，还有被中宣部授予"时代楷模"称号的李浩是我们第二十二期学员，飞了将近30年以后，又改做无人机飞行。在这个领域他从头做起，飞来飞去最终飞到了世界前茅，为中国的无人机飞行做出卓越贡献，所以中宣部也授予他"时代楷模"称号。

"海空卫士"王伟是我们学院第二十三期学员。王伟是海军航空兵某部队歼击飞行员，为迎战美国P3侦察机，发扬了我军"有我无你"，勇敢不怕死的大无畏精神，为保卫国家安全英勇壮烈牺牲，被授予了"海空卫士"荣誉称号。他的鲜血洒在了中国南海，就是西沙和南沙上空，他的精神值得后人发扬光大和传扬。王伟牺牲已经18年了。2001年的4月1日，当美国军机非法侵入我国南海领空的时候，在"不开火则南海门户空中主权丧尽，开火则中美两国必战"的危急情况下，他选择了用换命的方式来终结这场入侵。那年那天，一架高速截击机歼-8在低空低速下和EP-3轰然相撞；那年那天，南海上空的火球里没有伞花；那年那天，美机迫降在中国海南的机场；那年那天，中国的研究人员抱着飞行员用生命换来的美机失声痛哭；那年那天，中国人以生命为代价拿着比美国落后20年的军事科技喝退了美国；那年那天，中国人咬碎钢牙和血吞下；那年那天，中国军人扬起的是不屈的头颅！ 18年过去了，我们有了自己的三代机和四代机，我们有了自己的大飞机，我们有了自己的航母，有了许多许多的先进武器……但是，还记得18年前的今天，南海上空的英灵吗？让我们永远记住，18年前有一个编号，叫作81192；有一位英雄，叫作王伟！

除此之外，讲到英雄人物，我们还有"抗洪英雄"高建成、飞行员舰长柏耀平（第二十二期学员）、"科研试飞英雄"王昂和滑俊、"反劫机英雄"兰丁寿（第十一期学员）、"忠诚战士"陈修文、学雷锋标兵朱柏儒和国土防空卫士杜凤瑞。再往前，有抗美援朝当中打下多架飞机的王海、刘玉堤、张积慧、孙生禄、赵保桐、李汉、韩德彩、罗沧海、郑长华、蒋道平、宋中文等等，几十年里涌现出了数百名战斗英雄，这些英雄也都来自我们学校。

第三个是"将军的摇篮"。这个学校曾经培养出了12名上将。目前，级别最高的就是现在的军委副主席许其亮，是我们第十五期学员。我们学校累计培养了60多名中将、200多位少将，全部加起来大约也有300多位将军，所以说也称得上将军的摇篮吧!

第四个是"宇航员的摇篮"。目前,我国宇航员共产生了6批14人次,共11名航天英雄。景海鹏曾三入太空,翟志刚两次。这些宇航员全部是我们学校的学生。我亲自带过刘洋、王亚平两位女宇航员。我当院长的时候把她们招进来,跟她们一块儿训练过,并把她们送到需要的岗位上。刘洋执行太空任务时,他们家乡的报纸突然给我打电话问:"你是刘洋母校的校长吗?"我说:"对啊,不错。""今天晚上她就飞天了,你能不能介绍介绍情况啊?"我就给他们介绍了一下,随后报纸上就进行了报道。完成任务后,她们还亲自给我这个老校长打电话,向我报告飞天任务圆满完成。这些都是我们学校的优秀学员,也是值得我永远骄傲的孩子们。学校的英雄模范还有很多,我天天都能听到下属来报告接连不断的喜讯。有的说你一个学员现在当旅长了,在南方巡航南海,绕过台湾岛,飞越宫古海峡等,在那儿飞行,表现相当突出,人称外号"南霸天",问我有这样的学生高兴不高兴。我当然高兴了。所以我曾经说过,当校长的感觉真好,桃李满天下,还时时被想到。在这种情况下,我作为这个学校的老校长、作为我们学生的老师,我也是感到无比激动、高兴、骄傲和自豪!

齐路通重温入党誓词

第四,从太平盛世看我们肩上责任的巨大。当我们看到党和祖国的伟大、军队的强大、英雄辈出,在这样的大好形势下,在感到兴奋、激动、骄傲和自豪的同时,我们更要想到"天下虽安,忘战必忧",要想到居安思危。现在国际市场已经被挤占得满满的,打进去也很不容易,只有社会主义才能够救中国,只有社会主义才能够发展中国。目前我们中国崛起已经势不可挡,在这样力量对比发生重大变化,而且有利于中国的形势下,西方国家敌对势力必然要向中国发起攻势,这也是中国政治保卫工作不可回避的一个重要的挑战。挑战必然是严峻而不可回避的,我们必须严肃对待并坚持赢得这场挑战。

可以说,近代以来,没有哪一个政治团体像中国共产党这样拥有如此众多的为了心中的理想抛头颅、洒鲜血、前仆后继、义无反顾、舍生忘死的奋斗者,他们不为官、不为钱、不怕死、不怕苦,只为主义,只为信仰。如果没有一批又一批的这样的人,中国共产党不可能在建党28年之际就夺取全国政权,这个军队也不可能在建军22年之际就取得"百万雄师过大江"的气势。所以,纵观新中国成立的过程,一方面,历史给中国共产党的磨难超过了给所有其他政治团体的磨难;另一方面,我们也看到,新中国成立时,中国共产党党员就达440多万名,这就是中国社会主义岿然不动的原因。我们有那个艰苦年代锻炼出来的最有献身精神的一批人维护着稳定,中国共产党的最大价值就在于其拥有这样一个群体。

因此,我们现在一定要明确:不能企图用物质取代精神。对于任何一个国

齐路通(左五)与上外贤达学院"对话中国"课程团队合影

家来说,英雄主义的熏陶、民族精神的培育和历史文化的修养都是必要的。我们要时刻保持高度警惕,要防止西化分化,防止西方来改变我们的红色记忆。

在这个时候,我们应该深深体会到"国家有难,匹夫有责","离退未敢忘忧国",不论是在位的还是退休的,是在职的还是复转的,也不论是上学的还是工作的,都应该明确我们有责任。关于匹夫有责,我想和大家讲讲"四条线"。"四条线"是我说的,大家可以借鉴。我们是退了一线居二线,站在二线看前线,有了情况上火线,照样是召之即来,来之能战,战之必胜!因此,我作为一个退役老将军、退休老干部,为自己还能够肩负重任感到非常兴奋、激动、骄傲和自豪!

(2019年4月)

教师感悟

风鹏正举,九万里可期

张 蕾

齐路通将军"认清形势、明确责任、增强自信、砥砺前行"的演讲,是一次关于"自信"的教育,是关于"中国特色社会主义道路自信""理论自信""制度自信""文化自信"的集中体现,他为我们展现了我党、我国的伟大。从政治、经济、军事、外交等各方面蓬勃的发展,到"中国制造、中国创造、中国建造"取得的一系列成就,寥寥数笔,便勾勒出一幅幅壮丽的画卷、宏大的诗篇。

是的,如今我们国家国势强盛、经济发达、军队强大、英雄辈出、人才济济、欣欣向荣,这一切怎能不叫人倍感自豪?但也正因为如此,在"逆全球化""单边主义"思潮日益抬头、"理性与人本主义"日渐式微的今天,"修昔底德陷阱"的阴影始终盘桓不去,"达摩克利斯之剑"高悬头顶,对我们而言,所有的形势都看似如此严峻、不可回避,但整个世界的格局却正在悄无声息地发生着变化,这既是一次考验,又是一个千载难逢的机遇。

有道是"天下兴亡,匹夫有责",在集体主义去污名化的今天,展现在我们面前的是一个前所未有的广阔舞台,我们众志成城,我们砥砺前行,中华民族的伟大复兴之梦就掌握在我们每一个人的手中!

学生心得

心诚血热　家国情怀

俞　悦

听完齐路通将军的讲座,我热血沸腾,脑海里一直回响着《不忘初心》中的两句歌词:"万水千山不忘来时路,鲜血浇灌出花开的国度。"正是一代又一代革命先驱抛头颅洒热血,才有了我们今天的幸福生活。

生活在和平年代的我们,也依然需要英雄楷模。讲座中提到的"海空卫士"王伟的例子令人动容。那一年愚人节,王伟在生命最后一刻,从容回答:"81192收到!我已无法返航。你们继续前进!重复!你们继续前进!"在美国军机非法侵入南海上空的时候,他以生命的代价结束了这场入侵。以往的愚人节我只知道这是一个节日,但在往后的愚人节,我都会记得这位英雄的故事。

我们对英雄的故事知之甚少。有一次,无意间浏览到的一篇缅怀"两弹一星"元勋屠守锷的文章,令我感到十分惭愧,因为我之前竟从未关注过这位元勋的故事。仔细翻阅资料后我得知,屠守锷专家被誉为中国导弹航天技术的开拓者之一,他于1943年毕业于美国麻省理工学院,1945年回国后将一生奉献给国家的航空航天事业。无独有偶,另一位专家的事迹也令人动容。他1949年回国,是东风洲际导弹的制造者,他就是梁思礼,其父梁启超。在他年迈退居二线之后,也并未远离战场,而是重新站上讲台。正如他喜欢的那句名言:"人生不是一支短短的蜡烛,而是一支由我们暂时拿着的火炬,我们一定要把它燃得十分光明灿烂,然后交给下一代的人们。"新中国成立70周年之际,我国首批国家勋章和国家荣誉称号获得者当中有一位"糖丸爷爷"顾方舟。我们小时候都吃过一种糖丸,甜甜的,却真正能够预防小儿麻痹症,就是他的杰作。

"国家有难,匹夫有责",任何普通的老百姓都有责任关心国家,爱护国家。作为一名音乐教育专业的学生,当前的责任,我更觉得应当是努力学习专业知识。

歌曲《能解答一切的答案》中写道:"世界是寡言的、矛盾的、无解的,而你心诚血热,始终是善良的。"我也同样相信,爱与希望才是冰冷慌乱中绽放的鲜花。

俞悦，上海外国语大学贤达经济人文学院2017级音乐教育专业学生。正如我的名字那样，我的性格也是积极向上，快乐常在，即使遇到挫折，也会及时调整自己的心态，因为自小喜欢音乐而选择音乐专业。我认为"音乐可以成就梦想"，因而一直在为此努力着。

先 行 者

任杨杨

最近经常听到的一句话是"哪有什么岁月静好，不过是有人在为我们负重前行罢了"。我们所处之盛世，都是千千万万革命先辈用生命铸造的。而现在，应当轮到我们成为先行者了。

齐路通将军主要讲了两个问题，一个是关于居安思危"大国防"的观念问题，一个是共同实现我们的强国梦。

"大国防"让我明白，年轻人应有责任意识，应当认清当前的国内和国际形势，应当认清我们国家的发展形势。梁启超曾说过"少年强则国强"，我们年轻一代也象征着祖国的未来。但是从某个方面来说我们这一代大多缺乏危机意识、责任意识、团结意识和自强意识，不少人都坚持利己原则，做什么事之前先考虑对自己有没有好处、自己能从中获得什么利益。所以也许是生活过于安逸，现在的很多年轻人忽视了危机的存在。

我一直记得高中语文课上学过的《岳阳楼记》，其中有这样一句"居庙堂之高则忧其民，处江湖之远则忧其君"，那我们学生呢？坐学堂之中则玩手机？还是坐学堂之中则强己身？我认为应该做到后者，认真读书、学习知识、武装自己的大脑才是我们青年学生的职责。当然我所说的读书学习，并不是"两耳不闻窗外事，一心只读圣贤书"的这种，我们应当关心国家大事，了解国家文化，理解国家政策，恪守本心；我们应当坚持学习中国化的马克思主义，时刻保持清醒的头脑，让我们的意识不被西方一些低俗文化占领。如果我们都不热爱自己的国家,那这个国家会怎样呢?如果我们也盲目跟风丑化英雄,那么还有谁愿意为你负重前行呢?如果真的发生战争,人人都跑到国外避难,那么这个国家由谁来守护呢?

在我看来,先有大家才有小家,没有国家,何来我们的家?热爱国家就是热爱自己的家,祖国是我们的根,是孕育我们的伟大母亲,我们怎么可以不爱她?英雄也从来不知道自己会成为英雄,他们所做的事情其实也只是平平淡淡的普通工作,英雄也是普通人,只是他们拥有伟大的心,我们又怎么可以去丑化这些伟大的先行者呢?倘若真的发生战争,只要国家需要我,我必响应征召。守护国家,怎么可以少了我们年轻人呢!

"强国梦"应当是我们每一个人的梦,我们应该携手共筑强国梦。新中国成立70年,国家发生了翻天覆地的变化,国防军事力量飞跃式地提升,是我们中国人努力创造的奇迹。1949年开国大典时飞机不够,周总理说飞两遍,如今我们的飞机不仅不用飞两遍了,而且还有了多种多样的飞机编队。"两弹一星"的成功少不了那些以身许国的科学家,少不了那些义无反顾的解放军和工人的无私奉献。一切成功都少不了先行者的努力,人的素质是非常关键的,现在的国家需要复合型人才,死读书是没有用的。

我们大学生有责任、有义务努力学习,不光是为了武装自己,也同样应为中华之强盛而学习,这样我们也可以成为先行者!

任杨杨,现任上海外国语大学贤达经济人文学院外语学院党员工作站站长,2016级德语3班班长。在校期间,曾获得两次校二等奖学金及一次三等奖学金,获得优秀学生及优秀学生干部称号,获得校第五期党课培训班优秀学员称号、上海市崇明国际马拉松优秀志愿者称号。

13. 徐福生

发奋当下时代命,深见人品历程凝

徐福生,历任上海科学技术出版社社长兼总编辑,上海市新闻出版局副局长,中国大百科全书出版社上海分社党委书记、社长兼总编辑,上海市新闻出版局局长,上海电子出版公司董事长,上海市文史研究馆馆长。

徐福生

讲演实录

牢记使命　执着追求

徐福生

新中国成立70周年,我的人生始终与祖国母亲的命运紧密相连。今年我81岁,在出版行业工作几十年,见证了上海出版业发展的艰辛历程。

新中国的诞生改变了我的家庭命运。1947年,我父亲病故,终年42岁,妈妈34岁,无业,带着三子一女生活,一个15岁,我9岁,还有两个小的分别是7岁和4岁。我妈妈明白,唯有靠自己劳动才能撑起这个家。于是,哥哥辍学当了学徒,弟弟、妹妹由亲戚带去了乡下。我9岁被送到了南翔翔公小学寄宿。孩子们安顿妥了,妈妈自己进了中纺二厂织布做工。妈妈在13到18岁曾经在无锡纺织厂布机间做童工,虽然没上过学,但很开明睿智。进厂后,她积极参加地下党组织的进步活动。解放后,妈妈学习文化知识,热心公益,担任了厂工会兼女工委员并加入了中国共产党,租到工厂的家属宿舍后也将我的弟弟妹妹从乡下接来了她身边。自此,我与弟弟、妹妹三个人得以安心在公立学校求学,弟弟、妹妹毕业后分别进了护校、军校,我读完了高中顺利进入大学。1956年,我的哥哥在新生纱厂任动力科科长。

1962年,我数学系大学本科毕业,进入上海科学技术出版社工作。1960年,科技社参加了全国文教群英会并且取得先进业绩,这给刚入行的新人上了一堂很有意义的职业教育课,让我懂得了出版的使命与责任就是"多出好书"。

1977年,国家决定恢复高考。当时我担任理科编辑室主任,为了能尽早给广大知识青年提供备考复习资料,我组织编辑室同仁突击重排出版了"数理化自学丛书",这套书先后印了7 000多万册。我们做了编辑岗位上应该做的事情,却产生了如此巨大的社会影响,这让我感觉责任重大。

1978年3月,全国科学大会召开,万物复苏,朝气蓬勃。我把藏了多年的华罗庚、苏步青、陈建功、关肇直和叶彦谦等数学家的数学专著的书稿一一出版。同年,主编华罗庚教授亲自主持召开了丛书编委会,恢复了"现代数学丛书"的出版。

1982年秋,我被选送至中央党校培训学习,学习期间上海市出版局党委提拔我任科技社副总编辑。次年党校回来,局党委任命我组建并主持科技社领导班子。班子组成后,我出任社长,并组织五位年轻人共同担下了这副担子。当年,出版社的管理正由"事业型"向"事业单位企业管理"转变,这对新的领导班子无疑是个严峻考验。我们满怀信心地向改革找出路,从推进全员岗位责任制入手,启动综合管理改革,把出版社原先传统的"集权式"模式,改成以多出好书为导向,依托生产、行政统一管理的"联社式"模式。这一方案经过了三年多周密酝酿、设计与磨合后,于1988年1月1日正式施行,后取得了令人意想不到的成效:出版品种增加,图书结构更加合理,获奖图书增多,经济效益提升,职工奖金福利提高,全社沉浸在"爱社、兴业、求实、奋进"的企业文化氛围中。

徐福生

1989年10月，我调任上海市出版局副局长，1990年下半年调到中国大百科全书出版社担任上海分社党委书记、社长兼总编辑，1991年底上海市人大又任命我为上海市新闻出版局局长。岗位变了，但是肩负的使命与责任没变，仍旧是致力于"多出好书"，只是现在的职责是服务于上海出版行业，使出版环境有利于"多出好书"。为此，我们做了以下几项工作：

第一，推行局属出版社工资总额与经济效益、社会效益合挂总提的考核办法，使正推行的"出版社图书质量评估制度"和已实行了数年的"出版社经营目标管理办法"互补，在宏观上建立出版社实现双效益目标的激励机制。

第二，编制并启动本市出版行业信息化发展规划。

一是开发上海市新闻出版管理信息系统。21世纪是信息时代，新闻出版业必须同步于信息技术发展。1994年我局设计了上海出版系统管理系统模式，并编写出系统技术规范文本，与华东师大合作开发研制了"上海市新闻出版管理信息"的软硬件网络系统。这是国家新闻出版署系统首个省市级新闻出版行政管理信息系统成文的技术规范和网络系统，1995年通过了国家新闻出版署科技成果鉴定，并获国家新闻出版署1996年度科学进步三等奖。

二是创建全国首家专业电子出版机构。为了发展上海的多媒体出版，促进上海出版业生产手段装备的现代化，1993年底，我作为版协主席，带着上海市出版协会领头印研所、科技、教育、辞海、人民、人民美术等11家出版单位共同投资创办上海电子出版公司。该公司于1995年正式成立，我出任了董事长。它是一家以从事CD-ROM出版物制作、合作和经营为主方向的高新技术经济实体公司。1996年8月，该公司与辞书社合作出版的《儿童辞海》光盘版上市后颇受市场好评。1995年，上海市科委认定上海电子出版公司为上海市高新技术企业，该公司成立后积极推广应用彩色桌面出版系统的工作，对提高出版效率和出版质量具有重要意义。为了配合出版系统的技术改造，大力推广计算机编辑设计新技术，公司多次举办应用演示会和培训班，给传统出版插上高技术的翅膀。1995年5月，公司还承担并完成了由国家新闻出版署电子音像司下达的《电子出版物管理条例》起草任务。

第三，组建宏图房产公司。上海出版系统各单位的办公用房，多为原有老房子，普遍偏紧凑，限于能力又都不具备自建条件。而我局存有呼兰路和钦州南路两块空地资源，于是，我们想方设法将现有资源分享给下属单位。

一是拿出其中一块地,由我局组建的宏图房产公司与本市的另一家企业合作开发多层住宅项目。宏图出土地,该企业出全资,收益各得50%。宏图的所有收益不作内部分配,按市场销售后全部用作钦州南路出版大楼工地启动资金。上海出版大楼共20层,总面积1.35万平方米,1996年6月竣工,我局要求宏图将大楼的全部办公用房按成本价加适量管理费核定成产权房性质的房价,限"售"给局属单位,有意给这些单位,尤其是规模小的社改善办公条件,增长资产,为他们出版主业发展增添有利因素。

二是开发商品房高安公寓。支持宏图开发高安路肇嘉浜路口的高安公寓商品房项目。高安公寓建成后,局机关没有一位干部和职工入住该公寓,也从未要求宏图向机关作任何返回。后来,宏图房产公司划归了世纪出版集团,圆满实现了服务型政府"将资源分享给下属"的初衷。

第四,成立上海市版权代理公司。为适应更好地开展保护著作权所有人合法权益的工作,促进文学、艺术和科学作品的创作和传播,加强国内外文化交流,1992年底我们开展了国内外版权代理业务,成立了上海市版权代理公司。这是继国家新闻出版署中华版权代理公司之后的首家地方性专业版权代理机构。1993年,上海市版权代理公司先后在美国纽约、日本东京和德国斯图加特设立了代办处。

第五,培育构建健康繁荣有序的出版物发行大市场。出版产业是一个系统工程,我局始终把培育、构建和加强市场管理的目标定位在"发展"上,把"扫黄打非"列为经常性管理职责。

一是1989年《上海市图书报刊市场管理条例》经上海市人大审议通过立法。从此健全了上海市、区二级管理体系,由出版局召集,文广电、公安、工商、海关、铁路、交通、邮电等部门通力协作,共同把关。

二是筹建上海书城。在福州路文化街上建一座大型图书城是上海几代出版发行人的心愿,书城项目是市政府十大文化实事工程之一,由出版局自筹资金建设,由我作为工程总指挥。之前,我们系统从未承建过如此大的基建项目,大笔款项筹措、居民工商户动迁以及工作班子组成等艰巨复杂的大堆难题,都是对出版局的严峻考验。在市里的直接领导下,在市有关委办的大力支持下,在联建方真诚合作及工程指挥部成员的勤奋努力下,这道上海市中心的靓丽文化风景线——上海书城,终于在1998年建成并隆重开业。

三是创意图书期刊进超市。为繁荣出版物市场、拓展图书期刊发行，1992年11月，我们创办了上海久远经营公司。它以"店中店""无店铺"的连锁模式经营，在上海及周边邻近省的超市、大卖场开展图书报刊批发、零售连锁经营。这一模式先在本市试行，很快扩展达到了数千个网点，取得了良好效果。

四是搭建二渠道书刊批销市场。1994年，我局支持与南市区文化局联手组建联市文庙图书批销市场，给书商们搭建大平台，形成规模效应。同时，这一举措也对行政管理部门对其实施必要的服务性管理提供了条件。

五是成立全国第一家中西合作书友会。1993年，国际著名的德国贝塔斯曼集团来我局推介其独特的书友会模式，这种引领阅读的方式引起了我们的注意。经过一年多的交流与谈判，双方达成共识，拟先从合作成立书友会着手，再合办国际水平的印刷公司、科技出版公司等。1995年，上海中国科技图书公司与德方合资的上海贝塔斯曼书友会经批准后正式成立。双方进行了13年的友好合作、苦心经营，但终因互联网的出现，原有出版发行格局遭受冲击，2008年，贝塔斯曼集团做出战略调整，撤出书友会在华的全部业务。虽然书友会结束了，但是我们看到了一家世界知名出版品牌公司承担风险的气魄和对诚信的重视。

1997年1月20日，《人民日报》记者卢新宁以"上海出版物市场：风正舞千帆"为题在头版头条刊发了报道。文中说："上海出版物市场的'服务性管理'，就是以管理为繁荣之舟开辟通途，以繁荣为管理之剑指明方向"；"上海把加强市场管理的目标定位在'发展'上，以'服务'为纽带联结了繁荣和管理的关系"；"文化市场的管理者是社会主义文化市场的清道夫，更是繁荣社会主义文化市场的开拓者"。文章还说："上海为建立禁止非法出版物流入的外围防线，航空、火车站、公路道口、水上码头、邮局共同把守，牢牢把住了上海的大门。"

岁月易辞，温馨犹存。那是多么"爽"的岁月，是令人放手大干事业的氛围。2019年，值此庆祝伟大的中华人民共和国诞生70周年之际，万紫千红之春正企盼着妆新人间时刻的到来。"创新驱动，转型发展"必将在新的岁月中创造上海出版界更多的奇迹，谱写更加出彩的绚丽篇章。

（2017年11月）

教师感悟

人的一生应当这样度过

李雅男

人的一生应当这样度过：当他回首往事的时候，不会因为碌碌无为、虚度年华而悔恨，也不会因为为人卑劣、生活庸俗而愧疚。关于徐福生老先生的一生，我想，用这句话概括或许是极为妥帖的。

作为同祖国一起成长起来的一代人中的一员，徐福生老先生的一生同祖国这70年发展一样，风雨兼程，砥砺前行。中国作为社会主义国家，从新中国成立初期的一穷二白一路走来十分不易，徐福生老先生便是为这一穷二白到繁花锦簇奉献一生的人。

徐老先生的职业生涯一直在创新，一直在尝试。无论是考核制度改革还是房地产公司建设，抑或是代理公司的成立和书友会新模式的引进，他是真正在考虑如何解决问题、如何让这一行业发展得更好以及如何让民众受益。也正是这样的思维和信念，成就了徐福生老先生的一生，成就了上海出版业现在的繁荣，无数个像徐老先生这样的人成就了现下花团锦簇的祖国。

中国历来提倡"中庸之道"，"中庸"是儒家道德标准，意为待人接物不偏不倚，调和折中。许多人却误解了何为中庸，因循守旧，碌碌一生。而有的人脚踏实地，仰望星空，风雨兼程。人的一生，应当怎样度过？或许，最终能够说："我已把自己整个的生命和全部的精力献给了壮丽的事业——为祖国发展而奋斗"，是成功吧。

李雅男，上海外国语大学贤达经济人文学院思政教学部教师，毕业于上海理工大学，曾赴德国富特旺根大学交流。实践能力强，多次获省部级、国家级创业奖项；热爱生活，兴趣广泛，擅写作、辩论，语言能力强。

李雅男

学生心得

渺小而伟大的联结

杨鉴开

在过去的这些年岁里，我一直在想，我与脚下的这片土地究竟是一种怎样的关系，直到听完徐福生老先生的故事，我才真正体会到那种微妙的联结。

从祖国的诞生，到"百花齐放，百家争鸣"的文艺政策，再到恢复高考、改革开放，徐老先生的人生伴随着祖国发展的各个重大节点，又或者说，正是祖国不断向前发展才为徐老提供了种种机遇。如若不是随同祖国母亲发展而成长，或许徐老的人生也会截然不同，而正是在这样复杂且充满机遇与挑战的岁月里，在那些刚刚好的机遇面前，徐老的人生便与共和国的命运彻底交织在了一起。

徐老讲述他精彩的人生历程，最让我印象深刻的便是他对自己工作的奉献。几十年间，无论他处于怎样的岗位，无论他接手怎样的工作，徐老从未停下过学习与思进的脚步。他不断提升自己的专业水平，持续思考如何让体制、机制常改常新。上海科技出版社和上海市新闻出版局能够始终保持着活力，创造一个又一个令人激动又敬仰的工作成果，离不开徐老一生的奋斗。

以前，有些问题曾困扰着我：我们这些再普通不过的青年学生，究竟怎样才能与我们深爱的这片土地产生一些"特殊"的联结？渺小的我们要如何才能真正为祖国的复兴尽一份力？而现在，我想，徐老的故事或许就是最好的答案。人均GDP突破万元，全面小康决胜在望，祖国发展越来越好的同时，也面临着许多的风险与挑战。江潮涌动之际，我们要做的是努力学习，做好一个学生该做的最简单的本职工作，丰富自己、把握机遇，在恰到好处之时，投入建设祖国的浪潮之中，如此这般，便也能为实现中华民族伟大复兴真正贡献出自己的一份力量。

我想，如果我们每一个中国人都能在属于自己的平凡岗位上履职尽责，努力做好属于自己那件简单的小事，或许就是我们和这片土地最渺小却最伟大的联结。

杨鉴开，上海外国语大学贤达经济人文学院2019级外语学院法语专业学生。性格活泼开朗，积极向上，热爱文学与艺术。"我们必须全力以赴，同时又不抱任何希望"是我的人生座右铭。希望在今后的生活里，无论做什么事，都能将其当作全世界最重要的事，同时又知道这件事根本无关紧要。

一 眼 沧 海

卞逸明

"牢记使命，执着追求"，这是徐福生先生对自己毕生的勉励；"岁月易辞，温馨犹存"，这是徐老先生对于那段岁月由衷的怀念和感叹。听完这次演讲，就仿佛简略地拜读了老先生的一生。在很久之后，当我闭上眼睛，眼前总能浮现出老先生在讲述上海出版业发展成长道路上许多艰辛的经历，仿佛回到了那段战火纷飞的年代，看到了刚解放时的那个破旧落后的中国。而当我睁开眼时，呈现在我眼前的则是一个欣欣向荣、举世瞩目的新中国！

徐福生老先生讲了自己平淡而又不平凡的一生。徐老先生的家与人生在一开始便与新中国的命运紧紧联系到了一起。年幼时家庭的贫穷没有影响到老先生的前途，就像是刚刚诞生的新中国虽然内忧外患，但仍然砥砺前行。恢复高考、企业改革等政策一步步推动着上海出版业的发展，这也正是在改革开放等正确的方针政策影响下新中国繁荣富强的缩影。老先生无愧于国家的栽培、没有辜负国家的期盼，针对当时上海出版业面临的一些紧急的问题提出很多具体、完整的解决方案，得到了《人民日报》的表扬，为文化市场的拓展和发扬壮大做出了巨大的贡献。这些贡献推动了上海的发展，也为健全中国的出版业提供了宝贵的经验。而我们伟大的祖国之所以能有今日的繁荣昌盛，不正是因为有千千万万这样的人在各自的岗位上奉献着自己吗？这70年，从"中国人民站起来了"开始，途经无数的艰难险阻，到伟大的改革开放，再到为实现中华民族伟大复兴而继续奋斗，我们经历了太多太多！多少像徐福生老先生这样的人夜以继日地奋斗着,又有多少像上海出版业发展中的企业从无到有?徐老先生对上海出版业做出了巨大的贡献,也正是有无数个以老先生为代表的中华儿女夜以继日地无私奉献着,我们的祖国才能在荆棘中踏出一条光辉灿烂的希望之路,昂首向前!

70年披荆斩棘,70年风雨兼程,中国人民创造了多少个以上海出版业崛起为例的成就,一次次攻坚克难、一步步勇毅前行,推动着中国产生了这么多翻天覆地的变化。伟大祖国的复兴之路越走越宽。老先生,祖国今日这昌盛,如你所见!

卞逸明,上海外国语大学贤达经济人文学院2017级工商管理2班学生。校团委组织部、商学院宣传部学生干部、学习委员。获优秀团员、优秀学生干部等荣誉,获校奖学金。热心于支教、志愿者等公益活动。热爱学习,积极向上,热爱篮球,乐观开朗。

14. 吴祖德

传统文化露古今,自信传承品香茶

吴祖德,原为上海市文化艺术联合会民协副主席,现任上海市非物质文化遗产保护工作委员会专家委员。

吴祖德

讲演实录

优秀传统文化和文化自信

吴祖德

今天我和大家讨论的问题是"传统文化与文化自信"。

习主席所讲的"道路自信、理论自信、制度自信、文化自信"这四个自信中哪个是基础?文化自信是基础。

为什么说文化自信是基础,这就是我们要讨论的问题。

文化自信中的"文化"包括中华优秀传统文化、革命文化、社会主义先进文化。我们只有对传统文化有充分的了解,才能更深刻地理解革命文化和社会主义文化。那么为什么要建立文化自信?为什么对我们自身价值体系要坚守?为什么对优秀的传统文化要遵守、珍惜、坚守呢?没有文化的自信,所谓理想信念就成了无源之水、无本之木。全球化时代是文化的时代,强调文化自信才能坚守自己发展理想信念,才能抵制文化殖民和精神殖民。

一部分发达国家别有用心地提出了文化一体化。2002年,我国在摩洛哥蒙特卡洛申办世博会,随行至摩洛哥蒙特卡洛时,国际范围内的一些有识之士已经意识到了这个问题——文化一定不能一体化。文化一体化意味着没有差异,即失去了多元,不只影响一个国家、一个民族的人;如果文化一体化真的实现,就意味着整个人类都会逐渐丧失创造的兴趣和能力。大家都一样,没有差别,那么我们还能从哪里吸取创造的养料?还有什么兴趣进行创造?特别是在美术方面,在美术界,有各种各样的流派,各种各样的画风,也有很多我们看不懂,但是我们必须让它们存在,这是差异,是一种多元化。正是这种多元化使我们有鉴赏美的能力,创造出属于自己的美的作品。那么有些别有用心的国家提出文化一体化,其实质是什么?是他们想通过这种过程实行文化的殖民主义。

另外,还有一种精神殖民,他们想通过一些主张、要求,使我们跟着他们的步伐走。所以国际范围内的有识之士在2000年联合国大会上提出并签署了一个对文化遗产多样性加以保护的宣言。同样,我们也要对自己的文化进行保护,对我们的历史文化、传统文化进行保护。2004年,全国人大通过了《中华人民共和国文物保护法》,从此文化保护有了法律依据。

在新中国成立之初,1950年,我国出台了文物保护法,对罐子、瓷器等有形古文物进行保护。现在,我们也有了相关立法对非物质文化进行保护,这一举措是为了使我们不被所谓的先进、发达国家进行文化殖民。只有在对传统文化保护的基础上,才能建立起我们自己的文化自信。

在这之前,有一些发达国家准备将自己的文化输出,作为"一体化"的文化根源。还有一些落后国家对本国文化持鄙视的态度,认为自己的文化太落后。针对这一点,联合国的宣言和我国的文化保护相关立法也表明,文化没有高低,也没有所谓的先进与落后之分,这是我们对文化应该持有的认识。从中可以发现,我们自己的文化要保护,否则文化自信就无从建立,这就是强调文化自信和传统文化要联系起来研究的重要原因。2017年1月中共中央办公厅、国务院办公厅正式发布的《关于实施中华优秀传统文化传承发展工程的意见》指出,当下各种思想文化交流交锋更加频繁,迫切需要进一步加深国民对中国传统优秀文化的认识,进一步强调文化自觉和文化自信。

习总书记指出,中华民族在几千年历史中创造和延续的中华优秀传统文化,是中华民族的根和魂。建立在五千年文明传统基础上的文化自信是更基础、更广泛、更深厚的自信,所以我们要提倡富根立魂。传统文化存在于我们灿烂的文明中,传承优秀历史文化、维系民族精神可以加强对社会主义精神文明建设的深厚滋养,这也是文化自信的基础。习总书记强调了文化自信和传统文化之间的关系,我想即使不做其他的研究,根据习总书记的指示,我们就可以把文化自信和传统文化之间的关系以及为什么要强调文化自信梳理清楚了。

接下来我们讲一讲传统文化。最早的文化就在神话中,神话表明原始人对世界开始了幻想。神话具有奇妙的构思、丰富的想象、生动的情节、广阔的意境,它具有永久的魅力。大家知道在我们最早的文化中,我们的先祖认为世界是怎么来的吗?有一个故事是"盘古开天地",最早天地是连为一团的混沌(我们知道现在宇宙之间有些星体仍为混沌状态),在这片混沌中盘古不断地长大,力量也越来越大,当他把天一撑,于是头上就为天,下面就为地。就在这时他过世了,他的左眼化为太阳,右眼化为月亮,身体化为高山,肌肉化为土地,血液变成河流,呼吸变成风雨,而毫毛则变成了人……这个创世纪的神话代表着人在荒芜中的努力。那为什么能从神话中看到文化自信是重要的东西呢?我们来看第二个故事。

我们的祖先能够直立行走之后,他们住在哪?大家都知道山顶洞人,他们住在山洞里。住在山洞里有很多缺点,第一潮湿阴暗没有光亮,第二有野兽的袭击,即使可以用巨石挡住洞口,出行也很不便。直到有一个人看到了一棵树,看到了一只鸟,这只鸟把一根根树枝衔到树上搭窝,他觉得这主意不错,于是学着把树枝和柔软的皮毛扎在一起搭成鸟窝一样的形状使其比较舒适、透风、安全。之后,他又觉得爬上爬下不方便,便把这个像鸟巢一样的地方放置在地上做起来。大家觉得这个人编织巢穴的办法很好,于是推选他为领袖,给他一个名字叫有巢氏。大家都跟着有巢氏也就是这个部落的酋长学,那之后,人们就开始有房子了。房子的出现大概是在一万年前。那么那时他们吃什么?答案是树上的果子、野地上的草以及生肉。然后突然有一天恰逢打雷,一个雷击下来,引起一场野火,烧死了一些野兽,有个胆大的人,把烧好的肉拿来吃,觉得很好吃,比生吃的肉香,容易咬,于是,人们想办法让烧着的树一直烧着,把抓到的小鹿放在火里烤了吃,于是出现了类似于现在的烤串。再之后,突然下了一场大雨,把火灭掉了,再打雷就不知道要到什么时候了。有人就开始想,有什么办法可以不用打雷就起火呢？他想起之前在火堆旁边感受到了热量，于是他有了一个想法，热可以变成火。于是，他拿了一段干燥的木头，上面放了点野兽、小鸟的腋下毛。为什么要用腋下毛？因为腋下毛很软，放在木头上面，拿木棍在上面搓，搓到一定程度之后柔软的毛就燃烧起来，最后垫的树桩也烧起来了，就这样人们得到了火。大家从他那里得到了火种，可以吃熟的东西了，很感激他，就让他做领袖，给他起了个名字，叫燧人氏。那么，有火就得有肉啊，有个人抓鱼、抓野兽非常有本事，他怎么抓的呢？人家都是去河里摸、拿石块埋伏在野兽前，或者一群人拿木棍在野兽前面等着，等野兽来了就冲上去乱砍乱杀。但他不是，他用树枝和柔软的树条编成网，架起来，等野兽自己掉进去，或者把网放在河里面，等鱼自己游进去，自己定期过来收网。有些事情，他会记下来告诉大家，但大家不住在一起怎么办？他就把柔软的树枝打成条，表示今天这条河这里已经安上网了，明天要到前面去了，过几天他又标记前面那个树林里面已经安上网了，再过了几天他也不知道这是第几天了，那要怎么标记呢？他就想了办法，用软的石头刻斜线，刻三角，我们现在称之为"契"。现在大英博物馆里面有几个镇馆之宝，就是古埃及时期的一篇契文，上面刻了一部法律，就是用这种斜线和三角写成的，我们称之为"契形文"。这个人就用"契形文"把事情记下来。除此之外，这个人在"烧"食物的时候有一定的方法技巧，比如要把毛皮去除、把精肉和肥肉分开、把鱼内脏整个剖掉。他把这些方法告诉大家，大家觉得可以，就尊称他为"庖牺氏"。"牺"即贡献自己的一切。"庖牺"的意思就是在吃饭方面非常有本事。

还有就是，人们要繁殖后代，男女在一起要规定个仪式，男士要娶女士，要给她两张兽皮，这就相当于聘礼，只是那时不叫聘礼，称为"俪皮"。"俪皮"是什么意思呢？是两张麂皮，"麂"就是像鹿一样的动物，发明这个东西的人就是伏羲。伏羲不只会烧饭，不只会给女孩子两张俪皮，他发明的最著名的东西即使到现在依然有人在研究，甚至有的国家还挂在国旗上面，是八卦！八卦是伏羲发明的，八卦符号代表的是天、地、雷、风、水、火、山、泽八种自然现象的变化。伏羲把人的生活水平提高了一个层面，婚姻有不同的要求，吃东西有不同的味道，这些事情有一定的记载。

后来又出来一些人，他们说不能只取野草的种子，我们也要有计划地种一些。之后有人发现，种子扔在表面可能会被野鸟吃掉，得放在土里面。于是有人发明了两种非常有用的工具，一种叫"耒"，一种叫"耜"。这个人十分聪明，自己能主动种植,大家将他视为领导者,这个人就是我们常说的尝百草的神农氏。神农氏不只是尝百草,知道哪些草可以吃,哪些草可以治病,也在农业上将我们的生活水平大大提高了。

再之后,出现了两大"集团"——黄帝部落和炎帝部落。黄帝做了一件事情,他杀死了一头野兽,这野兽皮非常紧密,人们称之为"雷兽",因为这野兽吼叫的声音非常响。他们把兽皮剥下来,找了一段树桩,把树中间掏空用这兽皮蒙在上面扎紧一敲,声音和那野兽叫声一样。这一物件有两个用处:一个是要和炎帝打仗,可以用来吓唬对方;另一个就是可以驱赶野兽。黄帝发明的这个东西就是鼓。后来黄帝觉得鼓声太单调,想要声音再丰富一些,于是,他找到了一个叫伶伦的人。黄帝说,我们生活环境里的声音应该丰富多彩,只有打鼓的声音太单调了,于是伶伦就跑出去寻找各种各样的声音,跑到高山上,跑到森林里,听野兽叫,听鸟叫。他从现在宁夏的位置一直跑到昆仑山,到处去找声音,最后他找到一根竹子,按《山海经》说的,以"累黍为尺"的长度算,这根竹子应该是九寸长。他在那根竹子上扎了两个洞,一吹就发出鸟叫的声音,他非常高兴地拿回来,把这件东西命名为黄钟。他发现这个竹管能吹出五个音,就是我们后来说的宫商角徵羽。伶伦拿到这根竹子后,自己研究,于是我们有了十二音律。十二音律是用八种乐器确定下来的,即金、石、丝(用动物的羽毛制成)、竹、匏(用葫芦做的)、土、革、木。要把人们的思想表达出来,只有乐器是不够的,于是一个名为荣将的人制造了编钟,这是最早的编钟,只不过不是青铜制成的。伶伦用八种乐器和编钟一起创造了一首"交响曲"。伶伦作了乐曲《咸池》,因为他们那里有个湖,湖水是咸的,用湖里的水处理食物,咸的比淡的好吃得多。黄帝下面有个史官,他觉得契形文不太好用,所刻的内容只有刻的人知道,他想创造一种大家都能知道的文字。于是他跑到高山上,跑到大海边,看鸟飞翔的样子,看野兽奔跑的样子,看鱼游泳的样子,看天上白云变化的样子,看树木成长的样子……他把这些在自然界中看到的动作、痕迹临摹下来,创造了中国最早的文字。这个人就是仓颉,这个故事就是仓颉造字。

世界上有四大文明古国——中国、古埃及、古印度、古巴比伦。中国是唯一保存下来的文明古国,那么其他三个为什么没有保存下来呢?第一是他们受到侵略,第二是他们记载的资料没了,而我们记载的资料留存下来,就是因为我们有文字。我们文字的优点在于音、形、义三者能够相结合。有时候我们有个字不认识，但是读半边就有可能蒙对。有时候不知道一个字是什么意思，但看偏旁就可以大致了解是什么含义。中国字就是这么好，中国的传统文化就是这么好。

我小时候，大概四五年级时看《三国演义》，好多字不认识，就是靠猜把意思猜出来的。黄帝时期，创造发明层出不穷。有个叫荣成的人，制定了日升月落的时间表，我们现在把它叫作历法。还有一个人叫胡曹，他把一块兽皮中间剪个洞套在身上扎好，就成了上衣的雏形。

远古时的蜀地有一位首领，人们尊称他为望帝。望帝很苦恼，因为夏天发大水的时候，他的子民很容易被淹死。有个人跑去看就发现，原来是巫山挡住了水，水流不出去，所以他把巫山开了个口子，这个口子直到现在都还在用，这个口子就是三峡。

从前有位掌管音乐的神说：掌管音乐的目的是要感化那些年轻人，使他们的性格变得正直而温和，宽容而谨慎，刚强而不抱怨，简便而不傲慢。音乐是用咏唱表达感情，音乐需要调节声音的高低，人类乐器的声音也是用来调和的，这样会让人感到舒服。所以什么叫文明？文明就是人类进步的状况。文化有很多定义，文化可以是人们的生活状况。在这两个概念的基础上通过故事就可以推导出来我们中国为什么是文明古国了。文化是人的生活状况，在古代社会，很多人用自己的创作来改善人民的生活状况，这也表示着我们中华民族的传承者，努力在社会进步中处于领先的地步。在一万八千多年前，我们的先民就在改善人们的生活状况上有了如此多的建设，这意味着我们的文明已达到了什么程度呢？文明是人类社会进步的一个标志，我们已经达到了这个程度，之后我们在人类历史上也一直有领先的地方。有学者这么解释"古文明"国家："古"用来表示我们的文明所在；"文明"就是不断提高人们的生活水平，改善生活状态。

以前住在两个山头的人如果要对话，只能大声地喊，叫作"山呼"，是因为两座山隔得很远。"山歌"就是唱歌要大声让对方听到，所以大声唱歌叫唱山歌。而现在呢，千里之远用手机就可以连接，这大大地方便了人们的生活。文化是人们的生活方式，而文明是人们生活进步的一种状态。那么古代我们这些文明创造并不是无厘头的，是着实提高了人们的生活水准，知道了吃熟肉、历法、文字、记载事情，这些都是文化的体现。那么如果这些不是你的生活方式，而是别人强加给你的，你跟着他的生活方式走，结果会怎样？这是一种很诡异的做法，用软实力来进攻中国。我们现在也使用软实力，但是我们的文化不是让别人硬跟着

吴祖德

我们,而是希望大家一起,就像"一带一路"的宗旨。我们刚刚讲的故事所体现的软实力就是我们民族中从来都不逃避、在困难面前永远是想办法解决困难的精神。

哈佛大学的一位教授曾说,中国人以后肯定会了不起,他们用自己的力量去跟大自然斗争,从而取得自己想要的,这个就是所谓的民族精神。今天我们在发展传统文化的时候,就是要把民族精神拿出来作基础,民族精神才是我们的根本。传统文化就非要背三字经、弟子规,穿汉服?可最早的时候,人们穿的是兽衣、兽皮……所以我们要的不是形式,我们要的是内在。

(2017年10月)

教师感悟

智人的命运

李雅男

一直以来,我都在思考:人类到底是靠什么联结的?是什么让人类自发组成了民族、形成了社会、建设了国家乃至联结了世界?

吴祖德教授对文化和文明的剖析加深了我的思考。

人类是群居的社会性动物,群居、社会性最早可能是来源于对生存的渴求,但数千万年的进化史最终将这种特性刻入了人类群体的骨髓,使得社会性最终成为人类的一种本能。随着社会的发展,人类的生存交往范围在不断扩大,人类最终将从部落、民族、国家发展到世界联结的前一个阶段,最终的"世界联结阶段"可能是马克思所说的没有阶级、没有国家界限的"共产主义"阶段,不论其在未来是否被称为"共产主义"。

在这个阶段中,人类的社会性表现出一种以地理区域为标准的"类"的划分,以国家区分,分为中国人、美国人、英国人等;以省市区分,分为北京人、上海人、广州人等,细化到最后甚至可以明确到以家庭为单位。而维系这种"类"的关键因素就在于文化,在于文化相近性基础上人们的"共情心"。地理位置越相近,文化就越相似,由文化相似性引发的共情就会愈强烈,最容易理解的例子便是"老乡"心态。

中国从来没有称霸的野心,我们想要的是"人类命运共同体"的世界联结与互利共赢。但是许多情况下,超级大国要的却是在他人服从的基础上的对自身利益的满足。而避免这一局面的最好方式就是通过弘扬中华优秀传统文化,通过文化自信的建立来抵御外来文化入侵,将文化共情性作为我们团结一致保护自身的最好武器。

实现智人的最终联结,我们仍有相当长的路要走。

学生心得

文化繁荣,根在自信

刘米米

有幸聆听了吴祖德教授的"优秀传统文化与文化自信"讲座,感触颇深,收获颇多。

吴教授从古代中国的几个反映传统文化的故事讲起,横向比较了世界上四个文明古国,并且指出只有中国还屹立在世界的东方是因为中国有音形义结合的文字以及传统文化。一个国家或者民族要想屹立于世界,没有传统文化,没有文化自信是万万不行的。

中华优秀传统文化是在五千多年的发展中积淀而成的,我们有无数珍贵的文化经典,我们有诸多引领世界潮流的发明创造,我们更有丰富的哲学思想和人文精神。当前,中国特色社会主义进入新时代,文化的重要性日渐凸显,文化兴则国运兴,文化强则民族强。先辈们通过实践,才将"文化"转化为一种现实的存在。文化自信是历史的积淀,源于中华民族五千多年来在经济、政治、文化、社会、生态文明等各领域的物质文明和精神文明的积累。我们也必须清楚地认识到,对待本民族的文化,需要秉持一种实事求是的态度,正确认识本民族文化的优点和特点,取其精华,去其糟粕,才能有益于本民族文化的发展、繁荣和自信。

习总书记说:"站立在960万平方公里的广袤土地上,吸吮着中华民族漫长奋斗积累的文化养分,拥有13亿中国人民聚合的磅礴之力,我们走自己的路,具有无比广阔的舞台……"中华民族的伟大复兴是我们的使命,中华文化自信的提升是每个国人沉甸甸的责任。不忘初心,牢记使命,我们每个中国人都应有这份信心与决心。

刘米米,上海外国语大学贤达经济人文学院2019级法语系学生。座右铭是"温柔且坚定,知足且上进"。不仅热爱集体,敢于担当,有责任心,而且兴趣广泛,喜爱读书写作,曾有文章刊发于《全国小学生优秀作文选》,也热爱舞蹈,并有良好的英语应用能力。希望做一个"向外探寻,向内思考,向下扎根,向阳生长"的女子。

有亲则可久,有功则可大

许团结

尽管吴教授的演讲早已结束,可我已被种下种子。

中国,一个"百国之和"的国家,有着数千年没有中断的伟大文明。从文学到饮食,从美术到戏曲,从音乐到建筑,从居家到民俗,物质遗产也好,非物质遗产也好,中国文化的丰富性举世罕见,故,我们理应自信!

19世纪中叶,英国发动的鸦片战争强行打开了中国的国门,中国当时被西方强大的军事力量、物质力量所震撼,导致很多中国人失去了对自己文化的自信,甚至产生中国需要全盘西化的呼声。新中国成立至今,改革开放进入深水区,我国经济实力、综合国力进入世界前列,经济结构持续优化,基础设施建设突飞猛进,中国人越来越认识到"文化"的重要性,越来越落脚到"自信"的"自"上。我们拥有深厚而广阔的文化,这是中国发展至今的根源!

《易经》有言:"有亲则可久,有功则可大。"一种文化要发展,基础首先要"可大",其次要"可久",比如中国历史,我们文化自信的根底来源于哪里?吴教授提到,一个很重要的原因是我们长期的统一、和平、发展、繁荣,我们"求同存异"。如今中国所提出的"人类命运共同体"更是力求形成全球范围内的价值共识,谋求合作共赢。对于所有不同的东西,我们都力求发现它们之中的共同之处,这便是中国之伟大。

正值新中国成立70周年之际,回溯70载不凡征程,对这片土地爱得更加深沉。中国——我的祖国,你如今花开满枝头,未来,定收获累累硕果!

许团结,上海外国语大学贤达经济人文学院2019级日语1班学生。为人正直,性格可爱,做事细心,个性坚韧,有责任感。喜爱阅读、绘画和朗诵。愿自己坚守信念,把握时机,无悔今生。

15. 刘丽梅

分泌代谢女专家,科学畅想树新碑

刘丽梅

刘丽梅,二级教授、研究员、博士生导师、留日医学博士。上海领军人才、上海市优秀学科带头人,上海市糖尿病研究所常务副所长,上海交通大学医学院教授,上海市优秀留学回国人员。精通两门外语(英、日)。现任上海市医学会医学遗传学专科分会候任主任委员,中华医学会医学遗传学会委员,上海市医学会内分泌学分会委员。从事内分泌代谢病,特别是发病年龄小于35岁的、遗传性特殊类型糖尿病(如青少年的成人起病型糖尿病即MODY、线粒体糖尿病、新生儿糖尿病)、妊娠糖尿病、糖尿病肾病的病因机制、遗传咨询、精准诊断和药靶精准治疗研究。擅长Ⅰ型、Ⅱ型和特殊类型糖尿病的鉴别诊断、精准分型与诊疗。近年主持多项国家自然科学基金和上海市科委基金项目。荣膺"2018年生命科学领域十大贡献卓越的女科学家""科学中国人年度人物",获"中国糖尿病十大研究最具影响力研究奖"等。

讲演实录

风雨彩虹　追梦人生

刘丽梅

又一次尘埃落定,又一段精彩人生! 2018年11月,在全国糖尿病年会的学术大厅里,迎着全国各地专家、学者雷鸣般的掌声,我从容走上前台,作本届年会特邀大会专题报告"揭秘中国MODY最常见致病基因密码——GCK"。该项研究成果有望让"糖孩子"甩掉"药罐子",堪称中国MODY史上的里程碑,开启了中国糖尿病精准医学时代!该论文发表于美国代谢权威杂志 *Metabolism*。

《新民晚报》科创版头条、《国际糖尿病》封面与整版、新华社、生物探索和转化医学等媒体争相报道,点击率超过百万!成果震撼业界,凸显了科学发现造福人类的惊喜!香港、北京、上海、河南、山西、安徽……全国各地青少年糖尿病患者的家长带着孩子,还有35岁以前发病的年轻糖尿病患者们,不远千里慕名而来,专程到上海市第六人民医院找我和我的团队寻医问药,进行糖尿病的遗传咨询、精准诊断和治疗。凭借这一足以让几十万名"糖孩子"甩掉"药罐子"的系列重要科学发现和转化医学成果,我被转化医学网评为"2018年生命科学领域十大贡献卓越的女科学家"。

海外留学　回国奉献

我是上海市第六人民医院(以下简称"六院")引进的第一批海外留学归国博士之一,六院的人们都亲切地称我"刘博"。1988年,我以优异的成绩毕业于白求恩医科大学(现吉林大学)六年制外语医学专业;1989年公派赴日本留学,硕博连读,攻读内分泌代谢-生物化学博士学位;1995年取得医学博士学位;1997年完成博士后工作回国,来到上海市第六人民医院,与项坤三院士一起,共同致力于糖尿病致病基因的发现、遗传机制、分子诊断与治疗研究。1998年当选为上海市第六人民医院第一批优秀学科带头人候选人培养对象。

1999年,我又被公派赴日本千叶大学从事博士后研究,学习与探索糖尿病致病新基因的分子遗传学,借鉴最新的基因诊断方法与技术。树高千丈,落叶归根。十年的留学生涯,博士、博士后的历练,锻造出敏锐的观察力、科学的头脑和扎实的医学科研基本功。回国后,我又申请到多项国家自然科学基金、上海市科委基金项目,在国内率先建立了系列高效、经济、稳定、快速的基因测序与诊断方法,为六院领先全国开展单基因糖尿病特别是MODY的研究奠定了坚实基础。

不忘初心　砥砺前行

MODY是青少年的成人起病型糖尿病的缩写。中国MODY患病人数已逾百万,居世界第一;致病基因一直悬而未定,极易误诊,难以辨因施治,从而成为临床诊疗的难点。迄今为止,国外科学家已经发现了14种致病基因,然而这些致病基因突变虽然广泛分布于欧洲高加索MODY型糖尿病人群中,但在中国人群中却很少见,存在显著的种族差异。因此,我提出:直接拿国外的研究成果治不了"中国病",必须破解中国MODY人的基因密码!

从此,集教授、研究员、博士生导师资格于一身的我,在指导博士、硕士研究生课题的同时,一边带领课题组及时掌握国际糖尿病前沿领域的最新研究动态,与欧美科学家竞争,一边开展数千个青少年糖尿病家系突变筛查、功能、表型和个体化药靶治疗的转化医学研究。为了寻找MODY型糖尿病致病基因,每天连续工作十几个小时,加班加点、不计报酬;做实验、看文献、监测分析数据、撰写论文,工作到午夜和凌晨是常事……"板凳要坐十年冷,文章不写半句空",对于研究生我是这样指导和要求的。我儿子总结说,我的妈妈"严于律己、严于律人"!

寒来暑往,回国十年了。"宝剑锋从磨砺出,梅花香自苦寒来"！2013年初,我们课题组终于率先发现了MODY型糖尿病的"首个中国致病基因密码"KCNJ11,论文发表于欧洲糖尿病权威杂志 *Diabetologia*。同年11月,我在全国糖尿病年会特邀大会作专题报告"KCNJ11突变与MODY13的发现",在糖尿病界引起了巨大的轰动与反响。《国际糖尿病》封面与整版报道了这一重大科学发现和转化医学成果;同年,"揭秘中国MODY致病基因密码"从入围的30项研究成果中脱颖而出,荣获中国糖尿病十大研究最具影响力研究奖!

一分耕耘,一分收获!我在蝉联每隔两年一评的2008年至2019年国家自然科学基金资助的基础上,又获得2020年开发糖尿病生物标志物的上海交大医工交叉重点项目的资助。我也因此成为六院历史上连续获得国家自然科学基金项目最早和数量最多的人。国家自然科学基金是公正的,基金的获得是对我们团队科研工作、探索精神最公正的肯定与评价。

随着新医学事业突飞猛进的发展,2017年中国遗传学会遗传咨询分会与国家卫计委，面向全国颁发9张"高级遗传咨询师"证书，上海仅2张，一张颁给生殖缺陷专家黄荷凤院士，另一张颁给了作为遗传代谢病专家的我。2018年，我成功当选上海市医学会医学遗传学专科分会候任主任委员，工作担子更重了。我们关于MODY的重要发现和系列转化医学研究成果在业界、网上和媒体引起了巨大反响和共识。《大众医学》说："25岁前患糖尿病诊治哪家强？找六院刘丽梅！"

天道酬勤　梦想成真

天道酬勤！我们团队继续攻关、只争朝夕！ 2018年，我们又成功揭秘中国最常见的MODY致病基因密码——GCK。这一重大发现改写了教科书，降低了中国MODY的患病率。它将进一步推动中国MODY的精准医疗，并带来巨大的医疗、经济和社会效益！

科学需要奉献，就像古希腊普罗米修斯，反抗宙斯、盗取火种、造福人类，执着而无怨无悔！我以身作则、现身说法，教诲年轻的博士生们：只要心中有梦，就要充满激情地去奉献和追求真理、科学，你们也可以成为科学家。

"路曼曼其修远兮，吾将上下而求索"！凭着严谨、求实、执着的科学态度，扎实、过硬、与时俱进的专业知识，我率领我的博士团队，在科学探索的道路上披荆斩棘、勇往直前……

我有一个梦想……

揭秘首个中国MODY致病基因KCNJ11以来，

又过了五年沉寂的时光，

2018年一声惊雷刺破了寒冷的初冬，

本团队在世界上宣布：发现中国最常见的MODY致病基因密码，

可以让几十万"糖孩子"甩掉"药罐子"！

将为多少人带来健康与安宁，

这在糖尿病界掀起了精准医疗的狂风巨浪，

这是一幅无与伦比的科研杰作，

这是糖尿病领域的又一座丰碑！

（2019年12月）

教师感悟

板凳要坐十年冷,文章不写半句空

李雅男

"板凳要坐十年冷,文章不写半句空",刘丽梅教授的这句座右铭深深震撼了我。

作为那个人才紧缺年代的海归女博士之一,可以想象,当时的"刘博"必然也是光环绕身的人物之一。但如"刘博"一样光环绕身却始终不改本真,却实属不易。

我们都知道,不论是学业还是学术,"冷板凳"实在是日常得很,多少人可以抗得住一年两年、三年五年,但数十年如一日地坚持,这种苦楚,是常人难以忍受的。板凳坐十年对普通人来说尚且难以坚持,何况是"冷板凳"的十年,何况是"文章不写半句空"这样高要求下冷板凳的十年呢?

没有什么事情是理所应当的,十年的"冷板凳"才换来刘丽梅教授发现MODY型糖尿病的首个中国致病基因密码KCNJ11,取得了中国MODY型糖尿病在基因研究方面先河性的突破;十五年的积累换来刘丽梅教授对中国最常见的MODY致病基因密码——GCK的揭秘,降低了中国MODY的患病率。这精准医疗的狂风巨浪,无与伦比的科研杰作,救民于水火的历史丰碑,是"刘博"吃常人难以忍受的苦而得的,她用自己人生潜心、坚持、高要求的数十年,给了众多病痛中的人希望,也给了后人一个巨人的肩膀。

刘丽梅教授的"蜀道",她走了数十年。看着别人的人生,我们又如何能且走且怨、止步不前。

学生心得

风雨彩虹,铿锵玫瑰

向颖芳

她是不忘初心、硕果累累的海归女医生,她是生物医学界逐梦的女强人,她在糖尿病治疗领域开拓了新的里程碑，她为众多饱受病痛之苦的人们带来希望，她就是追梦人生、不断奉献的"刘博"——刘丽梅。

她的头上有太多的称号，让我竟不知该怎么称呼，女士、科学家、教授、医生、主任，身份所代表的不只是权力，更是责任与奉献。刘丽梅教授对于青少年的成人起病型糖尿病的研究发现给中国糖尿病研究带来了重大的突破，在医学界掀起了狂风巨浪。她用自己人生数十年的时光潜心研究，十年的时间才得以用震撼人心的发现刺破寒冷，为青少年患者们带来了希望。一代女将在这场没有硝烟的战争中奋战数十年，最终守得云开见月明。

习近平总书记说："不忘初心，方得始终。"人的一生，或重于泰山，或轻于鸿毛。人的生命虽有限，但是可以为社会做的贡献却是谁都无法预料的。刘丽梅教授以自己的人生岁月铺就了社会演进的通途，作为下一代接班人的我们，何以能不以此为榜样？对比刘丽梅教授奋斗不止的人生，身为学生的我们最不应当的便是虚度年华。处在人生最美好的时期，用雄厚的知识武装自己，为日后发展自身、回馈社会做准备，便是我们最大的责任与贡献。

遇事不避，积极迎战，世上无难事，只怕有心人。愿能相约共同奋斗，未来必然可期。

向颖芳，上海外国语大学贤达经济人文学院2019级会展经济与管理3班学生。兴趣广泛，能独立思考，动手能力较强，为人正直，乐于助人，常热心于集体活动。最喜欢的一句话是"做一个有担当的成年人"，希望自己能够做一个负责任的、能被别人信任的人。

欲戴王冠　必承其重

邓君如

有幸聆听来自上海市第六人民医院的刘丽梅教授分享她的筑梦历程，深受触动，愿以此文记录我的所闻所感。

"人人为我，我为人人。"刘教授虽不是救死扶伤的前线工作者，她的研究成果却为一线医生们提供了坚实的理论基础。院士钟南山曾经说过："选择医学可能是偶然，但你一旦选择了，就必须用一生的忠诚和热情去对待它。"然而现下辱医、伤医等医闹事件频发，对医者的仁心施以了无情践踏。没有人是一座孤岛，古今中外，一个井然有序的社会必然要求公民们各司其职，各尽其力，我们在付出自己劳动的同时，也在享受着他人的服务，何不多一分信任、理解与宽容，让生活更美好呢？仁者爱人，大爱无疆。

"成功的花，人们只惊羡她现时的明艳，然而当初她的芽儿，浸透了奋斗的泪泉，洒遍了牺牲的血雨。"正如刘教授所取得的一切荣誉、头衔与奖赏都归功于她十年如一日的潜心钻研，我们在学业上取得的小小成绩也是十年寒窗苦读的成果。做学问一定是一件辛苦的事情，你要淡泊明志，你要宁静致远；"天将降大任于是人也，必先苦其心志，劳其筋骨"，在这其中你可能会经历挫折，可能会遭遇失败，但没有人能随随便便获得成功，正如歌中所唱——"不经历风雨，怎么见彩虹"。

"天下兴亡，匹夫有责。"时常工作到凌晨的刘教授想到自己的努力可以为中国无数家庭带来幸福与安康就充满动力。一个人至少拥有一份事业、一份寄托而为之终生追求和奋斗，个人价值在社会价值中才能得以升华。同样是通过一份工作，但如果你的工作能够带来些许社会效益，那么所获得的成就感与幸福感是超越金钱本身的，既是双赢，又何乐而不为。但行好事，莫问前程。

大学给予我最珍贵的礼物莫过于教会我要时刻准备着，因为机会永远留给有准备的人。迷茫也没关系，做好人生每一个阶段应该做的事情，未来终将不期而至。待你功成名就之时，回报社会也就水到渠成了，要做一个有能力爱自己也有余力爱别人的人。

邓君如，上海外国语大学贤达经济人文学院2017级法语（双语）3班学生。"生活不止眼前的苟且，还有诗和远方的田野。"希望自己有足够的勇气去见到人生道路上更多不同的风，也期待在未来的日子里被这些涌动的气流雕刻成不一样的山川与河流。灵魂柔顺，永不妥协。

16. 王建刚

改革春风沐浦东,奋斗情缘圆复兴

王建刚,研究员,原《浦东开发》杂志社主编。百老讲师团成员,《东方讲坛》特聘理论专家,上海市新四军历史研究会理事、三师分会名誉会长。

王建刚在"对话中国"课堂上

讲演实录

奋进新时代

王建刚

20世纪80年代初我在上海的一个学会作学术讲演时,该学会印发了我将开展领导学系列知识讲座的通知,随即引来了上海党政机关、企事业单位7 000多名干部的报名。我不得不租下上海市中心的大光明电影院、和平电影院、新华电影院、中国剧场四家千人以上会场,同步开展更大规模的系列讲座。

年轻时的王建刚

由于这样大规模的讲法带来的社会影响,消息不胫而走,接着我接受了祖国各地的邀请,开始了全国巡回演讲。时任中国科学技术协会党组书记田夫同志,热情地把北京、上海等地的10多位学者组成一个松散的中国科协现代管理科学知识讲师团,使讲学更是覆盖到全国大部分省市及中央部委,甚至是一些偏远地区。团队影响很大,很快就有6个头衔:中共中央直属机关、国务院直属机关、劳动人事部、国家科委和中国科协的现代管理知识讲师团,还有了一个好听的简称,叫"中央讲师团"。由于当时社会上把我们结合中国国情并融入多学科最新的时代前沿知识称为"领导科学",因此,我也成为创立中国领导学学科的开拓者之一。当时在各地演讲,一般是连续10天时间,上午、下午总共讲20讲。有一次,我连续演讲了5个省市,两个月一共做了100场讲学。从40岁开始讲学到60岁退休,我讲学3 000多场,出版了数十部专著,荣获了上海和全国数十个合作教授和研究员的证书。

作为党培养出来的一名老党员,我退休后从来没想过就此去过休闲的晚年生活,而是立即规划着怎样做好一名志愿者,开启人生第二次起航。作为社区基层讲师团队的一员,我立足基层、服务社会、为国分忧、守护一方净土,社区就是我发挥明德的主战场。恰逢此时,国家开始公推民主选举居委会主任,我被公推民主选举为上海市浦东新区公务员集中居住的社区的居委会主任并连任三届。

刚开始时,为本小区居民上党课,做形势报告,不久扩大到为6个居委上大型党课,又扩大到洋泾街道30多个社区,每年讲学均在50到100场之间,退休20年来又累计讲学1 000多场,退休前后共计讲学逾5 000场。我们充分利用社区优质资源,发起成立由洋泾街道党工委领导的洋泾社区文明讲师团,20年来坚持为社区基层讲形势上党课,传播正能量。2014年、2018年两次打通党中央路线方针政策与群众直接见面的最后一公里,被中共上海市委宣传部评为"市级基层理论宣讲先进集体"。退休20年来我先后获得"上海市先进居委会主任""市委宣传部东方讲坛优秀教师""浦东新区优秀共产党员""浦东新区十佳志愿者""洋泾街道形象大使""诚信之心"等百余项荣誉称号。

16. 王建刚——改革春风沐浦东，奋斗情缘圆复兴

青年时期的王建刚

我以社区学校为平台，开展时政知识班并已坚持十余年之久。许多学员都是基层党课的宣讲老师，他们将学到的知识再传播到基层，有人形容时政班就是基层党课老师培育的"孵化器"。

如今借助网络直播，每次讲课的内容更是可以扩大到数十个分会场，影响力更大，我本人还被评为"浦东新区优质党课十佳教师"。我与上海一些志同道合的同志发起成立"上海学生德育讲师团"，目前已为大、中、小学，机关团体建立起百个德育教育基地，广泛传播正能量，百老讲师团先后受到多位中央领导同

王建刚（右）作为上海浦东研究会代表访日

231

志的表彰。老骥伏枥志千里,晚霞似火别样红,如今我已年过八旬,但依然要坚定地不忘初心、牢记使命,为中华民族的伟大复兴再尽一份绵薄之力!

习近平新时代中国特色社会主义思想是指导中国特色社会主义建设伟大实践的科学体系。时代是思想之母,实践是理论之源。下面,我以"奋进新时代"为题,与同学们交流三点认识和体会:

新时代的特征与内涵

"新时代"是党的十九大作出的一个重大理论判断。直白地说,它就是在我国即将全面建成小康社会的时候,再用30年时间分两个15年,把我国建成富强、民主、文明、和谐、美丽的社会主义现代化国家,从而实现中华民族伟大复兴的历史使命。

这是一个什么样的时代呢?它意味着自1840年鸦片战争以来,无数革命先烈为了结束中华民族饱受帝国主义侵略和封建专制统治,为了中国的强国梦,抛头颅洒热血,前仆后继,英勇牺牲,终于迎来了中华民族复兴,中国梦接力的最后一棒的新时代。30年也就是一代人的时间,它正是我们这一代年轻人即将去完成这一伟大历史使命的新时代,所以说这是一个何等光荣的新时代!那么新时代到底具有什么样的内涵、什么样的特征呢?按照党的十九大的报告,这里我简要地归纳为"五大内涵"或者称为"五大特征"和"三大意义"。

这五大内涵是:第一,它是继续夺取中国特色社会主义伟大胜利的新时代,所回答的问题是我们要走什么样的道路;第二,它是建设社会主义强国的新时代,所回答的问题是我们要建设一个什么样的国家;第三,它是实现全体人民共同富裕的新时代,所回答的问题是我们要实现什么样的发展;第四,它是实现中华民族伟大复兴中国梦的时代,所回答的问题是我们要达到什么样的目标;第五,它是走向世界舞台的新时代,所回答的问题是我们要为人类做出什么样的贡献。

中国特色社会主义进入新时代,这五大内涵或特征展示了三个方面的重大意义:第一,它意味着自中国近代史以来久经磨难的中华民族迎来了从站起来、富起来到强起来的伟大历史性的飞跃,迎来了实现中华民族伟大复兴的光明前景;第二,它意味着科学社会主义在21世纪的中国又焕发出了强大的生机活力,在世界上高高举起了中国特色社会主义的伟大旗帜;第三,它意味着中国特色社会主义的道路、理论、制度、文化不断发展,拓展了发展中国家走向现代化的途径,给世界上那些既希望加快发展又希望保持自身独立性的国家和民族提供了全新的选择,为解决人类问题贡献了中国智慧和中国方案。

新时代视角下的中国

党的十九大作出了中国进入新时代的重大理论判断,它是一个完整的理论体系,至少包括四个大的方面,即新时代的"新矛盾""新思想""新目标"及实现目标的过程也叫"新征程"。这新时代四个重大理论判断有助于我们全面认识新时代视角下的中国,即中国当今的时代特征、历史站位、未来走向、奋斗目标等等。

首先,与新时代相应,经过改革开放40年,中国的社会矛盾已经发生了变化,而社会矛盾的变化对社会的发展起着根本性、全局性的影响,是党和国家确立奋斗目标、主要任务的依据。党的十九大指出,"我国社会主要矛盾已经转化为人民日益增长的美好生活需要和不平衡不充分的发展之间的矛盾"。新中国成立以来,我党对中国社会矛盾的重大判断大的有三次,个别的文字调整更多一点。第一次是1956年党的八大,另一次是1981年党的十一届六中全会,基本思想都是人们对物质文化的需要与落后的生产力之间的矛盾,这是简化了的文字表述。经过近70年的努力,现今在人民对吃饱、穿暖、居住、出行的需求得到基本满足的前提下,还有产能过剩超过了人们的需求,诸如电冰箱、空调、洗衣机、手机、电脑等。但今日人们的需求又呈现出了多样化、多层次的特点,特别是对一些非物质的需求,诸如民主、法制、公平、正义、安全,还有诸如对教育、医疗、环境的需求等。发展不平衡、不充分的矛盾,已经成为党和国家今后制定政策方面的一个重要的依据。

其次,是对"新思想"的重大理论判断。奋进新时代必然要有正确、科学的理论指导。党的十九大作出"习近平新时代中国特色社会主义思想"的重大的理论判断,正是适应了使用奋进新时代的需求。不同的时代都需要有适应时代的相应理论做指导,才能夺取胜利。

再次,是作出了"新目标"的重大判断。党的十九大提出了全面建成小康社会的目标之后,又将第三步的30年划分为两个阶段,即到2035年基本实现社会主义现代化,到2050年把我国建成富强、民主、文明、和谐、美丽的社会主义强国。中华民族将以更加昂扬的姿态屹立于世界民族之林,实现中华民族伟大复兴的中国梦。

总之,党的十九大为新时代视角下的中国描绘了更加光辉绚丽的未来。

新时代视角下的世界

2017年12月28日,习近平总书记在回国参加2017年度驻外使节工作会议时发表重要讲话,作出"我们面临的是百年未有之大变局"的重大判断。

这一判断在此后的几个月中的多个场合重复出现。这一重要判断与我国进入新时代是密不可分的。2010年,中国的经济总量超过日本,成为世界第二大经济体。短短的7年间,中国的经济总量已经是日本的2.5倍以上,且发展速度在世界大国中首屈一指。对中国来说,所谓的"新时代"就是实现中华民族伟大复兴的新时代,就是自强于世界民族之林的新时代。这同时又是一个极为重要和关键时刻的新时代,是一个充满机遇又面临着严峻挑战的新时代。

在世界经济全球化和国际政治国际化的今天,中国的发展是离不开国际环境和世界各国人民的相互支持的,如何驾驭好国际环境,确保新时代顺利走向成功,显然事关重大。

世纪之交的前后各20年,恰好也是中国改革开放的40年。世界在经济全球化的推动下,全球特别是发达经济体,按照资本逐利最大化的驱动来了一次资本、技术、产业、人才的大流动、大转移,发达国家的强势资本朝着资源土地、劳动力成本最低廉的地区流动,这是符合经济规律的。它在满足发达经济体资本最大获利的同时,客观上造成了发达经济体国内实体经济的空心化,大量劳动力失业,发达国家内部的贫富差距拉大。反之,一批新兴经济体和发展中国家开始群体崛起,使发达国家和发展中国家的实力对比迅速变化,还由此引起西方国家的民粹主义、保守主义、单边主义、反全球化思潮迅速地泛滥开来。

回过头来看,在新时代视角下,其实我们的对手要干什么并不可怕。从某种意义上说,该来的迟早要来,中国从来就是在与对手的反复较量中成长发展起来的。对于当前表象中的贸易战,中国已经一再表明了不想打,不怕打,不惹事也绝对不怕事,这充分体现了中国人民的铮铮铁骨。一句话,今天的中国已绝不是那些悲观人士所认为的那样弱不禁风、不堪一击、必败无疑了,而是民族伟大复兴必将实现!

同学们才20岁左右,当中国复兴第三步走完之时,大家才不过50岁。中国这样一个光明前景就要在你们这一代人手中实现。这是多么幸运的机缘!

同学们,努力!加油!

(2019年9月)

教师感悟

老骥伏枥,心系家国

程培英

王老师的讲座内容有自己明显的特点和风格,这种特点具体表现在如下三个方面。

第一个就是具有高度的思想凝练性和理论提升性。比如在讲座中提到的对我们国家的理论判断与所解决的问题之间的关联,王老师的提炼言简意赅、高度凝练。通过形象、具体、接地气的总结和提炼,让学生短时间内把握到国家变化发展的主线条。

第二个特点就是紧贴时事,适时地为学生解读国家的政策方向。内容紧紧贴合当前的重要时政要点,帮助学生与时俱进、深入解读时政问题。正如他所说的"结合中国国情并融入多学科最新的时代前沿知识"。

第三个特点就是满腔热情。从外表上来看,可能第一眼见到王老师很难说这位老先生是满腔热情的,因为他已经80高龄,说话和走路时都有微弱的颤抖。但我依然会觉得王老师是一位满腔热情的先生,因为这种感情是完全发自内心、来自生命深处的。虽然不那么容易一眼从外在看出来,但只要深入接触就会感觉得到。举例说,有一次路遇王老师和姚老师,我上前跟两位先生打招呼,姚老师热情地握着我的手说:"好久好久不见了啊!"王老师看着我说:"你不容易的,每次讲座你都来听。"然后马上从包里拿出名片给我,说有需要资料的可以联系他。当我告诉他每次都受益匪浅后,王老师的回答震撼了我的内心,他说:"我已经这么大年龄了,也不知道自己还能讲多久,还能为国家服务多久,所以我要更努力地抓紧讲更多给大家听!"

讲座中王老师提到的那一系列数字,可能是他这种满腔报国热情的最好证明了。"当时在各地演讲,一般是连续10天时间,上午、下午总共讲20讲。曾经有一次,我连续演讲了5个省市,两个月一共做了100场讲学。从40岁开始讲学到60岁退休,共出版了数十部专著,讲学3 000多场";"作为党培养的一名老党员,我退休后从来没想过就此去过休闲的晚年生活,而是立即规划着怎样做好一名志愿者";"立足基层,服务社会,为国分忧";"退休20年来累计讲学又有1 000多场,退休前后讲学逾5 000场";"如今我已年过八旬,但依然要坚定地不忘初心、牢记使命,为中华民族的伟大复兴再尽一份绵薄之力"。

王老师演讲的地域广泛、人群广泛,那些看起来枯燥的数字,每一次叠加都是他全情付出的证明,而聊天中的那样一句随意的感慨,使那些数字瞬间充满了温情。

学生心得

燃烧自己,点亮他人

张 莲

中国领导学的开拓者——王建刚,他似乎有很多种身份,研究员、中国领导学的开拓者、上海市委宣传部东方讲坛优秀教师、上海市浦东新区优秀共产党员、上海市高新区十佳特讲者、上海市洋泾街道形象大使等等。这些荣誉既是对他的表彰,也是对他行为上的肯定。因为怀着一腔服务社会、为国分忧的热血,才不辞辛苦去广泛传播正能量,为着祖国尽一份绵薄之力。

有些人肯定要问:"既然退休了,为什么还要继续去为国家做那么多的事情呢?"因为他有着为国家奉献的热情,退休只是停止了手上工作,但不影响继续创造人生的价值,探究生存的意义,去做自己想做的事。因为有做讲师的想法,所以便去做;因为有了新的目标,所以便计划着要去实现。哪怕每年要做讲学,虽然安排这些讲座,为着讲座演讲到处奔波的过程很辛苦,但我想每当研究员站在讲台上用满腔的热情去传递正能量之时,听到台下学员们用热烈的掌声为他喝彩的那一刻,他的内心一定是开心而又满足的,哪怕在这上面付出辛苦与汗水也是值得的。其实人生的最大价值,就在于奉献。人们常用蜡烛来形容老师,燃烧了自己,点亮了他人。王建刚研究员何尝不是这样呢,奉献了他的时间与精力服务社会,在社会上有所作为,当然社会也将给予他相应的回馈,这才是人与社会的相互成全。

只有奉献的人,才是值得我们学习的对象,才是值得铭记于心的榜样。人生在世,漫漫人生之路,也只有奉献的人生才是真正有意义的人生。

张莲,上海外国语大学贤达经济人文学院2018级会计4班学生。性格外向,活泼开朗,待人热情、真诚,做事认真负责,酷爱音乐,喜欢参加各种类型的活动,锻炼自己。座右铭是"我的青春还在继续,即使面对再多荆棘,也要带着微笑向前奔跑"。克服困难,排除险阻,披荆斩棘,砥砺前行。

生命不止,奉献不息

邱梦菲

正所谓"学海无涯,学无止境",王建刚老师生动演绎了这一人生哲理。从40岁到60岁,这之间出版了10部专著,退休之后举办的讲学超过1 000场,凭着为祖国奉献的一腔热血成为中国领导学学科的开拓者之一,以身作则,为我们树立了榜样。

王建刚老师的演讲不仅让我感受到了祖国的快速发展,同时也开拓了我的思维。我们身处的时代是实现伟大复兴中国梦的关键时代,全体人民共同富裕、建设中国特色社会主义国家、向世界展现中国文化……而身为这个时代的青年,我们更应该发奋图强,成为国家向前发展的中流砥柱。自新中国成立以来,我们的祖国一直以令人惊叹的速度发展着,我们一步一步、脚踏实地地向着理想中的社会状态发展,从各类需求无法满足到现在对生活质量有了更高、更好的向往。但无论怎样,只要我们向着我们的目标努力奋斗,新时代下的中国必将更加耀眼灿烂。

我们在历史的洪流中起起落落,我们在发展的过程中迎来过光辉,也遭受过打击,我们不断地经历考验,也奋力地从这些磨难中吸取能够让我们成长的经验。我们并不畏惧来自外部的冲击,也能够处理好内部的发展,因为我们从始至终万众一心、直面挑战,展现着我们中华民族的铮铮铁骨。

新时代充满机遇,也充满挑战,我们只需做到拼尽全力,未来一定可期。

邱梦菲,上海外国语大学贤达经济人文学院2018级旅游管理1班学生。很荣幸能够参加"对话中国"这门课程,也很感激学校能够提供一个这样的机会让我能够感受到来自百老讲师团各位老师的谆谆教导。

17. 孙佑民

蓝天神鹰吉尼斯，敬业如一是初心

孙佑民

孙佑民，1931年1月生，山东荣成人。1945年2月参加革命工作，1947年8月于华中建设大学加入中国共产党，于山东军政大学参军，曾任军炮兵参谋、飞行大队长、师职飞行副参谋长。两次飞临天安门接受毛主席等党和国家领导人检阅，执行过邓小平参观的华北军事大演习。1982年邓小平同志指示"植树造林，绿化祖国，造福后代"，在江西老区执行过飞播造林八县市、40万亩的飞播任务，也执行过北京、河北地区"飞行降雨""科研试飞""螺旋教学""夜航复杂气象"等各飞行学科教学任务，带飞培训各类各级飞行人员369名。飞行30余年，飞过13个机种，起降万余架次。空中遇险50多次，排除重大险情10余次；两次负伤，挽救飞行员4名，保全飞机8架。与老伴（潘庆平）共同创造了"安全飞行"65年和个人"空中排险""飞行强度"三项吉尼斯世界纪录。吉尼斯总部为他们颁发了"特别荣誉证书"，迟浩田将军也曾题词"蓝天神鹰比翼齐飞"勉励他们。

讲演实录

牢记初心使命，奉献峥嵘岁月

孙佑民

今年是中华人民共和国成立70周年。我们党有一个很有意义的安排："不

"对话中国"讲演录

孙佑民在"对话中国"讲台授课

忘初心、牢记使命"主题教育。"为中国人民谋幸福,为中华民族谋复兴"是中国共产党人的初心和使命。"不忘初心、牢记使命"将激励一代又一代中国共产党人前赴后继,英勇奋斗,并且成为实现民族伟大复兴梦想的一个重要的动力源泉。"不忘初心、牢记使命"主题教育的根本任务是深入学习贯彻习近平新时代中国特色社会主义思想,锤炼忠诚干净担当的政治品格,团结带领全国各族人民为实现伟大梦想共同奋斗。

我是一个老同志,也是一个老党员。老同志,活到老,学到老;为党的事业,为中华民族的复兴,为中国人民的幸福,一息尚存,便要奋斗到底。就我个人的经历,在"不忘初心、牢记使命"主题教育的旗帜下,我想谈的主题是:没有一支人民的军队,便没有人民的一切。

我想以此为中心,讲讲在我的个人经历中的几个小亮点。我8岁受到了党的教育,也就是党宣传的抗日主张;10岁与杨振华老妈妈掩护地下党;12岁以小弹弓胜马刀解救了八路军的侦察员;14岁就成长为地方革命工作干部……

一发子弹救全村百姓

在抗日战争年代,我面对刺刀,掩护地下党李克昌同志。12岁的我以小弹弓胜马刀。这个马刀现在放在上海奉贤的志愿军广场,李克昌同志在那里给我一间房子,我的一些战争年代的纪念品就放在那里。另外,我还曾经利用一发子弹掩护了200多名村民和地方干部的安全转移。

在革命战争年代,一发子弹可是一件珍贵的东西。这一发子弹,老百姓需要支援我们3斤小米。抗日根据地的村民生活都很艰苦,可是为了支援八路军,为了打败日本帝国主义侵略者,他们省吃俭用,在极端困难的情况下,把小米拉过来支援军队。就是这样,抗日根据地的军民同仇敌忾,同心同德,为打败日本帝国主义、为了民族独立解放做出了巨大的贡献。这一发子弹对于解放军的战士来说是十分珍贵的。当时,我们提倡一发子弹要消灭一个敌人,一首游击队歌里是这么唱的:"每一发子弹消灭一个敌人"。

我心里牢记,所以我知道这一发子弹来之不易,十分珍贵。这一发子弹能不能消灭一个敌人?能不能发挥它更大的作用,产生更大的价值呢?

1943年,我在执行任务的过程中,突然发现了敌人的骑兵小队,也就是日本人,正准备偷袭我们春季生产大会。那里有200多个村民,有村、乡、区领导干部。面临这种情况,应该怎么办呢?通报敌情!我立马做了决定,跑上马山。当时没有鞋穿,我只能赤脚。而马山大部分都是碎石和荆棘,爬山十分艰难。但是那里有哨所的王成班长,于是我艰难而迅速地爬到了山上,借了王成班长的马枪,将陈指导员交给我的被我保留了很长时间的十分珍贵的一发子弹放了进去。我本来计划用这一发珍贵的子弹消灭一个日本鬼子,缴获一支三八大盖枪。这是12岁时的我最大的理想和心愿。在当时的紧急情况下,我迅速向王班长说明了情况,利用他的马枪打响了这一发子弹。枪声跨过长空,周围十里八乡的人都能听到。在抗战时期,枪声就是命令,就是敌人出动的信号,部队要准备作战,老百姓要准备转移。这一发子弹就这样起到了信号弹的作用。

枪响之后,我仍不放心:村子周围是否还有人没听到我的信号?负责进行各种抗日活动的老百姓和群众是否已经安全转移?于是我决定回村里去。我几乎是连滚带爬地从山上下来,再次赤着脚从水里蹚过、穿过荆棘丛——因为没穿鞋,我的脚趾都在流血!但是我来不及管这些,心急如焚地跑回了西嘉庙。这时,会场已经空无一人,只有一个70多岁的老太太——陈竺老太太艰难地走在最后。我把她藏在草丛之中,回头一看,敌人的骑兵已经进村——我在村西头,他们在村东头,而且敌人现在离我们正在转移的群众只有200多米!

现在我该怎么办?如果我直接按原路线转移,那么正在转移的群众就会暴露;但是如果我向着北山去,自己就会暴露在敌人面前。权衡再三,我向右转,跑向了北山,沿着山间的梯田小道撤离,自己全然暴露在敌人面前。而敌人看到我,直接向我追赶过来。敌人八匹马一直追赶着我,马跑得很快,而我因脚受伤跑得很困难,在跑的过程中还要回头注意敌人的行踪。于是我索性摔倒,窝进了半人高的草丛中。敌人的骑兵马一匹一匹地从我头上掠过,最后一匹刚好踏在我的前额上。当时我只感觉到了一点疼痛,不敢发出半点声响。敌人的骑兵过去以后,我从梯田的上面滚到了下面,从草丛沟里脱险。敌人跑到北山之后,在山谷的尽头,根本找不到我的踪影。

最终,我成功地用一发子弹掩护了200多个村民和地方干部的安全转移,当时我才12岁。这个小例子,让我们得知要在党的教育下,听党的话。那个年代在解放区,我们对日本侵略者都有深重的仇恨。除了儿童组成的儿童团,还出现了青救团、妇救团、农救团和工救团等各个救亡团体、协会。而我们的党把这种敌后抗日根据地的老百姓都组织起来,和八路军、新四军一起和日本帝国主义作战。在这样艰难复杂的情况下,全国敌后抗日根据地在党的领导下,在人民群众的支持下和八路军、新四军的浴血奋战下,取得了抗战的胜利。

一门山炮耀峥嵘岁月

抗日战争结束后,我又当了炮兵。我控制的炮是在山东战场缴获的美国M11。这门炮在解放战争三年中支援步兵,最光辉的一役是在淮海战役支援步兵,一起消灭国民党"天下第一团"。国民党的"天下第一团"是国民党在大革命时期组建的,消灭国民党"天下第一团"是一场血雨腥风的硬仗,我们打得非常辛苦。

这个炮本来叫山炮,最大的射程有8 000米,但是我们挑战不可能,舍弃了炮兵的战地,把炮推到步兵战地,把它当成步兵的步枪来使用。而步兵战地距离国民党的碉堡,只有80米左右的距离,最远距离也不超过百米。这个炮两三千斤重,平常都是用骡马来拉的。在距离敌人只有几百米的地方,整个部队的调动集结活动都会被暴露。在战时状态,我和我的战友们只能通过挖壕沟来推动这个炮不断前进。

1948年12月15日,我军发起了总攻。天上飘着雪花,我们穿的棉衣是灰色的。为了推近炮的距离,使其能直接瞄准敌人,我和我的战士都反穿棉衣——把白色里子露出来,大地是雪白的,我们就可以隐蔽地把炮推到靠近敌人阵地的前线。

我们当时的计划是:炮弹一发射,步兵就马上进入敌人的碉堡,我们的炮直接打到碉堡的射击孔里面,一举摧毁他们的火力线。于是,我们的炮兵被直接当成步兵来使用,一个一个摧毁敌人的牵引、碉堡。敌人的铁丝网雷区被逐一扫除。在这个前提下,步兵与前线的敌人展开了白热化格斗。最后,我们消灭了3 000多名敌军。

邓小平政委和陈赓司令员听到报告时都很高兴。陈赓司令员说："你们很了不起，打得很好，你们的步兵非常厉害，非常勇敢。"邓小平政委说："我们的步兵很勇敢，很厉害。但是幸亏得到了炮兵的支援，他们给我们扫除了前进的障碍，将敌人雷区碉堡里的火力网全部熄灭，我们的部队才可以顺利冲锋。"在战争年代，武器有限，所以要机智使用、最大限度地发挥它们的作用。在战争年代如此，现在更应如此，我们现在仍然要充分发挥主观能动性。我们党、我们部队的光荣传统和优良作风一直延续到现在。现代的海陆空军都在自己的岗位上，充分发挥自己的能动性，发挥自己的聪明才智，为保卫我们的国家而努力工作。

仍然是这门山炮，在抗美援朝之前，经过半个月，翻越了崇山峻岭后，被运到上饶，又跟着抗美援朝的部队上了前线。

当时，越南和美国正在打仗，我们奉命奔赴抗美援朝的第一战线。我跟随着部队，坐着闷罐车，经过了一个多礼拜，从上饶一直到东北鸭绿江后，再从振安过江。

我们的装备主要是苏联的装备，但是我手上的这门山炮也发挥着它的作用。朝鲜战场上，我们一直打到东海岸，当时的情况是：步兵单一，只有一些炮兵辅助。党中央毛主席在抗美援朝初期就已经意识到这场仗会很难打。我们也的确打得很艰难，我们的军队与美帝国主义进行了激烈的战斗，我们凭着保卫国家的信念、对祖国的忠心以及保卫人民的胜利果实的坚定信仰，一次又一次地冲锋陷阵。

新中国刚成立，国家百废待兴，我们国内刚要开始建设我们的国家，也需要医治战争的创伤。这三年的战争打得有多么艰苦，可想而知。在帝国主义侵略面前，抗美援朝是被迫保家卫国的正义战争，也是一场国际的人道主义战争，所以抗美援朝最后在党中央毛主席的英明领导下，无数志愿军战士前仆后继，在朝鲜人民的配合下，打败了美帝国主义侵略者。

一架飞机行敬业如一

抗美援朝结束以后，国家要建立自己的人民空军。我又参加了人民空军，在蓝天上保卫我们的祖国。由步兵到炮兵，最后我又成了中国人民解放军的航空兵。在人民空军这个大熔炉里，我告诉自己，不能辜负党的信任，要做一名优秀的飞行员。不管在哪个岗位上都要专心致志做好自己的本职工作，就如现在所提倡的社会主义核心价值观要求"爱国""敬业"，这是共通的。

到空军部队的时候，我只有小学五年级的文化程度。使用步枪明确三点一线就很容易，而做炮兵使用大炮，就要学习三角线、密位和对数……那么现在要开飞机，就不只是学一般的知识，要学飞行，要学气象学，要学空气动力学，要学飞机发动机构造学，要学无线电电器和通信学、飞机上的武器装备学，还要学军械学……类似的各种课程总共有16门。所以在回国后，我马上就进入预校，经过一个月的文化补习再进入正规学校。当时我们的教官是苏联的，学习上还要克服语言障碍，需要有翻译。我在暨南航空学校学习理论期间，一年没有出营房大门，只知道三条路：宿舍到饭堂、宿舍到教室、宿舍到厕所，一年没有出营区，没离过校门。最后，我以优异的成绩毕业，成为学校唯一受嘉奖的学员。后来，北京来挑选优秀学员，去参加国庆受阅，我有幸被选中。

在空军，我飞行了30多年，飞过13个机种。这期间，我除了作战保卫过祖国的领空，还参加了八六海战。习总书记在去年曾经表彰麦贤得为八六海战英雄，并且赠送八一勋章。引以为荣地说，或者再高一点，我可以有点自豪地说：我是他的战友！当年，我在福建漳州，指挥十六地起飞，就是为了掩护麦贤得英雄的炮艇。

还有去年，也就是习近平总书记在国庆69周年招待会的时候，他特邀川航英雄机组。这架飞机是在去年的5月14日由重庆飞往拉萨中途座舱盖开裂。这架航班的副驾驶员，在座舱内外压力差作用下，半个身体露在了外边。这是空中险情，稍有差池就是机毁人亡。但是这位英雄机长和9名机组人员，同心协力，冷静沉着，最后把副驾驶员拉回座舱，并使飞机安全备降。他们在特殊情况下，表现得沉着冷静，也反映了他们对特殊情况处置的能力，说明他们敬业。他们做得好，给全国的民航和广大的飞行员做出了榜样！

我也有过类似的经历。在国庆10周年的时候，我接到上级的命令，要我参加国庆的受阅飞行，去北京的飞行大队当飞行大队长。临行前，我当时所在单位让我继续参加他们一两个飞行日，因为他们有一批新的学员要飞。领导说："你是老飞行员，再帮帮我们。这里离去的部队不太远，到时我们送你。"这是1959年4月3日，我毅然接受了这个任务。他们给我安排了4名学员，其中一名叫雷庆春，他后来也成了飞行大队长。我在带这名学员的时候，飞行高度

8千米时座舱盖飞掉了——不是开裂——座舱盖在8千米的高空飞掉了！当时阴冷的气流就像黄果树瀑布下泻的那种情景，类似瀑布下泻冲击地面以后反作用激起来的浪花，那个座舱就是这样的情况。上面的气流速度是超音速的，这个气流进来以后，将人冲到座椅靠背，反作用力又把我坐的这个座椅的靠背反过来。那时候风镜还没有戴下来，当时我的两只眼睛看不见。我在座舱盖里面，风镜是放在飞行帽上的，费了很大劲也拉不下来，而眼睛、鼻子和口腔已经在流血。按照规定，我可以立即跳伞逃生。但是，前面有我负责带飞的新飞行员。我跳伞的话，雷庆春学员会怎么样？而且这架飞机肯定是要损失的。我曾经在我的飞机日记上写过这样一句话：只要飞机没有爆炸，只要飞机能够操纵，人在飞机在。我一定不会抛弃飞机跳伞的！我是这样自信，也是这样做的。在这种极端困难的情况下，我相信自己，当时我的第一感觉是，飞机可能要爆炸。我先是听到嘭的一声巨响。接着，就是在高速气流下眼睛看不见，手不能动，全身紧压在座椅靠上。喉咙就像有人扼住，不能发话，所以我也没有办法向地面报告，无线电也发不出去。我只能根据自己的感觉操纵飞机。向西呢，太阳已经下山，是黄昏时间；向东呢，就飞到韩国去了；向北呢，就飞到辽东半岛去了。而这架飞机起飞的机场是在南面的沧州，是在天津的南面。这是根据我自己当时的感觉做的判断。我没有乱飞，但是心理上承受着巨大的压力。最后，我根据太阳下山的晚霞判断出了西方的位置。我向天津方向，沿着运河飞——这是一种偶然发现，要是没有运河，那一次也可能是机毁人亡，我紧紧地把运河放在我的机下，突然，"嘀"一声，警告灯亮，油量告尽！换作你，你怎么办？是不是这会儿要跳伞？我选择可以飞最远距离的速度，这样留空时间可以最长，最后飞机刚落地就没有油了。在这种紧急情况下，如果我随便加油门随便活动活动，飞机只要升降起伏一下，最后都会摔在机场外边。其实这也是"爱岗敬业"的体现，就是你做任何事情，都要非常熟悉你使用的装备武器，要了解它的性能。只有这样，在关键的时候，你才能沉着冷静地、合理地、科学地来发挥这个设备、装备的性能。

我又联想到我的另一段经历。

1982年，邓小平同志做出指示：空军要参加支持农业、林业建设。我正好参与了这项任务。我带队跨越八千里路，途经北京、河北、江苏、南京、安徽，到了江西。我们飞过井冈山，经过庐山那里，一直到了江西革命老区，也是当年陈毅司令员打游击的地方——油山。在那里有个新机场叫新城。在新城两个月,我们从高空飞到低空植树造林,使用的办法是土办法。到江西执行这次飞播任务我用的这架飞机7225号是当年撒周总理骨灰的飞机,更让我觉得意义非凡,使命沉重。最后我们完成了40万亩的飞播任务。在这个过程中我们也遇到很多险情,特别是雨季,我们飞到哪里,雷就追到哪里,雷太多了,在什么时候都可以遇到。最后,我们安全完成了任务。

我们谈"爱国敬业",支援地方也是爱国,这里的"国"不是一个虚无的概念,就是在我们身边的好山好水。

本来我是当兵打仗的,也要支援地方,人民解放军的宗旨是全心全意为人民服务,我们就是人民的军队。所以说没有人民的军队,便没有人民的一切。前面我谈的这些,也正是呼应这个主题。

我最后再说一段经历。1960年,我在北京夜航气象训练班当教员,可以说在各种气候条件下我都能飞。当时的北京、河北省天旱,需要抗旱救灾。北京有好几个水库,除了密云水库以外,还有个官厅水库。由北京到张家口,我在路过官厅水库的时候看到旱情严重到水库已经见底,滹沱河、永定河都是断流的,北京市的水库没有水了。我们为人民服务,要在最关键的时候发挥作用,打仗我们要冲在前面,同样,抗旱救灾我们也要为人民"冲锋陷阵"。所以北京复杂气象训练班的领导按照空军的要求专门给我配备了两架飞机,一架飞机装载碘化银,适合高空、天气比较晴朗的时候飞播。听说这些碘化银是从美国买来的,1公斤就要1万多块钱。第二架飞机装载洒盐水。为了装盐水,我们把所有的汽油桶都搬到机场里面来,机场跑道两头都是装满盐水的汽油桶——不能说有上万桶,至少是上千桶。每次这些水都要上飞机的附油箱,而且要加满。附油箱的一个油箱是300升,两个油箱就是600升。我驾驶的飞机是苏联的米格-15B4。当时只能在机场等着——等天气——天上只要有一点云,适合人工降雨,我就马上到机场执行任务。从1960年的6月到7月,将近两个月的时间,我一个人开两架飞机——下了这架飞机马上跳上另一架飞机执行飞播任务。天气正常要起飞,天气不正常也要起飞,就算遇到狂风暴雨和雷鸣电闪,只要能飞就得飞。

记得有一天,正在吃午饭时我接到任务——去河北的沙化地区,也就是永定河的上游。这一带可以说是狂风大作,雷鸣电闪。这样的天气适合人工降雨,但是天气是随时在变的，为了抓住这个机会，我放下碗筷直奔停机坪，跳进座舱，这个时候雨来了，衣服都淋湿了。我只能自己关好座舱盖、启动，飞机便开始滑行。当时的雨非常大，擎柱都向下流水。好在关上门以后飞机的座舱盖向外是密封的，所以水流不进来。但是这个时候因为机场有障碍物，而且就在飞机两翼左右，加上轮胎轮毂进水了，导致滑行很困难。幸好我是教员，而且是老飞行员，碰到过不少这种紧急情况，所以仍然能保障起飞。两边跑道看不见，就叫地勤开了跑道灯，我依靠跑道灯，利用雨雾当中的微光来保持方向。最后，我强行起飞，飞往降雨地区，途中经过白河、燕山地区时，空中雷声和闪电频发，机上的无线电高度表都被打断了。前座舱盖被冰雹敲得噼里啪啦的，我当时没有考虑到危险也没有觉得害怕，只想着怎么去避开它，于是很快飞往作业区。我要飞往山西，过了燕山以后，就已经靠近山西。执行这个任务是为了降雨，所以云跑我要追云，云停下来如果云块小，我就绕着这个云块飞。一定要在云里，在指定的地域上空降雨，要是把雨降到大山里，就毫无意义了。

　　一个人的精力总是有限的，又要开飞机，又要操纵这种设备，又要观察天气情况，还要注意飞行高度防止撞山。我一切按照程序操作，同时警惕安全。在一次作业时，飞行不到两分钟，我一看前面有一座2 240米高的高山，而我的飞行高度只有不到2 000米。我意识到这很危险，按正常情况飞机是平飞慢慢拉起来的，当时我立即将飞机转入垂直上升，本来是直飞的，立即从5个载荷到6个载荷，这时候就垂直上升，避开了正面的山。所以在空中执行这些任务，遇到这些情况，我们怎么样既完成任务又保证安全，在关键的时候应该以什么样的精神、以什么样的毅力和勇气来面对，这些都是很重要的。我讲的毅力，就是在飞掉座舱盖的时候，我动手不能动，说话不能说，完全是凭毅力、凭对党的忠诚、凭对战友生命的负责，最后克服万难让飞机安全落地。加上我平时飞行时很注重技术，养成了良好的习惯，关键的时候，这种精神和耐力才能呈现出来。

　　最后人工降雨任务也顺利完成了，时任河北省的省长刘泽厚就在机场坐镇。我们空军的参谋长也表扬我们，大家给我们送来慰问品，向人民子弟兵致敬。敬业就是在一个岗位上，要精要专，要真正做到名副其实，是一个兵就应该做一个兵的事，是一个官就应该承担官的责任，作为领导，更应该起表率作用，事事都走在前面。

结　语

共产党员任何时候都不能忘记自己是共产党员,要起模范作用。我从8岁受党的教育,听党的话,一直到现在。老同志还是听党的话,不忘初心,牢记使命。今年是上海解放70周年。5月26日那天下着大雨,我到龙华烈士陵园去缅怀祭奠当年的战友们。解放上海的时候,我们这支部队在昆山下了火车,经过嘉定、罗店,配合二十九军,炮轰吴淞口,封锁黄浦江,就在轮江和秋江码头俘获国民党军舰一艘,俘虏敌舰长官兵。我军在上海战役当中伤亡的战友和同志,我们不会忘记,上海的解放有他们的功劳。

习总书记说要深刻认识红色政权来之不易。中国的今天来之不易,是革命先烈用鲜血和牺牲换来的,所以要"不忘初心、牢记使命",要缅怀先烈。要怀念要纪念我们的伟大领袖毛主席;要怀念要纪念像方志敏烈士一样的人;要怀念要纪念像夏明翰这样的先烈,他说过:"砍头不要紧,只要主义真。"

社会主义核心价值观共24个字,就是我们要建设怎么样的一个国家——富强、民主、文明、和谐;我们要建设一个什么样的社会——自由、平等、公正、法治;我们要做一个什么样的公民——爱国、敬业、诚信、友善。那么我这个老同志,再举个例子。要听党的话,要听组织的话,我始终是这样做的。当时国家对全国的共青团员和共产党员提出"只生一个"的要求,我报备,积极响应,在地方政府填表,和老伴两个人都填表。最后去办理各种手续,办理的人说:你这个年龄还来填表?填表的时候,我和老伴都在空军部队,都是飞行员,而且不在一个军区,她在武汉军区,我在北京军区。我们两个常年不见。我们有一个小孩,每年集中一起到上海来看望孩子,一个月只能见到4天,而且星期六去接来见面、星期天晚上又要送到部队的幼儿园去。后来,组织上关怀我们,给我们请了个70多岁的保姆,小孩3岁的时候她已经带不了了。最后孩子意外从三楼坠楼,导致脑部受伤,直到现在还住在医院。家人、战友同志们都说:你们这种情况应该再要一个。我们对党是怎么承诺的我们记得,说话算数。

老兵就是这样对党忠诚的,无论什么时候,无论遇到什么问题,凡是党提出来的,凡是党要求的,就像入党誓词所说的:随时准备为党和人民牺牲一切。

(2019年9月)

教师感悟

从爱岗敬业出发体会初心,明确使命

俞瑾珂

孙佑民老先生的报告,通过对自己人生经历中几个"小亮点"的串讲,向我们展示了一名老同志、老军人、老党员在党的旗帜下牢记初心、使命,奉献峥嵘岁月的壮阔人生画卷。

孙老谦虚地将他人生中的高光时刻称为"小亮点",这些闪闪发光的"小亮点"汇聚成了一束明确的光:听党的话,从爱岗敬业做起。

一方面,从响应党的号召成为革命小同志到上战场勇当炮兵,还有解放后应新中国发展需要克服学业困难终成优秀飞行员——党需要什么,人民需要什么,孙老便应时而上、迎难不退——在个人的时间线上,孙老始终紧跟党的步伐、回应时代的号召。另一方面,在不同的位置、岗位上,不管角色如何改变,孙老对于自己在其职尽其责的要求始终如一,不仅做到干一行爱一行,更是干一行精一行,在自己的业务领域深耕,从而在各种危机前临危不乱,出色地完成一项又一项任务。

当这束"小亮点"汇成的光照进一名普通教师的工作里,我想孙老给我最大的感动就是这份透过对岗位的坚守所表达的对党的忠诚之心。"中国共产党人的初心和使命,就是为中国人民谋幸福,为中华民族谋复兴。"——如果说这指向了"初心和使命"的终点,那么落在每一位党员的脚下,我想最好的起点就是"爱岗敬业"。从这个起点出发,以做一名有"大胸怀、大境界、大格局"的教书匠为目标,明确教育工作"塑造灵魂、塑造生命、塑造人"的使命——我将在今后的工作中以此自勉!

俞瑾珂,硕士研究生学历,现任上海外国语贤达经济人文学院基础部教师。身为一名党员教师,参加工作以后,本人坚定自己的思想政治方向,积极参加学校组织的各项学习活动,将自身修养与党性提高相结

合,不断提高自身思想觉悟及政策水平。在教学中我将一如既往地秉持"学高为师,德高为范"的自我要求。

俞瑾珂

学生心得

牢记初心使命,奉献峥嵘岁月

康温幸

见一叶落而知岁之将暮;睹瓶中之冰而知天下之寒。孙佑民老先生分享了一位伟大的革命军人、共产党员的生平。其代表着新中国成立70年来多少人民子弟兵奋斗的峥嵘岁月,为中华民族谋复兴,为中国人民谋幸福;代表着中国共产党人的初心,不忘初心,牢记使命,激励一代一代中国共产党人前赴后继,英勇奋斗,成为实现我们的民族伟大复兴梦想的一个重要的动力源泉。

听老人分享,平平淡淡仿佛一切过往云烟,仔细一品又有惊涛骇浪。少年时,面对刺刀,他凭借着极强的心理素质营救同志,一发子弹掩护了200多名村民和地方干部的安全转移,不畏年少,不弃年老,脚踏实地地为人民做事,在个人理想和大义面前,正确抉择。危急时刻,他权衡利弊,与敌人斗智斗勇,并且养成终身学习的习惯,做社会、人民需要的一颗螺丝钉,尽己所能,发光发热。

我想正是老人这种为人民服务、为人民献身的精神,造就了其"青春年华在蓝天上度过,牛郎织女二十四年没有家,唯一的女儿无人照管摔伤致残,耄耋老母无暇顾及"的评价吧。岁月给老人留下的每一个难题,都是对一个人智慧和意志力的考验,英雄经得起考验。

那赴汤蹈火的英雄形象,已在历史的天空中定格成永恒。你的身影在历史的烟尘中虽然愈走愈远,但其精神内核却有千钧之力,穿透了历史和岁月,在一代代华夏儿女心中扎根。感谢老兵,我们定会不忘初心,牢记使命,做新时代的好青年。向英雄致敬,向英雄学习!

> 康温幸,上海外国语大学贤达经济人文学院2019级工商管理4班学生。性格开朗,积极向上,会一点网页制作,懂一点计算机装机,价值投资者,无人机爱好者,喜欢旅游,喜欢带着飞机拍摄祖国大好河山,最喜欢的作家是:加夫列尔·加西亚·马尔克斯。

听孙佑民老先生演讲,感悟共产党人精神

刘 苒

在危急之时唯有担当方显忠诚,让青春在对祖国的奉献中绽放。

——题记

为了开展党的"不忘初心、牢记使命"的主题教育,学校请来孙佑民老先生为我们演讲。我有幸参加,进行更加深入的了解和学习,并有了一些自己的感悟和见解。

在庆祝新中国成立70周年的阅兵仪式上我们看到了祖国的强大,在这强大的背后是千万像孙佑民老先生一样的共产党人,用生命和鲜血铸就而成的。风华正茂时,他们以身犯险,保卫国家;现在的苍苍白发、熠熠勋章就是他们一生为党和人民奉献的烙印。

初心就是爱国,担当就是使命。党的精神始终伴随着我们,用一生去信守一份承诺,用一生去坚定一个信念。孙佑民老先生做到了,他的心中永远装着党和人民,我想这就是一名真正的军人吧。

作为一名新时代的大学生,我深知自己足够幸运。以前总觉得中国梦离我很遥远,直到在学校,我看到了关心国家大事、具有钻研精神的教授,看到了乐于助人、积极参加公益活动的师姐,还有严于律己、有思想有抱负的师兄;其实所

有人都在一点一滴地为之努力。"立鸿鹄志，做奋斗者"是习近平总书记对当代青年的嘱托。"志不立，天下无可成之事。"没有梦想，便会迷失自己，确立一个明确的目标，练就过硬的本领，挖掘自身的潜能，锤炼高尚的品格，成为更好的自己。少年强则国强，让奋斗成为青春远航的动力，让少年成为一个国家强大的能量。

生活从不等待不思进取、坐享其成者；不贪图安逸的生活，严格要求自己，在国家需要我们的时候砥砺前行、奋不顾身。哪有什么岁月静好，不过是有人替你负重前行罢了。

刘苪，上海外国语大学贤达经济人文学院2018级会计专业学生。热爱生活，喜爱运动，会结交一些志同道合的朋友，通过参加一些公益活动丰富经历，提升自己。不为模糊不清的未来担忧，只为清清楚楚的现在努力。

中国梦，中国情

刘芳宇

心之所向，行之所从。2019年是新中国成立70周年，大家一起看阅兵，一起唱国歌，一起观看十九大聆听习近平总书记的精彩报告，每一刻都令人心潮澎湃、热血沸腾，倍感责任在肩，使命光荣。

听完孙佑民老先生讲述他从12岁到90岁的成长经历，我脑海里那些抗日战争的画面久久不能退去，其中最令我印象深刻的两点：一是无论在什么年代，都要听党的指挥，我们的国家在党的有序指挥下才能更快地走上成功的道路；二是与美帝的激烈战斗让我们深刻意识到，落后就要挨打，中国需要更先进的科学力量。

泰戈尔说过，信仰是个报晓的鸟儿，黎明还是黝黑时，就触着曙光而讴歌了。当人类仰望星空、憧憬未来、思考人生的时候，就开始有了信仰。我想，作为青年的我们，每一个人都要有自己的信仰，要继承先辈的优良传统，把握奋斗的方向，在不断努力的峥嵘岁月中去感悟党的历史，在明晰自己肩膀上的责任的同时，坚定不移地跟随党的步伐，更要学习总书记的工作作风，像总书记一样俯下身子、撸起袖子加油干。以工作的实际成效践行"四个意识"、坚决维护核心，为实现中华民族伟大复兴的中国梦而努力奋斗！

刘芳宇，上海外国语大学贤达经济人文学院2016级数媒2班学生。喜欢摄影，待人友好，乐观向上。"历尽艰辛，终达星辰"是我的座右铭，希望自己做事可以持之以恒，不负韶光，在每一个新的征途中可以抓住机遇，展现自我，读万卷书，行万里路。在生活中也要保守本心，有知世故却不世故的从容。

18. 刘金亮

居安思危强国梦,军民融合长城情

刘金亮,大校,上海百老德育讲师团副团长、上海国防教育进修学院副院长,原南京军区政治学院上海分院军事指挥与管理教研室主任。

刘金亮

讲演实录

强军兴国　军民融合

刘金亮

同学们好!我很荣幸来到上海外国语大学贤达学院与同学们一起交流学习,特别是看到同学们朝气蓬勃,仿佛看到早晨八九点钟的太阳,心情无比喜悦!你们年轻人的未来,就是我们国家的未来,你们的希望就是我们国家的希望。作为一名老兵,同时又是上海百老德育讲师团成员,我向你们祝福,祝福你们健康成长,祝福你们明天成为国家的贤达人。

今天,我与同学们交流的题目是:强军兴国,军民融合。主要讲两点:一是确立居安思危的大国防观念;二是军民融合共同实现强国梦想。

确立居安思危的大国防观念

习近平总书记强调,"我们的国防是全民的国防",国防是一个民族的脊梁,国防观念是保证国家安全、履行国防义务的思想意识,是国防的精神支柱。一个没有忧患意识的民族是没有希望的,一个没有危机意识的国家是不安全的,一个没有责任意识的国民是十分悲哀的。因此,我们必须要有国防观念、忧患意识、危机意识、责任意识。

强化责任意识与大国防的安全观念

我们的祖先在造字时就告诫后人,有国必防。我们来看看繁体字"國"的解释:"國"字外框表示一个国家的疆域有多大;框内的"口"字代表一个国家的人口(人民),框内的"一"字代表一个国家的领土,框内的"戈"字代表武器。为了让本国的人民不受他国欺负,领土不让他国侵占,就要拿起武器,进行防备。唯有国防强大,国家才能强大,人民才能安宁。

我相信我们大学生都有捍卫国家的责任意识,你们知道我们国家的领土有多大吗?领土和国家一样都是历史的产物,是一个国家和民族赖以生存和繁衍的基本条件。军语明确规定:国家领土是指在一国主权下的区域,包括一国的陆地、河流、湖泊、内海、领海和上空(领空)。只有了解和掌握我们的祖先给留下了多大的国家领土,我们才能尽责任继承和捍卫。

我们捍卫国家领土完整,保卫祖国领土不受侵犯,不仅要保卫祖国约960万平方公里陆地国土的安全,还要保卫祖国内海和边海约470万平方公里的海洋国土面积的安全,更要保卫祖国领空与领天的安全。

我们要有责任意识与大国防的安全观念,国防的核心是国家利益,大国防是为确保国家整体利益不受侵犯而采取的一种总体安全防务战略。国家利益拓展到哪里,国防就必须设置到哪里。我们不仅要有传统安全的国防观念与责任意识,还必须要有非传统安全的国防观念与责任意识。非传统安全指的是经济安全、能源安全、粮食安全、信息安全、生态环境安全、社会公共安全等。

大国防观念，指一个国家为确保本国的主权、安全及其国家整体利益不受侵犯而采取的政治、经济、军事、科技、外交、文化、教育等各种措施的总括。大国防意识作为一种新的国家防务观念，是建立在新的"国家利益观""国家安全观""国家实力观"和"国家疆土观"等基础之上的。大国防观念是以全方位的视角透视国家的防务体系，以综合国力衡量国家的安全程度。因此，我们不仅要有捍卫国家领土、领海、领空的安全观念，还要有把防卫措施伸向远洋、太空以及思想文化领域的安全观念。国防建设不仅要有以军队实际作战能力为主的国防力量能力建设，而且要有包括自然力、政治经济力、科技能力、精神力量等等在内的国防力量实力建设。

严防西方敌对势力的意识形态渗透

人的意识形态受思维能力、环境、信息（教育、宣传）、价值取向等因素影响。不同的意识形态，对同一种事物的理解、认知也不同。意识形态决定上层建筑（上层建筑包括军队、警察、法庭、监狱、政府部门、党派等国家机器和政治组织；意识形态包括哲学、艺术、宗教、道德、政法等；语言文字、形式逻辑、自然科学等属于非意识形态）。意识形态工作一刻也不能放松和削弱。意识形态工作关系举什么旗、走什么路、立什么制等重大政治方向问题。

前些年，在意识形态领域西方敌对势力不断渗透。西方敌对势力意识形态的渗透方式主要有价值渗透、文化渗透、宗教渗透、利用非政府组织渗透。

国家的存亡、民族的兴衰，取决于全国民众的责任意识与国防意识。我们当代的大学生不仅要强化责任意识，更要强化大国防的安全观念；不仅要捍卫传统安全，更要捍卫非传统安全。我们要居安思危，坚持以党的十九大精神为指引，用习近平新时代中国特色社会主义思想武装头脑，坚定"四个自信"。中国特色社会主义道路是中华民族伟大复兴的实现途径，中国特色社会主义理论是中华民族伟大复兴的行动指南，中国特色社会主义制度是中华民族伟大复兴的根本保障，中国特色社会主义文化是中华民族伟大复兴的精神力量。我们"必须坚持马克思主义，牢固树立共产主义远大理想和中国特色社会主义共同理想，培育和践行社会主义核心价值观，不断增强意识形态领域主导权和话语权"。面对西方"普世价值"论的渗透，警惕其在理论和实践上所具有的极大的蒙蔽性和虚伪性。

军民融合共同实现强国梦想

"军民团结如一人,试看天下谁能敌?"在中华民族伟大复兴的征途上,我们要坚持军民融合建设国防,军民团结共筑国防。"坚持富国和强军相统一,强化统一领导、顶层设计、改革创新和重大项目落实,深化国防科技工业改革,形成军民融合深度发展格局,构建一体化的国家战略体系和能力"。这是以习近平同志为核心的党中央着眼新时代坚持和发展中国特色社会主义、着眼国家发展和安全全局做出的重大战略部署。我们要坚持以习近平新时代中国特色社会主义思想为指导,全面贯彻习近平强军思想,深入实施军民融合发展战略,在新的起点上开创军民融合发展新局面,为实现中国梦强军梦提供坚强有力支撑。

军民融合发展军事高技术

军事高技术是指建立在现代技术全面发展的基础上,处于科学技术发展前沿的,对提高生产力、促进社会文明、增强国防实力起先导作用的技术群。军事高技术分为支撑高技术武器装备发展的共性基础技术和直接应用于武器装备的应用型高技术。支撑高技术武器装备发展的共性基础技术有:微电子技术、光电子技术、电子计算机与智能技术、新材料技术、新能源与动力技术、先进制造技术、仿真技术。直接应用于武器装备的应用型高技术有:侦察监视技术、伪装与隐身技术、精确制导技术、电子对抗技术、指挥自动化系统技术、军事航天技术、核生化武器技术、新概念武器技术、军事航天技术。下面重点介绍新材料的纳米技术与军事航天技术。

先介绍新材料的纳米技术。纳米技术也称毫微技术,是研究结构尺寸在1纳米至100纳米范围内材料的性质和应用的一种技术。

纳米技术衍生产品有机器人,纳米机器人是以分子水平的生物学原理为设计原型,设计制造可对纳米空间进行操作的"功能分子器件",也称为分子机器人。

纳米武器是指这种武器尺寸很小,纳米武器具有超微型化、高智能化、集成化的特点。武器系统超微型化,使车载机载的电子战系统浓缩至可单兵携带,隐蔽性更好,安全性更高;武器系统高智能化,使武器装备控制系统信息获取速度大大加快,侦察监视精度大大提高;武器系统集成化生产,使武器装备成本降低、可靠性提高，同时使武器装备研制、生产周期缩短。

在军事上应用的纳米技术衍生产品有："机器蝇"，能收集情报及完成轰炸任务，其本领超过"007"；鲨鱼，号称水下特种兵，可完成水下特种任务；蜻蜓，可充当战场侦察员；蟑螂，可充当爆破手；跳蚤，可充当间谍，完成窃听任务。

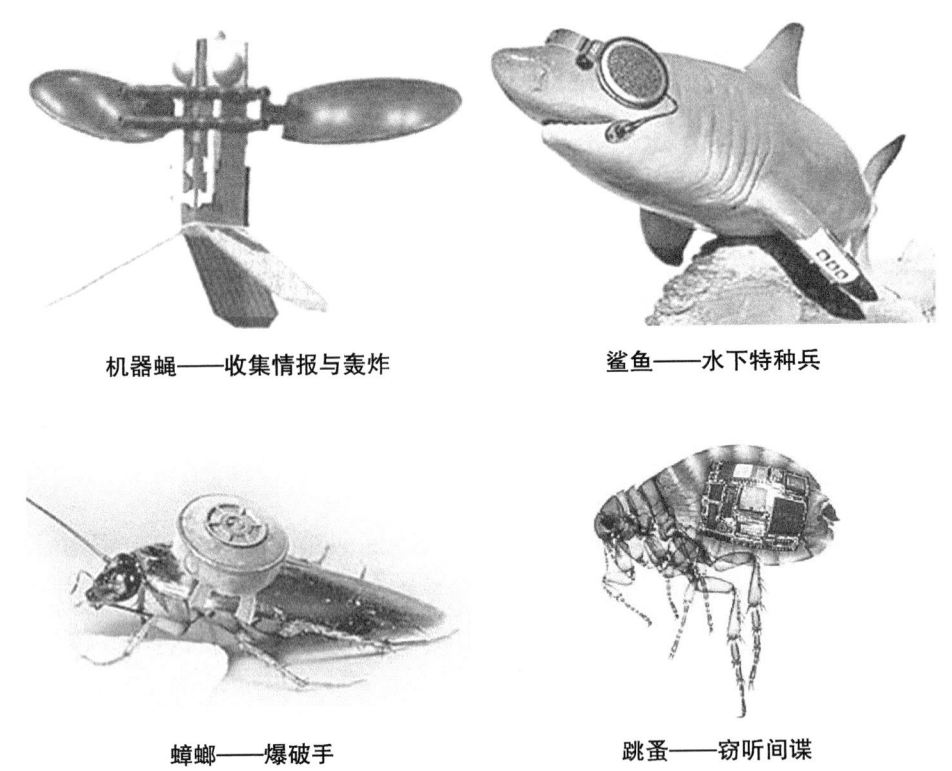

机器蝇——收集情报与轰炸　　　　鲨鱼——水下特种兵

蟑螂——爆破手　　　　跳蚤——窃听间谍

接下来介绍军事航天技术。信息技术的军事应用，数字化部队、数字化战场的出现或建立，一刻也离不开军事航天技术。谁控制宇宙，谁就能控制地球。

航天技术是探索、开发和利用太空以及地球以外的天体的综合性工程技术，又称空间技术。航天技术由运载器技术、航天器技术和航天测控技术三大部分组成。

运载器技术：运载器是将载人或无人航天器从地面运送到太空预定位置的运载工具的统称，包括一次性使用运载火箭、部分重复使用运载器和完全重复使用运载器。

我国的长征系列运载火箭已帮助多个国家发射卫星。2018年12月7日12

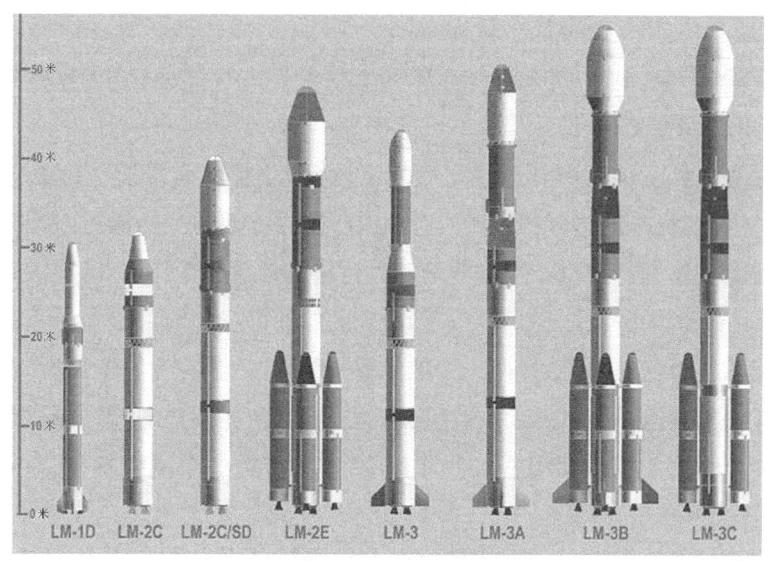

中国长征系列运载火箭部分成员

时12分,我国在酒泉卫星发射中心用长征二号丁运载火箭,又成功将沙特-5A/5B卫星发射升空,搭载发射10颗小卫星,卫星均进入预定轨道。

我国航天运载能力也反映了我军的导弹性能。运载火箭一次能搭载发射10颗小卫星,可知我军已拥有多弹头的导弹。

航天器技术:航天器技术亦称空间飞行器技术,是对航天器进行设计、制造、发射、跟踪、返回和控制的技术。航天器有人造地球卫星、载人飞船、航天飞机和空间站等。依据是否载人,航天器可分为无人航天器和载人航天器。

1970年4月24日,中国第一颗人造地球卫星"东方红一号"在酒泉卫星发射中心成功发射,从此开创了中国航天史的新纪元,使中国成为继苏、美、法、日之后世界上第五个独立研制并发射人造地球卫星的国家。

1975年,中国成功地发射并回收了第一颗返回式卫星,成为世界上继美国和苏联之后第三个掌握了卫星回收技术的国家。

1999年11月20日,中国第一艘无人试验飞船"神舟一号"飞船在酒泉起飞,21小时后在内蒙古中部回收场成功着陆,圆满完成"处女之行"。

2003年10月15日,38岁的航天员杨利伟乘坐"神舟五号"载人飞船执行任务。这是中国首次进行载人航天飞行。

2012年6月16日,我国第四艘载人飞船"神舟九号"与"天宫一号"实施交会对接,这是中国实施的首次载人空间交会对接。三名航天员——景海鹏、刘洋、刘旺顺利升空,这是航天员景海鹏第二次参加飞行任务,刘洋成为中国首位参加载人航天飞行的女航天员。

我国是世界上继美国和苏联之后第三航天大国,具有发射、跟踪、返回和控制的技术,可知我军的导弹已具有变轨能力,让敌方的防空防御导弹成为摆设。

航天测控技术:航天测控技术是对运行中的航天器(运载火箭、人造地球卫星、宇宙飞船和其他空间飞行器)进行跟踪、测量和控制的大型电子系统。中国航天测控系统也是在航天事业的发展中逐步臻于完善的。为了扩展观测范围,不仅建有陆上测控站,还建造了海上测量船,以便驶往远洋对航天器进行跟踪观测。在整个测控系统中使用了多台计算机,并有贯通各个测控站、测量船和测控中心的通信网络。

我国的航天测控技术能对运行中的航天器进行跟踪、测量和控制,可知我们对战略导弹发射同样具有跟踪、测量和控制能力。

军民融合发展武器装备

随着国家经济实力的增强,我国也加大了在军事上的投入,有人、有钱、有技术,中国尖端武器歼-20、歼-31、航母、量子卫星、"天网"北斗导航、东风-41战略导弹、052D新型驱逐舰等如雨后春笋!

我国空军拥有的各类现代化战斗机数量世界第二。有新型空警-2000型预警机;有针对F-22研制的担负突破美军三道岛链封锁重任的歼-20;有作战半径超过1 200千米、远超出美国的F-35五代机的歼-31;有突破第二岛链的轰-6K型轰炸机。

现代战机加上携带巡航导弹的中程轰炸机和空中加油机,将使中国能够深入西太平洋进行进攻性作战。中国的武装直-10型机匹敌美军的阿帕奇武装直升机。

我国海军不仅有可满载战机50架的辽宁号航母,还将建多支海上战舰群。055型驱逐舰排水量1.2万吨,具备128单元垂直发射装置,是建军以来所建造的最大型水面舰艇。056级护卫舰近几年时间制造了数十艘,登陆舰可实施登岛作战或联合封锁作战。

我国火箭军具备陆地打击航母实力。

我军防空导弹部队从俄罗斯购买了现代的S-300系列地空导弹(北约称之为SA-10和SA-20);同时发展了具有可与之媲美的国内系统(HQ-9)。

又有一款新型空中和导弹防御拦截导弹——被称为HQ-19(海军版为HHQ-26),据报道与俄罗斯防空范围400千米的S-400具有相同的作战目标。

我国不仅发展更多种类的制导火箭弹,而且还生产空中制导武器炸弹、巡航导弹以及弹道导弹。

解放军目前实现了从部队到最高指挥层面的数字连接,实施精细化联合作战,尤其是火箭军、空军和海军之间的联合作战。光纤网络、雷达和电子侦察卫星、新的超地平线雷达、电子战飞机以及新型反隐形雷达和导航卫星系统使更远距离的精确定位得以实现。

中国人民解放军威武雄壮,赤胆忠心,勇往直前,众志成城,为实现中华民族的伟大复兴,为捍卫国家主权和国家安全,为维护世界和平与稳定,必将奏响新的英雄赞歌,谱写新的灿烂篇章。

只有拥有强大的国防,国家才能在国际上有地位。只有拥有强盛的国家,国民才能在世界各地有安全保障。同学们,国泰民安之时,我们更要居安思危,要有责任意识和大国防的安全观念。祖国的未来是你们的,未来国防的重任将由你们担当。你们要做新时代勇于担当的大学生,立鸿鹄志,做新时代的奋斗者。奋斗,唯有奋斗,才能强军兴国逐梦中华,才能做到青春无悔,努力耕耘自己的青春,书写奋斗的华丽篇章!

刘金亮

(2019年10月)

教师感悟

居安思危,树立国防意识

陈 利

刘金亮教授的演讲给我留下了深刻的印象,国防实力是国家发展的保障,同时也能够展现国家实力。我们的祖国日益强大,我们的军事力量也随之壮大。习总书记提出的强军梦也是中国梦的重要组成部分,大国防的观念对于当代中国人民尤其是大学生来讲显得意义非凡,我们必须牢固树立安全意识、责任意识。古人云"天下兴亡,匹夫有责",虽然身处和平年代,但西方国家为了维护自身的优势地位,一直妄图颠覆我们的国家,通过淡化、腐化、丑化、文化等手段,对我们进行文化的渗透、价值的渗透,想用资本主义的价值观来影响我们的意识形态领域,所以居安思危,我们不能有任何的松懈,应该坚定大国防的安全意识,为实现中华民族的伟大复兴而不断努力。

青年人是祖国的未来,更应该树立国防意识。目前在高校教育中这一块其实是缺失的,很多大学生一副无所谓的态度,如果任由这样发展下去,那未来怎么能抵御西方国家对我国的渗透和颠覆?因此,加强大学生的国防教育是十分必要的,所有中国人都应该将自己的发展与国家的发展联系起来,只有国家实力强大了,我们才能过好幸福的生活。国家实力的强大又需要强大的国防来支撑,我们奉行和平的外交政策,也不会当世界霸主,我们强军是为了保卫国家的繁荣昌盛,为了确保中国不再像清朝那样受尽列强的欺辱。强军才能强国,强国才有强军。作为一名中国人,我为祖国的强大感到骄傲和自豪,但也会深刻牢记使命,坚定理想和信念,为伟大的中国梦贡献力量。

陈 利

陈利,副教授,天津大学计算机专业研究生毕业。2007年参加工作,在上海外国语大学贤达经济人文学院担任专职计算机教师,现任学校思政教学部副主任兼基础教学部副主任。研究方向为高校基础教育及教育信息化,工作期间在计算机基础教育、课程思政、通识教育等方面完成了相关课题研究并发表了相关论文。

学生心得

国防为我 我为国防

罗嗣和

我认为国防是一个国家的根本,国防事业是每个中国人都应认为高尚的事业,而从事国防事业的人是世界上最高尚与伟大的人。随着时代的发展,科技在不断发展,人类在不断进步,社会也变得更加文明。国家、种族的界限日益缩小,人们的生活越来越好,素质也越来越高,和平与发展成了当今社会的主题。在许多人的印象中,国防只有在战争年代才值得重视,在这个和平的年代里显得多余了。可是,如果没有强大的国防作后盾,无论多强大的经济也会化为乌有。众所周知,落后便要挨打。当今霸权主义、强权横行。我们每个人都有着自己的美好愿望和宏伟蓝图,可是罪恶的子弹还在威胁着一些弱小国家和地区,甚至威胁到全世界的和平。

我们大学生作为社会主义新青年,是祖国未来的建设者和保卫者,我们应该担负为社会主义现代化建设的重任。我们在内心要有一种国防意识,而不应该将其视作饭后谈资。过去旧社会的中国任人欺凌,但是现在的中国是一头站起来的雄狮,这是因为我们中华儿女拥有比万里长城更坚固无比的东西,那就是我们的坚定信念。身为大学生的我们,要在学好科学知识的基础上,有意识地训练自己的各种技能,为将来建设祖国、保卫祖国奠定良好的基础。我们可以尽自己的力量去宣传国防知识,激励人们去为祖国争取更大的成就。我们应该继承无数革命先辈的光荣传统,脚踏坚定的步伐,在党的英明领导下把中国建设成社会主义现代化的军事强国,让五星红旗永远高高飘扬在世界的东方!我庆幸我是一个中国人!

罗嗣和,上海外国语大学贤达经济人文学院2019年会计专业学生。读大学是我人生中非常重要的一个转折点。校园生活和社会实践使我不断地挑战自我、充实自己,为实现人生的价值打下坚实的基础。学习中,我脚踏实地、实事求是,努力地学习专业知识,同时也注重实践,不断地完善自己;思想上,我要求上进,严格要求自己,爱国爱党爱同学;生活上,我热爱打篮球,也有幸成为学校篮球队的一员。我相信在可贵的大学生活里,我一定会经历许多之前不曾有过的,也能让我不断地进步,帮助我不断实现自我的人生价值和所追求的目标。

学习国防知识,共筑强国之梦

孙玲珑

"家是最小国,国是千万家",无论是对国家还是个人而言,国防都是一个十分重要的课题。上海国防教育进修学院副院长刘金亮教授的演讲,让我更加坚定了这一点。

刘教授向我们反复强调责任意识的重要性。诚然,"天下兴亡,匹夫有责",但刘教授更希望我们树立一种"天下兴亡,你我有责"的意识,即人人都尽自己的力量,去做对他人、集体和社会有意义的事,这样我们的问题才会越来越少,发展才会越来越好,这令我印象深刻。在这个物欲横流的社会,真正关心他人、关心集体和社会的人又有多少呢?有时甚至会出现这样令人寒心的情况:天下兴亡,人人无责;事不关己,高高挂起。听完刘教授的演讲,我由衷地希望人人都能多一份责任,少一份冷漠,这样我们的社会、我们的国家才能迎来更美好的明天!

除此之外,刘教授还向我们普及了领土、领海、领空的概念,让我们大开眼界。正如刘教授所言,认识、了解我国的领土,是捍卫国土的第一步,也是最基本的一步。若我们连祖先留下的江山都一无所知,又怎么去捍卫祖国的大好河山呢?想到这里,我便感觉肩上的责任又沉重了一分。人们都说:"青少年是早上八九点钟的太阳。"我们要积极学习国防知识,增强科学文化素养和思想道德修养,接过建设国家的接力棒。

如今,中国正面临前所未有的发展机遇与挑战,在发展的同时,西方霸权主义、强权政治也渐渐显出眉目,这更要求我们对祖国、对发展充满信心,坚定不移地与祖国在一起。这样国家安全才有底数,民族复兴才有底气。作为国家的未来建设者,我愿切实肩负起历史赋予的责任和担当,尽自己的力量,为中华的强盛而学习,守护好身边的人,守护好脚下这一方土地,与千万名中华儿女一起,守护我们共同的家。

孙玲珑,上海外国语大学贤达经济人文学院2019级国际经济与贸易专业学生,性格"动静相宜"。我喜爱文学与绘画,享受独自捧卷阅读的宁静与尽情涂鸦的惬意;同时我也喜欢与人交流,无论是文字交流还是面对面交谈,总能让我感到收获良多。喜欢安静和喜欢与人交流的矛盾在我身上神奇地统一,大家都说我"静若处子,动若脱兔"。学习上,我勤奋认真,只为不负初心。希望能够通过自己的努力,有所感悟,有所收获,成为更好的自己。

19. 范伟达

知之根源自知否,实践学问富社会

范伟达

范伟达,中共党员,复旦大学社会学系教授、教学名师、市场调研中心主任,中国社会学会方法研究会会长。1982年2月毕业于复旦大学哲学系和南开大学社会学专业班,1986—1990年在纽约州立大学奥本尼分校在职攻读社会学博士学位。任教近30年,曾任复旦大学法学院社会学系副主任、社会发展与公共政策学院本科教学委员会主任、方法教研室主任、社会调查中心主任;兼任中国信息协会市场研究分会副会长、上海社会学会调查方法专业委员会主任、上海神州市场调查公司总经理、《解放日报》社会调查中心特约顾问等。

讲演实录

大学生社会实践

范伟达

"大学生社会实践"是一个很大的题目,我概括性地介绍一下大学生社会实践的重要意义以及主要类型。复旦大学流传着一首顺口溜:"大一时不知道自己不知道:无知与轻浮;大二时知道自己不知道:充实与渴望;大三时不知道自己知道:忙碌与潇洒;大四时知道自己知道:留念与展望。"多数同学在大一时不清楚在大学中需要学什么;大二才知道自己不知道;大三不知道自己知道,开始忙忙碌碌,有时候也潇洒一下;大四的时候知道自己知道了,但是即将离开学校,感到十分留恋,同时也对未来寄予期望。接下来我为大家介绍"大学生社会实践"这门课在整个大学教学中是什么类型的课程。在我们大学四年或者我们整个人生中,这门课究竟能起到什么作用?

中共中央、国务院和教育部就大学生社会实践发过两个重要文件。其中一个文件写道:社会实践对大学生了解社会、了解国情、增长才干、奉献社会、锻炼毅力、培养品格,特别是增强社会责任感,具有不可替代的作用。这份文件对社会实践的重要性做出了清晰的阐释。那么,大学生社会实践,要和哪些方面的内容相结合呢?不仅可以与专业学习、服务社会、勤工助学相结合,也可以与择业就业和创新创业相结合。同样,大学生社会实践的形式也很多。例如,参加军政训练或者一些其他劳动。假期时的社会实践活动包括社会调查、生产劳动、志愿活动、公益活动、科技发明、勤工助学等,这些都是大学生社会实践的重要渠道和形式。社会实践的最终目的是让大学生受教育、长才干、做贡献、增强社会责任感。在另外一份文件中提到要强化社会实践育人,提高实践教育的比重,并且要进一步完善科教融合、校企联合协同育人的模式。加强实践教育的基地建设,建立健全国家机关、企事业单位、社会团体接收大学生实习实训制度,开设创新创业教育专门课程、增强军事训练实效、建立健全学雷锋志愿服务制度等等。因此,要在服务中加强思想教育,把解决思想问题与解决实际问题结合起来,做到既讲道理又办实事,加强学生学业就业指导,帮助大学生顺利完成学业,加强人文关怀和心理疏导,促进大学生身心和人格健康发展,加强对家庭经济困难学生的资助工作,积极帮助解决教师的合理诉求,积极发挥共青团、学生会组织和学生社团作用。由此可见,社会实践在大学教育当中的作用越来越大。

从理论上来说,实践其实是一种能动地改造和探索未知世界的活动,我们整个社会生活的本质就是实践。实践不仅可以改造自然和社会,还可以改造人的思维,使人的思维从此岸到达彼岸,具有导向功能。大学生作为社会实践的主体,主要接受社会的教育和文明的熏陶。同时也要利用自身的主观能动性,延续和推动社会的文明和进步。所以社会实践在我们党的教育方针中具有举足轻重的作用。在20世纪五六十年代,教育是与生产劳动相结合的。现在的教育是为社会主义、为人民服务的,是与社会实践相结合的。综上表明,生产劳动是社实践的组成部分。现在社会实践的概念更加宽泛,社会实践的含义,就是健康地成长——不仅要学习书本知识,而且要向社会学习,自觉地投身到火热的改革开放和现代化建设实践中去。人民群众的社会实践是知识常新和发展的源泉,是检验真理的试金石,也是锻炼青年成长的有效途径。改革开放40周年,国家表彰了100位改革先锋,这些改革先锋都是人民大众。在这100位改革先锋中,有两位来自上海,他们都是百老德育讲师团的成员,一位是包起帆,一位是于漪,他们在改革中起到先锋作用。假如能够和这些社会实践英雄模范人物经常接触,对青年的成长具有极大的作用。社会实践对人的全面发展起着至关重要的作用,那么读书和实践,是什么样的关系?比如在校辩论队,辩论队正方说"实践出真知",反方说"寂寞出学问"。"寂寞出学问"这个命题是2009年《解放日报》刊登的一篇长篇报道,不同的老师有不同的看法。这个命题是否能够成立?我在复旦大学的"大学生社会实践"课程当中也让同学们对这个命题进行过讨论。学问和实践究竟关系如何?复旦大学原副校长蔡尚思认为实践是最有价值的一门学问,古之学者,知即为行,事即是学,行可兼知,而知不可兼行。他认为实践才是真正的学问,读书作文,原不是学,读得书来,口会说、笔会做,都不济事,须是身上行出,才算学问。蔡校长第一个观点认为,实践是最有价值的一门学问。第二个观点认为学问的目的在于实践。学问好像萌芽开花,实践好像结果;学问是实践的手段或工具,实践是学问的目的或归宿,所以读书务在穷理,穷理务在躬行。第三点,他认为学问多由实践而来。有的人以为学问仅可求之于书本,此实大误!殊不知:第一,由书本上得来的知识,非再在实践中试验证明,终究不大可靠——不到水里去,游泳是学不会的。第二,有一部分知识,纯由实践而来,和书本并无关系——颜元曰:"若为质养性,必在行上得之。不

范伟达参加百老团"见证祖国70年"活动

然,虽读书万卷,所知似几于贤圣,其性情气量仍毫无异于乡人也。"当然蔡校长的观点也是辩证的,并不是说只要实践不要学问。只要实践,不要书本上的学问也是误读。"实践重于读书"的观点是对的,但是他认为,如主张离开读书才能实践、实践和读书完全没有关系,并不合理。上课读书是第一课堂,这个第一课堂是必需的,实践作为第二课堂也很重要,但就两者的关系而言,他主张实践重于读书。关于"寂寞出学问"和"实践出真知"这个命题,也值得青年们继续思考。

大学生社会实践究竟和大学的什么功能有关?到目前为止,大学不仅仅是读书的地方,它至少有四方面的定位和功能。最初的大学,功能是育人,这个功能永远是大学的主要功能。到了19世纪,德国的洪堡大学提出育人要和科研并重,大学不但要成为人才的培养中心,还要成为科研中心。19世纪30年代,美国的一些大学,比如加州大学、斯坦福大学等大学提出,大学也要对社会开放,并对社会产生作用,大学的最终目的是为社会服务。19世纪70年代以后,新的大学理念再次提出,大学还应该成为人类文化交流的中心,建设人类最先进的文化。青年可以从大学的定位和四种功能的角度来理解社会实践对青年成长成才的重要性。读大学还和将来"我要成为怎样的人"有关。新世纪人才培养要求大学生不仅仅要有知识,更要有能力,而且十分重视人格培育。因此在全面实施教育时,要令德、智、体、美、劳相结合,使新世纪培养的人才能够为不断推进人的全面发展、推进社会经济发展发挥积极的作用。社会上对人才的需求也比较复杂,招聘人才时知识和技能是必需条件,同样人品也是招聘单位的重要考虑条件之一。一个人的人品人格能够通过气质体现,需要经过时间的磨砺和相关的训练,并不仅仅依靠读书获得。有些大公司招聘员工时更注重考查被面试者的社会责任心,在智商与情商之间,老板有时更看重团队合作精神和组织能力。技能和知识性的东西容易培养,但是一个人的情商和品质不是一挥而就的。有些外企还特别注重其他能力,譬如领导力、执行力、学习力。考查领导力并不是只看简历当中"我做过学生会主席""我做过班长"(当然这些是指标之一),主要还是考查将某个项目交给你,某项工作交给你时,你是否有协调、领导这些人员完成目标的能力,从前在学校里担任过的职位不一定能体现领导力。执行力就是单位领导将任务交给你后你执行得如何,这就是执行力的表现。学习力也很重要,比如人工智能、大数据等等都需要学习。我们最近做的市政府项目和市委项目都与人工智能相关,从前没有学过人工智能的话就要学习相关方面的知识,一定要

"活到老,学到老",要特别注重奋斗精神和学习精神。40年的改革开放并不是一帆风顺的,要有奋斗精神才能克服困难,不断发展。

我比较主张"读圣贤书,议天下事,交四方友,走自己路"。交四方友十分重要,有研究表明,一个人事业上的成功,也许百分之七八十的因素取决于他和人的交往以及他的团队精神。现在很多研究都不是单打独斗的,都要协同作战。复旦大学培养人的根本原则是坚持党的领导,全面贯彻教育方针,坚持马列主义指导地位,社会主义办学方向。除了人才培养、科学研究、社会服务和文化传承创新的任务,复旦增加了一个任务——国际交流合作,这些就体现了一个大学的功能。复旦大学的目标是建成中国特色的世界一流大学,要实现这个目标,复旦大学要建立培养具有国家意识、人文情怀、科学精神、专业素养、国际视野人才的育人模式。所谓国家意识,就是要把自身的理想和国家的前途、把自己的命运同民族的命运紧密联系在一起,树立和坚持正确的历史观、民族观、国家观、文化观,增强爱国意识、爱国情怀,增强民族自豪感和自信心。作为大学生,拥有国家意识和人文情怀非常重要,在追求个体发展、自我完善的同时,要关注人类命运、社会发展和百姓疾苦,譬如做志愿者活动。我的学生冯艾是中国十大杰出青年志愿者之一。她在学生时期,人文关怀的精神就很强,她的人生目标就是做一些力所能及的、能够为他人带来好处或者能够帮助他人的工作。冯艾不仅是中国志愿者的模范和标兵,她还到埃塞俄比亚和非洲其他国家做国际志愿者。同学们平时参与的社团活动、志愿服务这些都和人文关怀有关。很多科技活动也和人文关怀有关,比如我从事过的一些课题,都体现着人文关怀。其中一项课题是做艾滋病调查,因为上海医科大学和复旦大学合并,做艾滋病研究的一位老师不知道如何做调查,便请复旦大学教务处帮忙推荐一个老师,跟他们一起做艾滋病相关的调查。复旦大学教务处推荐我去做这项调查,我们要到河南省上蔡县文楼村做调查。这项调查体现着人文关怀,所以我们毅然前往,和艾滋病人接触进行调查。某一个村,百分之五六十的人是艾滋病患者。这就能够体现出人文关怀。其实禁毒调查也是一种人文关怀,我们把调查对象从吸毒的边缘拉回来,就是一种人文关怀的体现。我们不仅在上海做禁毒调查,也到昆明做禁毒调查,中国最大的戒毒所就在昆明,我们到戒毒所与吸毒者交流。大学生从大学伊始就要培养这种人文情怀。科学精神强调我们在学校里学习科学知识、科学方法,养成科学精神,除了要学习知识、寻找科学方法外,学术精神也不能忽视。专业素养是指以专业的思维方式探究解决问题，在专业领域拥有终生学习的能力，并用专业能力服务社会进步和科学发展。我们要通过课堂学习和社会实践塑造好专业素养，这是同学们的就业资本。关于对大学生国际视野的培育，复旦大学的育人标准可以供同学们参考。90后大学生就业对比从前的大学生，就业取向有所变化。90后大学生更看重企业的创新潜力，智能制造、人工智能以及服务行业成为就业时优先选择的目标，具有创新潜力的民营企业备受青睐。在复旦开展的毕业生大型招聘会上，参加招聘的298家用人单位，四分之一是智能制造单位，100家招聘单位提供了超过1.2万个职位，大部分是民营生物制药企业。企业是否具有创新潜力，成为学生择业时最重要的标准。上海交通大学毕业生选择最多的三个行业是制造业、卫生社会工作行业以及信息软件传输、信息技术服务行业。硕士生到制造业就业的比例最高，尤其是智能制造方向。本科生在信息软件传输、信息技术服务行业就业的比例也很高。民营企业越来越受欢迎的一个原因是招聘门槛比较灵活，一些热门外企或者国企岗位的门槛设置较高，譬如非名校毕业生不招等，但是民营企业的岗位没有设置这么多条件。

我们社会实践在高等教育中的地位和作用也相当重要。我参加过好几届中国调查学术研讨会，在复旦开学术研讨会时，复旦提出不仅要提倡通识教育，更要强调实践教育，要加大实践教育的比重。香港中文大学的教授强调他们培养硕士博士叫调查育人，即跟着导师做项目，做科研培育学生。社会实践对学校的作用越来越强调，学校社会实践既可以服务课堂教学，又可以提高大学生学习的积极性，同时也可以促进大学生的社会化思想和认识。

郭广昌是复星集团的董事长，也是我的学生，这位普通的浙江学生令我印象深刻。他十分刻苦、勤快，非常愿意参加社会实践，我课上布置一个社会实践任务，其他同学仅根据任务去完成，他会多次到我办公室来要求增加社会实践的品种和分量，他对社会实践的兴趣极高，所以有些项目我会让他参与。后来，他自己创业发展，美国总统到上海时，召集民营企业家开会，对他印象深刻，专门给他写了

范伟达授课照

一封信。青年报记者采访郭广昌和他的团队时,写到郭广昌的一个信念:市场经济不相信眼泪,成者为王。他凭着这股劲,在中国大陆拼搏,一直拼搏到现在,后来他成立了复星公司。我问郭广昌:为什么给公司起名"复星"?是不是"复旦之星"的意思?郭广昌说:我们公司的人都是复旦之星,所以叫复星集团。很多改革家和企业家都历经曲折,成长为人才的过程并非一帆风顺,所以我在这里强调一定要有奋斗精神。目前为止同学们成长的过程可能还比较风平浪静,真正走到社会上要有经受惊涛骇浪、走到低谷的思想准备,但是不要泄气。我原来是我们学校图书馆的管理员,帮助老师收书,看到坏了的书籍就用糨糊粘好。"文革"时我躲在图书馆看《约翰·克里斯朵夫》。《约翰·克里斯朵夫》给我印象最深的是尾声当中的一段话:克里斯朵夫终于渡过了大好河山,目睹他启程的人都说,他肯定到不了彼岸,他逆水而行,不顾岸上人们的喧哗声、嘲讽声,也不顾大河中的激流声、风浪声,他执着地盯着幽暗的对岸,向前游去。后来钟声在对岸响起,迎来了又一个黎明,迎着冉冉升起的太阳,他终于到达了彼岸。尾声说催促他奋力向前的是一个孩子——未来的时光。克里斯朵夫在最困难的时候,实在是筋疲力尽的时候,想往回漂,甚至要沉到河底的时候,总感到有一个小孩在拉他的头发,促使他前进,到对岸以后他就问他背上这个小孩:你叫什么名字?他说:我是未来的时光。假如我给同学们留有一个印象,让同学们在大学期间通过社会实践训练了自己百折不挠的精神,我就心满意足了。这种精神只有实践这块磨刀石才能磨炼出来,所以社会实践相当重要。

当然,社会实践在我们中国也有一个发展的过程。有一部十年前的旧电影,叫《高考1977》,在放这部电影前,剧组请我们部分1977届的学生开了一个座谈会。十年前为了开这个座谈会,我翻出我1977年高考前的日记,想不到在翻阅日记的时候,翻到一份高考通知书,我就带着这份通知书去了座谈会。通知书展示以后,电台来采访我,上海一个电视节目《家庭演播室》让我去展示一下这份高考通知书,谈谈体会,因为很少有人能保存三五十年的回忆。近几年人们还在讨论,我国教育发展多年来比较公认的培养有效的是1977、1978届的学生。为什么这些人是高校教育比较成功的两届?因为早期的大学生大多经历过上山下乡、招工进厂等形式的社会磨炼,进入学校读书可以用"如饥似渴"来形容。12年没有在优良的环境中读过书,有一个良好的读书环境就倍加珍惜,同时也不需要老师布置作业。我们这批学生会自动组织起来,利用寒暑假进行社会实践。因为这批学生的社会责任心、人文情怀和国家意识都相对较强。进入80年代以后，直接从高中考入大学的那些"天之骄子"们，明显就存在缺乏社会实践和对国家民情知之甚少的情况，所以当时团中央开始进一步启动社会实践这个机制，1984年提出社会实践的指导方针，最终要达到受教育、长才干、做贡献的目的。这个时候高校的社会实践一方面调查农村土地承包的巨大变化，一方面在城市创造一种街头服务。到了80年代末90年代初，世界局势风云变幻，社会实践就迫切需要解决青年的思想政治问题。当时我代表复旦大学招生，教育部给北大、复旦的任务是新进大学生要军训一年，也就是在四年本科学习的基础上要增加一年军训。在做招生宣传时，首先要告诉学生和学生家长，学生今年考进来按规定第一年进行军训，需要五年才能大学毕业。同时一些青年参与科技活动、扶贫帮困的工作，另外有近三分之一的时间参加社会实践劳动，这也是对学生进行思想教育的一种方式。1992年邓小平南方谈话之后，整个市场经济开始兴起，这时的社会实践有了三个一致性：和教育改革的发展相一致，和地方的经济发展相一致，和学生的自身成长渴求相一致。可以看出，社会实践根据形势变化有新的要求。近几年的社会实践形式更多，复旦的"育人五条"在社会实践当中都有体现，很多社会实践的项目都与国家意识、人文情怀、科学精神、专业素养和国际视野相关。现在很多社会实践活动与国际组织都有所联系，因此说，社会实践的重要性，在同学们整个成长的过程中有时是无可替代的。

　　社会实践分为三大类：第一类是学术实践，第二类是社团活动，第三类是志愿者服务。譬如"挑战杯"就属于学术实践。"挑战杯"是大学生科研的"奥林匹克"，它突出创新思想，关注新领域，研究新问题，运用新方法，创造新成果，多届"挑战杯"在复旦举行。"挑战杯"可以和创业相结合，"挑战杯"有些项目可以被企业、事业单位购买。当时清华大学有个项目做电子系统的设计平台，有一家企业以100万元的价格购买这个设计平台的专利权。在学术实践的类别中，还有各种社会调查、各种选题。例如有一个选题是让学生到延安做"红色之旅"实践；还有他们做的关于崇明的"鸟哨在行动"实践，主要是了解野生的鸟类保护巡护、反盗猎研究与宣传以及当地居民野生鸟类保护认知程度调研，这个实践成果得到上海市委的认可。其实很多实践题目就在当下，就在眼前。另外是有关"新医改"的调查，医疗改革到目前为止依然是满意度不高的项目，我们每年为市政府做满意度调查,相比之下医疗改革是老百姓最不满意的项目之一,到底如何医改,复旦的同学做了很多考察和调查。也有同学做了一个人人网调查,包括支教调查、支教背景等等。所以实践的选题是很多的。每年复旦大学申报暑期社会实践的都有三四百个选题,经过团委学生会的初步筛选,大概会留下100多个选题,让同学们用PPT进行演示认证,用3至5分钟介绍一下选题,请专家进行评审,从这100多个社会实践中选出资助项目。复旦大学党委每年都给团委和学生工作部一定的实践经费资助。第二类是社团活动。同学们把社团称为"梦想开始的地方",学生会、团委、学生组织以及一些机构的勤工助学活动都包含在内,社团活动从我自身的成长来看作用很大。在现在的多伦路文化街有一个教堂,是我上过的小学。这个教堂是做礼拜的地方,也是我们当时开大队会的地方。我是大队主席,从四五年级开始就一半时间读书上课,一半时间在参加社会活动。当时市里发各种各样的活动票,一个学校最多一张票,少年宫活动、人民广场开会,辅导员大多给大队主席,让我从小就有机会到少年宫、文化广场去听各种各样的报告。中学时我也是团委组织委员,我们当时有两分钟响铃,铃响了我就急忙奔去课堂,我刚进教室,老师就开始上课了,因为我课间要做通知,通知什么时候开会、什么时候搞活动。大学时期我又是学生会委员,也是一半时间都在做活动。这种社团活动对一个人的锻炼成长远远大于课堂死板的听课。我初中是团委委员,非常忙,但学习成绩在全校还是第一名,我们当时不是百分制,是五分制,我连着三个学期全是五分。为什么在忙于课间活动的同时还能保持全校第一的成绩?主要因素就是通过社团活动、社会活动的锻炼,训练了组织、管理、策划等方面的能力,所以我的概括能力较强,考试的时候很多同学都参考

 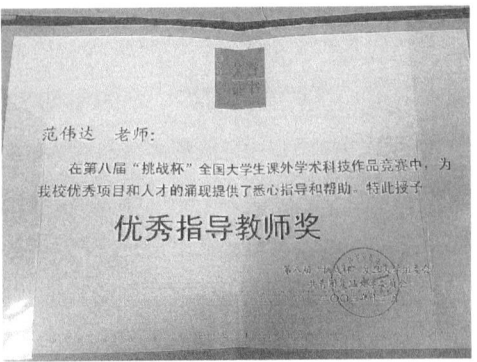

范伟达获"复旦大学教学名师"称号和"优秀指导教师奖"

我的复习提纲。因为我可以从一本厚厚的教材当中概括提炼出考试可能要考的内容,这种能力是在参与社团活动过程中训练出来的。其实良好的概括能力就是通过实践训练出来的,没有通过社会实践的训练,分析归纳的综合能力就比较弱。我觉得读书主要是解决思维方式和学习方法,并不是死记知识。知识随时随地都可以找到,现在有字典、百度都可以查找知识,所以在社会实践中练就分析归纳能力就显得尤为重要。

同样,志愿者活动也可以对我们的能力有所训练。我高中在华师大一附中,我是高中图书馆的志愿者,课余时间我到图书馆给大家提供服务。之前提到的后来成为国际志愿者的冯艾,她在日记中写道:不要对我说你在西部的日子苦,高原的夜空和上海的不一样,星星就在你的头顶上眨着眼睛,仿佛伸手抓一下就能抓到可爱的星星,夜里望着星空,仿佛能和星星说说话,我也是一颗无名的小星星,人来到世界上意义在哪里呢?当然意义很多。我是谁?我是一个普通的女孩子,爱打扮爱自己的亲人,会笑也会哭,但我的人生的真理是透明朴素的,活着,做一点能帮助别人又是力所能及的事,做一个别人需要的人,活着就有价值。冯艾的这段日记,令我震撼,因为她是我从北京招来的学生,年纪轻轻就悟到了人生的真谛,成为中国志愿者的标兵。

我很喜欢和同学们待在一起,希望以后可以和同学们多多交流,也希望同学们以后积极参与社会实践。

(2017年11月)

教师感悟

行万里路,读万卷书

吴 奇

事关人才培养,范伟达老师寄语青年一代要"读圣贤书,为天下事,交四方友,走自己路",实践是为学的最后阶段,即学有所得,就要努力践履所学,使所学最终有所落实,最终达到"知行合一"。

求学之始,莫过于范老师所言为天下事,当世青年,须铭记读书报国的家国情怀，既要有"长太息以掩涕兮，哀民生之多艰"的大德大爱，也要有"人生自古谁无死，留取丹心照汗青"的雄心抱负。于学生自身而言，读书学习要修学储能，既要有"管却自家身与心，胸中日月常新美"的心性，也要有"当务其大者远者，毋汲汲于求学也"的求学初衷，唯闻学问之有无，不争分数之多寡，勿以考卷误终身。当自己回首自己大学四年时光的时候，能够坦言自己做到了在求学途中深究所学之意义，并将所学应用于实践，而不是"时过而业仍不精，必有悔恨与失计者"。

求学之终，投身实践，实现学问与实践的联动与统一。大学不仅仅是学习的地方，大学的主要功能在于育人、科研、社会服务与人类文化交流。我们在大学四年聆听完先贤立世之道后，要立志投身于社会实践。范老师从学术实践、社团活动、志愿服务三个方面鼓励我们与社会接触，提高我们服务社会的能力。范老师也讲述了自身事迹，我们钦佩于其在社团实践中的多谋善虑、品学兼优。

求学与投身实践相统一，我们要用自己的亲身经历去实现自身的价值。"我的人生的真理是透明朴素的，活着，做一点能帮助别人又力所能及的事，做一个别人需要的人，活着就有价值。"

学生心得

"行是知之始，知是行之成"

张玉茜

听完范伟达教授的演讲后，我对"实践"之于大学生的作用有了新的理解。大学生社会实践并不仅仅是志愿者活动或者是社团与学生会活动，也包括社会调查、创业创新等等。实践与大学生活是密不可分的，社会实践可以促进我们对知识的理解，促进人格和身心的健全发展，增强我们的社会责任感。在实践的过程中，我们对于课堂知识、自我定位以及未来道路的规划都会有质的提升。通过社会实践，我们可以成长为报效国家的栋梁之材。

范伟达教授向我们介绍了他的学生——中国志愿者标兵冯艾和复星集团董事长郭广昌，并讲述了他们在大学生活中积极参与社会实践的故事。他们都在大学生活中主动参与社会实践,锻炼自己的能力,尽己所能为社会做贡献。范伟达教授指出,实践与学习知识是密不可分的,知识能够指导我们的行为,而实践能够让我们更好地理解知识,从而更好地服务他人。

陶行知先生曾讲过这样一句话:"行是知之始,知是行之成"。"行"与"知"的关系是人类发展中永恒的话题,古有王阳明提出"知行合一",今有毛主席提出"实践是检验真理的唯一标准"。我们作为青年一代,是国家和社会当中最具有朝气、活力的一群人,是祖国未来的希望,应当在大学社会实践中发光发热,为社会做出自己的贡献。

张玉茜,上海外国语大学贤达经济人文学院2018级新闻2班学生。来自山西,一个历史文化厚重的省份,平常喜欢看电影、看书,也喜欢尝试新鲜事物。座右铭是"己所不欲,勿施于人"。

知行合一,止于至善

崔 博

高中政治课上,老师经常讲"实践出真知""人的主观能动性",强调要坚持知行合一,坚持行胜于言。结合中国近现代历史,改革开放、中国特色社会主义道路建设,都体现了理论和实践要结合的重要性。在今天聆听了范伟达老师的讲演后,这方面的认识又加深了一些。

记得今天老师说的一句话:"学问是实践的手段或工具,实践是学问的目的或归宿"。这让我很有感触。上了大学,我一直很迷茫。在大学,我们都已经成年,脱离父母、家庭的保护,到一个陌生的城市生活四年,这四年应该怎样度过呢?老师告诉我们,首先要找准自己未来的方向,不能死读书,但也不能不读书。因为有书本的熏陶,人的思想才不会空洞。实践作为第二课堂很有必要,大学生要经常主动地去进行社会调查、社会实践。

"读圣贤书,为天下事,交四方友,走自己路。"老师举了复旦大学培养人才的要求：具有国家意识、人文情怀、科学精神、专业素养、国际视野。这几点，我想是每个当代年轻人都应该具备的。我们通过在第一课堂的学习，也通过社会实践的第二课堂，把自己的专业素养塑造好，这样就成了我们今后就业的资本。

我们生活在一个有希望的国度，一个充满希望的时代。鲁迅先生曾说："愿中国青年都摆脱冷气，只是向上走，不必听自暴自弃者流的话。能做事的做事，能发声的发声。有一分热，发一分光，就令萤火一般，也可以在黑暗里发一点光，不必等候炬火。"

每当假期，我们是不是也可以抓住机遇，回到家乡，做一个家乡社会实践调查呢？愿我们只争朝夕，不负韶华，持续走在前进的路上。

崔博，上海外国语大学贤达经济人文学院2018级法学（国际经济法）1班学生。喜欢一个人发呆、思考，热情爽朗，喜欢阅读（小说、随记）、运动（马拉松、自行车）、旅行。喜欢的歌手有李宗盛，喜欢的作家是村上春树、三天两觉是也、江南。喜欢的一句话是"始终在路上永远年轻，永远热泪盈眶"。

铸就社会责任感

顾益铭

听了范伟达教授的演讲后，我被范教授说的话所感染，从学生社会实践的角度来看，确实有着十分深刻的意义，这也让我感到受益匪浅。

我们能够从社会实践当中增长才干，锻炼自己的能力。从提高思想认识的角度来看，我们的生活不能在平淡中度过，应该要树立一个坚定的理想信念。每个人的青春都只有一次，在这样的青春年华当中，我们应该树立一个远大的理想，无论是今后的人生目标还是学习上的目标，都要以这些优秀的人物为榜样，见贤思齐，向他们学习。我希望自己能够不断地激发自己人生当中的潜能，不断开发自己的能力，让自己能够取得新的成功。

当然从中我也明白了，学习不能够只是去应付考试，或者仅了解一些知识，而是要树立一种终身学习的态度,提高自己的人生格局。而学习更加不仅仅只有一种途径,需要加以实践的辅助。听了这场演讲后,我也明白自身应该去提高自己的奋斗精神,要做一个生活当中的有心人,不断加强自己人生当中的磨砺。

这是一个与时俱进的时代,在这个时代当中我们每一个人都要不断地去努力奋斗,这样才能够为我们的祖国做出更多的贡献。今后,我会更加积极地参与社会实践,这样也能够让自己更加勤奋刻苦,取得优异的成绩来回报社会。

顾益铭,上海外国语大学贤达经济人文学院2018级国际经济与贸易4班学生,预备党员。性格内向,乐于助人,热爱生活,积极乐观。伴随成长的一句话:"不动声色地承担、坚持、付出、前行,总会有一天,让所有人看见,你的成就。"

20. 王仁华

爱满人间心有约,落雁飞鸿永传承

王仁华

王仁华,1997年被评为"上海市精神文明十佳好人好事",自1999年以来,先后为社会各界300多人次的好心人穿针引线,使上海海事大学600多位品学兼优的贫困生得到了资助,2006年获得上海市教育委员会"对上海高校帮困助学工作做出重大贡献奖"。

讲演实录

感恩:长链串成是爱心

王仁华

与新中国同龄的我,从小体弱多病:出过痧子、患过脑积水、心脏病、脑膜炎、手脚骨折、再生性障碍性贫血、支气管扩张咯血、不明原因昏厥,还被怀疑生骨癌……父母亲对我的爱称是"大讨债"。在医生的救治和众人的关爱下,我几次死里逃生。父母亲教育我:"长大了要懂得感恩,今后有能力要帮助别人!"

因病得福爱之源

1970年,我被分配到江苏大丰上海农场。离开上海前,我去医院配药。一位慈眉善目的老医生说:"你这样的身体怎么能去农场?"我说:"没办法,工宣队一定要我去。"他问:"你是什么成分?"我回答:"工人,但叔叔在国外。"医生叹了口气道:"我明白了。"他给我开了好多药,还开了两个月的病假。护士说:"上海开的病假条到那里有用吗?"医生说:"开总比不开好。"说着拍拍我的肩膀,叹了口气。我眼眶一热,差点哭了。

1970年12月1日,我抱病到江苏大丰上海农场,勉强坚持一个星期的学习班后,我又发烧39度。医生问我原来有什么病,我把病历卡和病假条都交给他,医生看了没说什么。第二天早上知青集合准备出工,医生走过来指着我对大队长说:"这个人不能出工。"大队长问为什么,他回答:"我要带她去医院看病。"大队长看了我一眼,说:"不是蛮好的,去什么医院?"医生说:"她有病,出了事情你负得了责吗?"大队长没办法,只好带着其他知青出工了。

细心的医生叫人在平板车上铺了层厚厚的稻草,让我盖上被子躺在上面,一位知青套了头老黄牛,往四岔河方向的劳动医院出发。天,黑沉沉的;风,冷飕飕的;躺在牛车上的我,昏沉沉的。好像走了一会儿,又仿佛过了一个世纪,终于来到场部的劳动医院。一验血,化验室的小医生顿时惊叫了起来:"哎呀,她的血怎么会这样的?"当时我的血小板大概是4万—5万,血色素只有5—6克,某种细胞是正常人的几百倍,医生马上安排我住院,我哭着扑到病床上。不知过了多久,一个温柔的声音在我耳边响起:"有事好好说,干吗哭啊!"刚从东方红医院(现瑞金医院)出院不久的我,心想:这农场的小医院能治好我的病?

第二天一早,医生来查房,他们详细地询问了我的病情,然后给我做了一系列检查。下午,连队通讯员把我的生活用品都送了过来。医生向他打听我的情况,通讯员只知道12月1日我独自一人到农场,12月9日要出工了,被连队医生送到医院。过了好久,我才知道这位瘦瘦高高的通讯员叫邹万生。第一次他来送信,看到我风趣地说:"原来你是双眼皮,我还以为你是'肉里眼'呢,哭得眼睛肿成一条缝。"我不好意思地低头笑了。

为了挽救我的生命,翟恩祖、王瑞敏等医生在当时有限的医疗条件下,中医调理,西医用药,一次次调整治疗方案,千方百计为我治病。一天,翟主任和颜悦色地对我说:"给你换一种药,吊了以后可能有副作用,但对病情有好处。"我把药名记下来写信给同学戴惠兢,让她问当医生的姐姐究竟是什么药。当时交通不发达,寄封信起码要一个星期才能收到。半个月后,收到惠兢来信,说药名里的'砷'字是砒霜的代名词,姐姐说这对治疗你的病应该有好处。我知道后有点怕,听说人吃了砒霜要七窍流血,就跟医生说不吊了。翟主任像哄孩子似的对我说:"已经吊了一个多疗程,你没什么反应,药应该起作用了。听话,再吊几天就好了……"

提心吊胆的我虽然没有"七窍流血",但经历了五孔出血!那年的冬天特别冷,一天晚上,我突然吐血不止,眼看吐了大半痰盂,再吐下去痰盂要满了,病房离厕所很远,天冷我怕去厕所倒痰盂,就忍住不吐,昏昏沉沉入梦乡……朦胧中,有人在拼命地推我,眼睛不知被什么东西蒙住了,怎么也睁不开。只听见医生心痛地说:"吐血为什么不叫医生啊?你忍住不把血吐出来会窒息死掉的!"原来是值班的陈荷清医生正从我嘴里挖血块,还拿湿毛巾擦我那被血丝蒙住的眼睛和鼻孔。大难不死的我,在陈医生的抢救下又躲过了一劫。

在全体医务人员的关心下,我渐渐地有些习惯医院的生活了,但我只要收到同学、家人的来信,仍会情不自禁地流泪。王瑞敏医生说:"你怎么像林妹妹似的,刚才还是好好的,一下子又哭了,接着又要吐血了。"王医生还跟通讯员邹万生开玩笑:"你以后不要给她送信了,省得她哭。"烦恼时,我就唱《南泥湾》《红梅赞》《长征组歌》《洪湖水浪打浪》《月儿弯弯照九州》等歌曲。一天,护士过来说:"你看窗外!"哇,外面围了好多人,当时处在"文革"时期,许多歌都不让唱,他们听到有人在唱歌,都纷纷围过来听。因为我唱歌,医生们承受了很大的压力。有些领导还是通情达理的,他们说:"这个上海知青得了很重的病,活不了多久,想唱就让她唱吧。"

1971年的春节,我是在病房里度过的。春节前,我爸爸特地到大丰农场来看我,还带来许多好吃的。王瑞敏医生问我:"爸爸准备带你回家?"我说:"爸爸来看我,知道大家待我很好,非常放心。"三天后爸爸又赶回上海与家人一起过年。大年三十,军代表让邹万生专程到医院来,送上大家对我的问候。等他深一脚浅一脚地回到连队,大伙儿的年夜饭已经吃完了,邹万生在农场的第一个春节是剩菜冷饭陪伴他度过的(我是2015年才知道此事的)。正月初一,医院的护士们把病床挪到一边,请小分队的双胞胎给我一个人表演节目;护士长孙蓉芬不放心,几次到病房来看我;院长冉惠春、王瑞敏夫妇和林传富、李光恒、包毅恒等农场领导,纷纷来接我到他们家去过年。病友方民英更是像亲姐姐一样地关心我,为了给我增加营养,她丈夫姚国荣每天把刚炒好的菜用杯子装好,裹在老棉袄里,然后抱着未满周岁的儿子,送到医院来。我打开杯子盖,菜还冒着热气。他一送就是三个月……这满满的爱,浓浓的情,滋润着我的心。

在医生的精心治疗下,我的病情逐渐稳定。1971年3月,住了三个月医院的我终于出院了。副指导员卢利平马上派人护送我回上海继续治疗,通讯员邹万生自贴邮费，每月按时给我寄全国粮票、病假工资和报销的医药费用，一寄就是近两年，并写信鼓励我与病魔做斗争。父母亲省吃俭用给我增加营养，医生满腔热情为我治病，病情终于得到控制，逐渐好转。这中间，我曾几次要求回农场，但领导都没有答应。1973年3月，在上海休养两年的我，等不到领导的答复，就独自一人回农场。当时，上海农场和海丰农场正在分家，知青们都搬迁到海丰农场去，我曾经待过8天的下明八连，不知搬到哪里去了。人生地不熟的我，只得住在场部招待所。半个月后，经农场领导商量，先安排我在场部机关，上午送报、送信，下午休息。身体好一点，到食堂里去拣菜、收热水票。同学喻银娟知道我从小身体不好，在家时衣服都是弟弟妹妹洗的，休息天特意过来给我洗被子；邻居玲玲所在的连队离场部近，也经常过来帮我洗衣服。领导的关爱、朋友的呵护，时刻温暖我的心……

1974年1月，我调回上海羊毛衫厂工作。上班仅一个月，支气管扩张又发了，咯血不止。师傅见了，马上向劳资科反映。劳资科科长袁球是个南下干部，带我去徐汇区中心医院检查。我怕工作不满6个月会被退回农场，哀求她别带我去医院。袁球的一番话让我终生难忘："你放心，共产党不会饿死一个人。"当医生查出我患有四种慢性病时，厂领导马上安排我做力所能及的轻工作。

"滴水之恩，当涌泉相报。"因病得福的我，怀着一颗感恩的心，从身边的小事做起，关心那些需要帮助的人：接病友方民英姐姐的儿子、女儿住在我家，方便他们求学、工作。我第一次捐款，是1995年8月为患肝癌的青年演员王晓东捐款，还联系东方肝胆外科医院院长吴孟超教授亲自给他做手术；同年12月，我认孤儿姜琳姐弟为儿女，每月资助他们50元生活费，逢年过节双休日，接他们到家里来，感受家庭的温馨；1997年6月，我"午夜借钱结善缘"，和身残志坚的房金妹等热心人一起，挽救了因病失恋想自杀的青年小余的生命；1997年9月，阻止了因住房纠纷准备独闯八运会闹访的少女陈烨；1997年10月，为花露水使用不当而被烧伤的9岁小朋友当委托代理人，使孩子争取到厂方13万元赔偿金，1997年11月，我半小时打了10个电话，联系到10名热心人，每人捐款400元给安徽长丰县贫困学生……爱管闲事的我，还被评为"1997年度上海市社会主义精神文明十佳好人好事"。

母爱催生助学行

儿子数理化不好，出于一个母亲的私心，想找一位品学兼优的贫困大学生帮儿子学习,经济上给学生一些回馈。这个想法得到了时任上海海运学院(上海海事大学的前身)领导的支持。他们答应等新生入学时帮我挑选,终因各种原因没有实现。

1996年10月2日,我在地铁1号线莘庄站结识了上海交通大学学生林万里,和他谈了自己的想法,万里表示愿意教我儿子,但要学校同意。事后我打电话给学校,兜兜转转的电话被接到学生处。一位姓马的老师接了电话,得知我叫王仁华,正好她看过《中国妇女》第9期有关我的文章,瞬间拉近了距离。她很快帮我落实了家教的事,并告诉我林万里是学校最好的学生之一,是优秀学生党员。10月下旬的一个星期天,林万里手捧鲜花来到我家。有个细节我记忆犹新,万里一次在我家吃饭时说:"阿姨,我有句话不知该不该说。"我催他快说。"我们同寝室的人都说:'你在外边吃香的喝辣的,可别忘了哥们!'"我听了哈哈大笑,说:"好呀,有空请他们一起来。"

1997年1月1日,林万里和他同寝室的6位同学一起来我家,刚开始,他们还有些腼腆,一会儿就和我儿子熟了。有个学生叫朱绍忠,眼睛不好,我陪他去医院检查治疗,从此他也成了我家的常客。说起来很有意思,他们班36名学生,清

1997年王仁华和上海交通大学的学生在一起

一色全是男生,而且都是从外地考进上海交大的。他们分工合作,帮我儿子辅导数理化,不肯收钱;我只能经常烧菜给他们改善伙食:炸鸡腿、煎带鱼、排骨烧蛋、八宝辣酱轮着烧。除了教我儿子学习,他们还教戏剧学院袁教授女儿的功课,同样不收一分钱。1998年,交大学生毕业前,请我们全家到学校聚会,寝室里摆了满满当当的一大桌菜,大家簇拥着我们,场面非常温馨。和青年人交往,我被他们阳光热情、奋发向上的精神所感染,自己的心态也变得年轻了。

没想到一个母亲想让儿子提高功课的私心,竟然演绎成爱心助学的契机。在这里,我特别感谢龚钦华好友。她是我丈夫同事的小姨子,一直听她姐夫说我爱管闲事、做好事,感到有点不可思议。看见报纸杂志报道我的文章、电视台播放有关我的纪录片后仍将信将疑:觉得电视剧里出了个刘慧芳,媒体就说上海也有个刘慧芳,还是不相信,一定要到我家来实地考察。看了以后她很感动,回去对她姐夫说:"以后有这种事情,也算我一份……"1997年,我和龚钦华、胡惠君、李薇三位普通中年女性一起,资助了4名向明中学高一的学生,一直到孩子们2004年大学毕业。

周蓉蓉是第一个与上海海事大学贫困学生结对的好心人。1995年,我帮助青年演员王晓东的事在社会上传开,印照片时我与周蓉蓉认识了(她当时在打印社工作),后因造延安路高架桥,打印社搬迁,一度失去联系。1999年3月21日,周蓉蓉在《新民晚报》看到我帮助孤儿姜琳姐弟的图片新闻后,马上打电话到井冈中学联系校长寻找姜琳,终于又联系到我。蓉蓉打电话问:"你在忙什么?"我说忙管闲事。她又问:"忙得过来吗?烦不烦?"我说:"高兴都来不及,怎么会嫌烦?"蓉蓉说:"那让我也高兴高兴吧,我想资助一个贫困大学生。"当时我以为她在说笑话,没往心里去,谁知后来她每次打电话都问起此事。1999年,在上海海运学院高树良老师的

王仁华

牵线搭桥下，我和周蓉蓉成为最早与贫困学生结对的爱心妈妈。这才有了以后一系列好心人与上海海事大学品学兼优贫困学生爱心助学的故事。

群心串成爱心链

2001年，上海电视台《新闻观察》栏目拍摄了我和龚钦华等热心人《爱心链》的故事。3月10日节目播放后，社会上一些好心人通过各种方式辗转地找到我，希望能一起参加爱心助学活动。上海第九人民医院的杨群看了电视，当晚就给我写信：

王仁华：

　你好！

　　刚才在电视看到了你的新闻，真的好感动。你的事迹我虽然早就知道，但今天看后还是为你这种几十年如一日地做好事、做热心人的精神所震动，我们一家人都为能成为你的朋友而高兴……看完电视就给你新居拨打电话，但一直未能拨通，还是提笔写几句。我想说以后如果遇到那些品学兼优又家境困难的学生，我也可以加入你们热心人的队伍，帮助那些想读书又经济困难的学子，是一件很有意义的事情。

　　我现在工作很忙，家里老人又需要照顾，故社会活动很少参加，今就匆匆写此，祝你万事如意！好心人终有好报！

杨群
2001.3.10

捧着这封充满爱心的信，我被这浓浓的真情包围着，心情久久不能平静。我和杨群本不认识，是远在美国的女孩佳佳要到上海来做手术，我找到第九人民医院文明办主任，她给我介绍了心灵手巧的杨群。手术非常成功，杨群还不肯收礼品。高尚的医德感动了我，一来二往的，我们成了好朋友。在我的穿针引线下，杨群与学生小夏结成友好家庭。除了每年给学生一定的经济补助外，她还经常接小夏姑娘到家里玩，临走时送衣服、点心等。如今，小夏早已结婚生子，仍与杨群保持联系。

下岗女工徐秀玲看了《爱心链》故事后，打电话到电视台要我的联系方式。

从那时至今,她先后资助了6名品学兼优的大学生,其中3名考上研究生,1名留校当老师……2010年,徐秀玲丈夫不幸病故,儿子当时失业,60万元的房贷压在她肩上。我不想她太累,提出学生由我接盘。徐秀玲回答我:"世界上哪有母亲遇到困难就遗弃孩子的?"她化压力为动力,同时兼职五家企业的财务,努力赚钱养家、还贷、资助学生。因为,她实在不舍得离开这个爱心大家庭……

2001年3月17日,上海文联原党组书记李伦新,到我家里见证了好心人龚英武先生与贫困学生友好结对的过程。新疆回沪的龚英武先生,家有一名脑瘫儿子,为实现自己的大学梦,他也曾资助过两名边远地区学生,可后来就失联了,所以有些顾虑。龚英武先生向学生提出:将来你条件好了,要去资助别人,但没人监督我还是不放心,所以还是把钱还我。李伦新书记觉得龚英武的话有一定的道理,回去就写了一篇《爱心无价当有约》的文章,发表在2001年5月《党政论坛》上。为了支持爱心助学活动,李书记不仅邀请好心人到文联会堂与学生聚会,还身体力行先后资助了两名品学兼优的大学生。

王仁华(前排右三)参加上海电视台节目录制

杭州来沪开饭店的汪志云女士,1997年就看到上海电视台纪录片编辑室播放的《爱的使者王仁华》,1998年看了有线电视台拍摄的《好人王仁华》的纪录片,这次又看上海电视台新闻观察《爱心链》的纪录片,打电话到上海电视台要了我的联系方式。因当时我在《立功竞赛》内刊当编辑，经常外出采访、去印刷厂排版，所以一直找不到我。汪志云因为事情多，不小心把电话号码丢了，又跟电视台要。她丈夫知道后说："你如果真的怕忘了，就把电话号码贴在墙上。"没想到她还真的把电话号码贴在墙上，有空就打，终于联系到我，高兴得在电话那头哈哈大笑。根据汪志云的要求，我联系高树良老师，给她找了一个浙江籍的贫困大学生。

中铁三局上海华海公司工会主席张跃，是我在《立功竞赛》内刊当编辑时的通讯员，在我的穿针引线下，自1999年至今先后资助了4名大学生。

让我感到欣慰的是：曾经得到自己帮助的人，把爱心接力棒传下去。2000年到上海来打工的朱蓉，经朋友介绍，住在我家里，亲眼看见发生在我身边的一系列的爱心故事。结婚后，她与丈夫一起加入爱心大家庭，先后资助了3名大学生。学生小刘结婚时，他们还特地驱车，赶到徐州参加小刘的婚礼。

1995年，我认孤儿姜琳姐弟为儿女，著名国画大师程十发的长子程助知道后，也抢着要认他们做儿女，还特地办了一桌认亲酒。平时给他们生活费，逢年过节给压岁钱，就这样，我们成为因善结缘的"两亲家"。2008年5月，程助先生打电话让我去他家，把准备过生日的5 000块钱省下来，托我转赠给贫困学生。他先后帮助过6名品学兼优的贫困生，从不与学生们见面，都是由我代劳。因为他知道我17岁时就把当时才9个月大的弃婴小明抱回家让我父母亲抚养，之后还给小明成家立业的事，所有对我特别信任。这让我感到：被人信任是最大的幸福！

2002年11月19日，上海人民广播电台邀请我和高树良老师等人去广播电台做嘉宾，讲述"爱心链"的故事。高树良老师说："我们不是扶贫帮困，而是结友好家庭。让外地大学生走进上海人的家，使他们享受到家庭的温馨；给上海的独生子女寻找一个学习的榜样，让他们从小就懂得爱！"国家一级播音员朱丽听到如此感人的故事，也要我穿针引线帮助贫困大学生。好心人赵蕾开车时听到广播，马上打电话到广播电台找我。于是，我们好心人的队伍中又多了几位爱心人士。赵蕾除了自己先后资助4名学生外，还介绍姐姐和好友一起帮助贫困学生。

俗话说："一表三千里。"一位名叫曹霞的女士，是我八竿子刚刚够得着的远亲。2006年，她和弟弟来上海创业，到我家认亲时，看到茶几上有一份爱心助学的名单,她好奇地拿起来看,在详细地解情况后,马上要求认领一名贫困学生,资助他的学业。如今,他们资助的第二个学生也工作了。

国家一级作家竹林在陪同记者采访的过程中了解到爱心助学的事情,特地委托我寻找一个品学兼优的贫困生,拿稿费帮助学生,她说:"是王仁华的精神感染了我。"

作家董煜、王岚受有关部门的委托,前来采访,我觉得事情是大家做的,应该多写写其他好心人,就婉言谢绝了。没想到我拒绝采访后,两位作家也先后加入我们的爱心大家庭,体验做好人的快乐。

爱心长链在延伸

在这里,我要特别感谢上海海事大学的各级领导。每年新生入学,学校学生处就排摸情况,层层把关,根据好心人想资助学生的人数,精心挑选品学兼优的贫困生,让我牵线与好心人爱心结对。每年冬天,学校组织迎春联欢会,让好心人家长与学生见面。2013年底,浦东电视台拍摄好心人大家庭资助贫困学生,见证了人间真情。有的学生毕业后回报社会,也加入好心人队伍,资助学弟学妹。到了春天,学校安排车辆,让家长和学生一起春游,受到大家的欢迎。这些年,我们先后到朱家角、召稼楼、滴水湖、七宝、金山、崇明、苏州、嘉兴、千灯等古镇、风景区春游,增进了家长和孩子们的感情。

学生们感动之余,除了跟各自的家长联系外,还经常给我打电话、发信息。我虽然记不住每个孩子的姓名,但我的手机记住了他们的名字。逢年过节,请辅导员通知我手机上有名字的学生到家里来聚会(儿子没结婚时,我家可以摆三桌)。大学生第一次到上海人家里,既新鲜又激动,想买点礼品表示心意。我让辅导员每人收10元,集中起来买一点生活用品。这样既教会他们上门做客时不能空手,又不让他们浪费钱。这些年,有近300名学生来过我家。有的学生寒暑假留在上海打工,没地方住,就住在我家。我曾经参与上海市总工会《职工礼仪》的编写,在和孩子们交往时,不知不觉地把有关待人接物的礼仪点点滴滴渗入其中。我说:"你们都很优秀,今后可能要做上海人的女婿、媳妇。所以,要懂一点上海人的生活习俗。"吃饭时教他们饮食礼仪:如拿勺子喝汤时,筷子要先放下;吃饭时碗要端好,腿不能抖,还跟他们开玩笑:"你腿如果抖了,今后工作不稳定;不好好端饭碗,将来就没饭吃。"在寓教于乐中,孩子们和我相处得更融洽了,带队的辅导员闫增岗也得到了锻炼,如今他已是上海海事大学的团委副书记了……

2009年,上海百老德育讲师团在上海海事大学建立了"爱国主义德育教育基地";2010年,上海百老德育讲师团、上海海事大学、王仁华等好心人爱心助学基地成立,由上海海事大学孔凡邨副校长和上海百老德育讲师团姚振尧常务副团长揭牌。从此我们的爱心助学活动更加有序地开展。百老团团长戚泉木,副团长姚振尧、陈慧萍、刘金龙、史燕谊,名誉团长李伦新,全国劳模张耿耿、施柏兴、赵兰英、王娟华,全国五一劳动奖章获得者侍冬梅,百老团成员王巧女、宋银龙等也先后加入爱心助学的大家庭,资助贫困学生。最令人感动的是办公室主任孙爱娥,身患重病仍坚持资助学生到大学毕业。孙爱娥不幸去世后,她的丈夫章贻良开始新一轮的助学活动。

王仁华(右二)参加百老团活动

好心人和学生的互动频繁而又感人。龚钦华资助了七年的向明中学学生小周,成家后十年没有孩子,去年7月终于当上了妈妈。小周一定要龚妈妈住在自己家里,指导月嫂,照顾婴儿。龚钦华还以自己人格的魅力影响身边一大批有爱心的人士,她先后介绍了五六十位社会各界的好心人加入上海海事大学爱心助学的活动中,她的爱心团队,先后资助了百余名学生。龚钦华的同学曹晨是较早加入爱心队伍的,曹晨资助的学生大学还没毕业就被选拔去当飞行员。同事汪婷是个特别有才华的女同志,无论是唱歌、唱戏、配乐朗诵,还是做PPT、写文章,都特别有灵性,她资助的孩子也很争气。2017年,汪婷和龚钦华一起到新疆,参加学生的婚礼。看到昔日的贫困生,如今成为美丽的新娘,汪婷心里别提有多高兴!龚钦华的同事王健美也身体力行,从2001年开始帮助贫困学生,如今,她的团队也资助了四五十名品学兼优的大学生。侍冬梅介绍全国劳模赵兰英、王娟华,监狱警官吴中秀,弟媳顾桂兰三姐妹等十几位好心人资助贫困学生。我的亲朋好友鼎力相助,加入爱心队伍,外甥女等人先后资助了10余名贫困学生,我儿子也帮助了4名学生,还和他们成为铁哥们。亲家是劳动模范,听说有这样的好事,二话不说,马上拿钱帮人。好心人每人每年拿出2000元给学生,逢年过节帮他们买衣服、食品,孩子们回家探亲时还给他们的亲人买礼品。懂得感恩的大学生回上海时,带了家乡的土特产给好心人。我曾收到学生带来的山东煎饼、铁皮山药、麻油馓子、青皮红心萝卜等土特产。有位学生家长,还特地给我弹了一条12斤重的棉花毯……

远航归来启新航

2016年,习近平总书记在庆祝中国共产党成立95周年大会上说:"青年是祖国的未来、民族的希望。"青年人最富有朝气,最富有梦想。毕业于上海海事大学航海技术专业的余尚武说:"我的青春色彩是蓝色的,在蓝色大海中驾驶远洋船,追寻远洋人的梦想。"

今年33岁的余尚武,2004年考进上海海事大学,受到龚钦华阿姨的资助。大三那年,余尚武在瑞典仿古帆船哥德堡号上担任志愿者工作,圆满完成各项任务,得到瑞典新东印度公司驻华代表和"哥德堡"号全体船员的一致认可。凭着优秀的素质,她受邀成为"哥德堡"号的随船志愿者船员,随世界著名的仿古帆船"哥德堡"号沿着古代"海上丝绸之路",完成上海—香港—新加坡的航程。

"哥德堡"号的航行之旅开启了余尚武人生中的许多第一次:第一次走出国门、第一次见到大海和水天线、第一次驾驶船舶、第一次经历海上风暴、第一次看见海豚……至今回想起来,仍然历历在目,难以忘怀!"哥德堡"号的航行经历,令余尚武终生难忘,更坚定了她驾驶船舶出海、从事远洋工作的决心和信心。

巾帼不让须眉,女中自有豪杰。2008年,余尚武大学毕业后来到中远集团旗下中远散货运输集团(有限)新盛海轮,成为船舶驾驶助理。新盛海轮是中远集团的标杆船舶,作为中国远洋运输(集团)公司唯一的一名在货轮上工作的女船员,小余虚心好学,刻苦钻研,在"新盛海"轮驾驶员测天技能比武中夺得第一名。她严于律己、善待他人,以女性的细腻和缜密关心每位船员,记住他们的生日、做生日贺卡、制作反映船员家庭的小短片,使船员在茫茫大海中感受集体大家庭的温暖。

在关心别人的同时,她自己也得到了锻炼:从一名实习生、见习三副、三副职务,到担任团支部书记等职务。她所带领的团支部被评为"全国五四红旗团支部""中央企业青年文明号"和"中远集团五四红旗团支部"。她本人也获得"天津市五一劳动奖章""天津市最美杰出青工""天津市新长征突击手"等荣誉,作为中央企业中远海运集团的基层团员青年代表参加共青团第十七次全国代表大会。

2011年,余尚武调到陆地岗位,现任中远海运船员管理有限公司天津分公司资源开发部副经理。懂得感恩的小余结婚生子后,特地来上海看望龚钦华妈妈,还接过爱心接力棒,资助了两名学弟。

飞鸿回归落雁乡

2010年,来自云南省楚雄县的张皓考取了上海海事大学,因家庭困难,就学期间经常外出打工,耽误了学业。通过我的穿针引线,王毅军女士与他爱心结对,除了每年给张皓2 000元生活费外,还在思想上关心他,鼓励他把更多的时间放在学习上。2013年,张皓毕业了!"学成必归,建设家乡"是他的心愿。他回老家参加公务员考试,顺利通过笔试后来上海向我报喜,说马上还要回家乡面试。我看他一眼说:"如果我是面试官,可能不会录取你。"他说:"为什么?"我说:"你有一个'致命伤':门牙是黑的。"张皓回答说:"那是小时候调皮撞坏了牙齿,农村条件差,胡乱补了,现在变色了。"我问张皓老家在哪里,他回答离昆明还有700多公里。我说:"那肯定来不及,赶快在上海装。"他说没带钱。我说:"没关系,我先给你。"当时已经下午两点了,我马上给当牙医的贾爱荣医生打电话,让张皓赶到川沙去做牙模。贾医生不肯收张皓的钱,我让张皓写借条,贾医生不肯,她抱怨说:"只许你做好事,就不让我献爱心?"三天后,张皓装好烤瓷牙,面貌焕然一新。他回老家接受面试前的培训,负责此事的人的弟弟正好是我们资助十多年的患白血病的大学生胡超的哥哥,他精心辅导张皓。张皓终于通过面试、政审、体检的层层筛选,成为一名人民的公仆。我开玩笑地对张皓说:"我的全部人脉都用在你的身上,将来你有能力了,也要帮助别人。"

张皓回到故乡,被派到镇雄县落雁乡工作。那里的村民很贫困,他除了做好本职工作外,还在我的引荐下,与上海宝贝爱蓝天慈善机构联系,接受他们两次慈善捐赠,共收到3批衣物计600多套。张皓把衣物赠送到盐津县高寒山村里的老人、镇养老院和村小学的儿童,给老人和儿童带去了来自上海的温暖,带去了无数好心人凝结起来的爱心,也给他们带去了美好生活的愿景和期望。

2019年,张皓从盐津县委统战部办公室调到豆沙镇担任宣传委员。这里是山村,出门就要爬山。在镇领导的带领下,张皓深入基层,调查研究,访贫问苦。为了帮助农户解决住房安全、饮用水问题、辍学儿童和失学儿童返校读书问题,张皓经常住在村里。每天早上7点上山,要忙到晚上八九点才回来,一两个月才回家一次,18个月大的女儿看见他都快认不出爸爸了。2019年8月15日,豆沙镇为全镇333户建档立卡贫困户分配了住房。目前,全镇已解决558户2 966人的住房安全。

云南是个人杰地灵的好地方,豆沙关古称石门关。现在的豆沙镇,是在2006年"7·22"地震之后重新修建的,2008年开放旅游。张皓希望我有机会能带领爱心团队的成员去那里走走看看,为家乡的旅游事业做贡献。

西藏延伸爱心链

学生吴庆勇,是个特别阳光、可爱的小伙子,他来自盛产翡翠的腾冲。在学校和"好心人"团队的穿针引线下找到了他上海的"家",找到了上海奶奶樊永华。

别看小吴平时不声不响,每次到我家来总是默默地坐在一边,但他的心可细了,回去以后,会发短消息:"阿姨,今天来你家很开心,和二十几个哥哥姐姐一起分享二十几道菜。"我惊讶地说:"有那么多吗?"小吴老家住在军营附近,清晨,他听到部队的起床号声去上学,放学回家看解放军叔叔训练,因此从小就有当兵情结。可他的眼睛有点近视,我打听汾阳路五官科医院的专家,说可以通过手术改善视力。我跟小吴的好心人家长说:大概需要近万元的手术费。好心人问小吴,诚实的他回答:"我这里有6 000元,还差4 000元。"我惊讶地问:"你哪来那么多钱?"小吴说:"奶奶这两年给我的4 000元没舍得用,另外平时还到永乐家电打工，所以攒了点钱。"这么诚实的孩子，实在是太可爱了。小吴当兵时，远在腾冲的妈妈无法前来，我前去送他，同时也实现了自己当兵妈妈的愿望……

在学校就入党的吴庆勇，到了部队同样是名非常优秀的士兵。他复员后继续回大学读书。毕业后到中久物流公司实习，在总经理办公室当秘书。他说上海虽好，有温暖的"家人"、有很好的发展机会，但他更想到祖国最需要的地方去。庆勇放弃上海优越的工作环境报名参加西藏建设，经过严格的面试、体检，2017年8月3日，吴庆勇离开繁华的大都市上海，来到西藏日喀则市南木林县艾玛乡吉雄村。吉雄村是纯农业村，以种土豆、青稞为主。他们常年生活在没有水、没有电的深山里，守护着祖国的边疆。吴庆勇经常跟村长走村入户，深入基层了解民风民情，感受农家艰苦的生活。在与藏民的交往中，庆勇感受到西藏人民的热情与淳朴，感受到西藏儿童对知识、对外界的渴望。

为让孩子们过上一个丰富多彩的六一儿童节，早在2019年4月庆勇就和我商量：能否请爱心大家庭的成员给西藏儿童买一些文具、玩具？好心人一呼百应，除了捐款给西藏孩子买护肤品、学习用品、体育用品、各种玩具和上海特色零食外，上海市奉贤齐贤学校的孩子们在校长、唐爱红等老师的带领下纷纷参与为西藏小朋友献爱心的活动，上海宝贝爱蓝天慈善机构也积极参与。5月下旬，吉雄村收到了来自上海市的100多个包裹。这一袋袋包裹装进了"家人们"的情，这一张张汇单浓缩了"家人们"的爱，邮政火车带着大家的温暖飞赴雪域高原……

2019年6月1日，西藏艾玛乡吉雄村的孩子们迎来了最最快乐的六一儿童节。村里为此召开了一个隆重的会议，第一支部书记、村两委班子为全村学生发放了"来自上海温暖"的新书包、各类文具、护手霜、面霜、花种子和大白兔奶糖。学生们为大家表演节目，那一张张笑脸在阳光的照射下格外灿烂！9月，我们收到了来自西藏的哈达、锦旗和孩子们的感谢信：

"感谢你们，上海的叔叔阿姨，哥哥姐姐，我们一定会好好学习！"

"叔叔阿姨，你们要身体健康！"

"你们是世界上最好的人，我们永远爱你们！"

……

有些是汉语，有些是藏语，稚嫩的笔触透露着无限的感恩！

念着念着，"家人们"不禁潸然泪下。

海事爱心代代传

一朝牵手,关爱永久。20多年来,我们的好心人累计出资300多人次共计500万元人民币,资助了600多名品学兼优的贫困生。在已毕业的学生中,有近百名学生保研、考研,完成硕士学位;100多位优秀学生入党;200多名学生毕业后考取国家公务员、事业单位,从事国家航运管理等重要岗位工作,为社会发展贡献青春;还有的学生走出国门,代表祖国支援其他国家的建设。我们的故事一直在上海海事大学流传,海事大学的爱心故事也随着一个个毕业生奔赴祖国各地,海事爱心在延伸、在传递、在流传。许多学生毕业后,接过爱心接力棒,资助学弟学妹,延续爱的力量,其意义尤为深远。

懂得感恩的学生,每年还做了独一无二的《世界感恩报》。那是2011年,一个叫顺新的学生,发动学生每人写一句新年贺词给我,并在网上寻找报道我的文章,做成图文并茂的《世界感恩报》,表达他们内心的感激之情。第一年看到,我的眼泪差点流下来。第二年看后,觉得给我一个人做有点可惜,就请孩子们给各自的家长讲句心里话,于是就有了8期(一年一期)图文并茂、感人肺腑的《世界感恩报》。2016年,好心人和学生一起,撰写、出版了《开心的事情大家做》一书,书中讲述好心人与大学生在爱心之旅中的心路历程。他们让我看到希望,让

王仁华(左三)在"对话中国"讲台留影

我感动!

爱,能改变一个人的命运!让我们共同努力,使爱心的涓涓细流汇成江河,汇入大海;让好心人凝聚的真爱真情,在上海海事大学中发扬传承。

同学们,让我们传递正能量,共圆中国梦!

(2019年10月)

教师感悟

以 爱 之 名

俞瑾珂

王仁华妈妈用生动活泼又朴实无华的语言讲述了她的"爱心之旅"。1999年,在原上海海运学院学生处处长高树良的牵线搭桥下,王仁华成为最早与贫困学生结对的爱心妈妈。她的事迹经媒体报道后,社会上许多素不相识的好心人辗转找到她,希望能资助品学兼优秀的贫困大学生。王仁华等众多好心人坚持做了20年,累计资助金额近500万元,共有600余名品学兼优的贫困生受到资助,其中有近500名学生已经毕业,在自己的岗位上为国家的建设和发展做贡献。

对于这些,她只是轻描淡写地说"事情是大家做的",并且说是"群心"串成了"爱心链"。我想王仁华更像是一条链子,而一颗又一颗的"爱心"只有串在了这条链子上,才能共同汇聚成一条美丽的"爱心链"。正是她对帮扶工作的无私投入,才让一点一滴的爱心力量有了实实在在的着落点。

王仁华总笑自己"爱管闲事"。很多时候,一些帮助别人的行为在他人眼里会是不被理解的行为。但是如果人人都抱着"事不关己,高高挂起"的心态,那么社会公共领域就只能剩下冷漠了。虽然我们中国人是最讲究"人情"的,但是这份"人情"多多少少总是包含着一些"你来我往"的期许,也就是说很多时候我们做一些事情是希望能得到回报的。所以我想我们应该学习王仁华妈妈这种"爱管闲事"的人情味,可以视自己的能力和精力而为。无论是做"爱心链"上的"爱心",还是像王仁华那样做串起爱心的"链子",我们大家一起"以爱之名"共同努力,形成风尚。

学生心得

爱与感恩并进

徐文倩

爱如同一杯白开水,有时需要加点冰块刺激一下;爱如同一瓶营养液,滋养着无数的生命;爱如同一杯可口的饮料,令人回味无穷……

王仁华老师的切身讲授让我明白了"爱"的伟大,是好心人的"爱"滋润着那些品学兼优的贫困生,帮助他们更好地报效祖国、服务社会。王仁华老师也给我们树立了很好的榜样,在日常生活中尽己所能关爱帮助他人。

王仁华老师等爱心人士就是真正的助人者,是通过帮助别人来提升自我人格境界的真英雄。他们不思回报,人格的完善就是最高的境界。无限芬芳落尽,唯有绿树依然。因为它扎根在人格的土壤里,默默地奉献着自己,也渐渐地壮大着自己。

一个人的成长过程中,一定得到过许许多多人的帮助和关心,懂得感恩他人的人,必是"大写的人"。工欲善其事,必先利其器。而同样的道理,我们想将事情做得更完美,唯有借助外物,而心无他人、不懂感恩的人又何以借助外物?又何以将事情做到完美?

作为学生的我们当尽己之力感恩、回馈社会,感恩并不需要太大的回报:当下课时对老师恭敬地行礼;当同学回答完毕时,报以热情的掌声;当路人把摔倒的你扶起时,给予真诚的微笑和道谢……这些都是感恩。

让我们报以爱与感恩的心共同迎接仍需努力的今天,迈向辉煌的明天。

徐文倩,上海外国语大学贤达经济人文学院2016级数媒编导2班学生。工欲善其事,必先利其器,感谢学校教给我扎实的专业知识、熟练的技能技术、灵活的人际交往等。大四有幸以学生教学秘书的身份参与学校工作,学生、老师的双重身份使我更了解同学的需求,直达问题本质,更好地帮助同学解决问题。

生命长河,唯爱不朽

闫铭威

长大了要懂得感恩,今后有能力要帮助别人!

——王仁华

"滴水之恩,涌泉相报"是中国人永恒的主题。候鸟的羽毛中夹着一粒花籽,在迁徙的征途中,种下了一个关于感恩的故事。花籽从鸟儿身上坠落,埋进了广袤的大地里。一季的光阴匆匆流过,冬季的雪色融成汩汩的溪水,带着泥土里的渺小的声音奔向远方。那个声音微笑着说:"谢谢鸟儿将我送到大地怀中……"小芽已经钻出了地面。土壤用她的血液滋润着幼小的生命,一株嫩绿色的植物和大地拥有了同样的脉搏,根系渐渐延伸,像是母子之间的脐带紧紧相连。

在我眼中,王仁华老师就是这样一个人,接受别人的关心,懂得感恩,并将这份爱心传递,发扬光大。幼年的坎坷、青年时的艰辛都没有磨灭她对社会、对别人的关爱之情,等到自己有能力之后,为社会、为那些贫苦大众奉献爱心。"众人拾柴火焰高",她最让我敬佩的不只是她个人对贫苦大众所奉献的努力,更多的是她感染了许多人,让大家一起为我们的国家明天更加富强做出自己的努力。我们的社会就是因为有了他们而变得更加美好,我们的国家也是因为有了他们而变得更加富强。

关爱是春风为柳杨依依的抚摸,是春色无尽的嫁妆;关爱是新芽呼唤生命的力量,是万物苏醒的灵动;关爱是一把钥匙,轻轻地插入我的心间,是你与我生命的沟通。我们需要别人的关爱,别人同样需要我们的关爱。只要你细心观察,你就会发现你的身边有许许多多的人都需要你去关爱。

闫铭威,上海外国语大学贤达经济人文学院2019级法学2班班长。平时工作、学习认真负责,具有良好的团队合作精神与较好的个人亲和力,喜欢交朋友和旅游,乐于与他人交谈。在成长的道路上,无论成功还是失败,都系于自己!